全球领先咨询公司的金玉良言　数十年金融行业的有效经验

booz&co. 博斯中国观察

中国金融业的
新未来

柯安德◎编著

Andrew Cainey

山西出版集团　山西人民出版社

图书在版编目(CIP)数据

中国金融业的新未来 /(英)柯安德编著. —太原：
山西人民出版社,2010. 10
ISBN 978-7-203-06934-8

Ⅰ. ①中… Ⅱ. ①柯… Ⅲ. ①金融事业 – 经济发展 –
研究 – 中国 Ⅳ. ①F832

中国版本图书馆 CIP 数据核字(2010)第 166281 号

中国金融业的新未来

编　　著：〔英国〕柯安德
责任编辑：杜厚勤　梁小红
装帧设计：齐建平

出 版 者：山西出版集团·山西人民出版社
地　　址：太原市建设南路 21 号
邮　　编：030012
发行营销：0351-4922220　4955996　4956039
　　　　　0351-4922127(传真)　　4956038(邮购)
E-mail：　sxskcb@163.com　发行部
　　　　　sxskcb@126.com　总编室
网　　址：www.sxskcb.com
经 销 者：山西出版集团·山西人民出版社
承 印 者：北京凯达印务有限公司
开　　本：710mm×1000mm　1/16
印　　张：18.75
字　　数：284 千字
版　　次：2010 年 10 月第 1 版
印　　次：2010 年 10 月第 1 次印刷
书　　号：ISBN 978-7-203-06934-8
定　　价：34.00 元

目　录

导　言

回眸中国及中国金融业三十年

1981 年，我以学生的身份首次造访中国。当时的中国完全是另外一副面貌。来自中国银行的周先生在香港招待了我们这群学生，并向我们介绍了中国银行那可追溯至 1912 年的辉煌历史。来到北京后，我们这些外国人兴奋地骑着自行车按着铃铛在人潮拥挤的大街小巷中穿行，在友谊商店用兑换券购买商品。而北京饭店墙上所张贴的那一份份路透社电报则是我了解国外新闻的渠道。大多数如今耳熟能详的中资银行和保险公司在当时尚未成立。而我这一别就是 18 年。

当我于 1999 年再次来到中国时，北京已经发生了明显的变化：汽车多了，自行车少了；服装的颜色更鲜艳，很少看见有人身着中山装了。尽管那次的北京之行因为美国轰炸中国驻贝尔格莱德大使馆而匆匆结束，但在我看来，中国更加国际化，一派欣欣向荣的景象。那时的中国成功地抵御了发生在周边国家的重大金融危机——1997 年亚洲金融危机。尽管有人担心中国会继韩国、印度尼西亚、泰国之后陷入困境，但由于相对封闭的金融体系、资本控制能力以及政府采取应对措施的能力，中国在很大程度上保护了自己。

伴随着四大国有银行设立的完成、从央行的分离、全国范围内股份制银行的崛起、城市商业银行的形成、保险公司和证券公司的成长，金融领域也经历了一次转型。这些机构首次面临创建一个更加商业化、以业务为导向的企业文化。但这种金融格局与现在仍有着很大的不同。当时，我一位熟人的博士论文就是关于中资银行是否应该被视为银行。换而言之，鉴于国有的性质和政府对贷款审批的影响力程度，对这些银行究竟是真正独

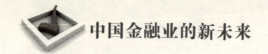

立的实体，还是仅仅是政府的行政单位，争辩的双方各执一词。而那时外资银行数量稀少，且业务范围有限。

从 1999 年到现在，中国的金融领域经历了更深一层的转变。在 1999 年，西方观察家留意到中国的金融领域，认为不良贷款率过高或试图从有限的信息披露和透明度中评估资产负债的质量。他们质疑贷款流程，认为监管条件过高。但是到 2002 年，中国银行成为中国内地首家在香港证券交易所成功上市的中资银行。随后，多家金融机构陆续在海外或国内交易所挂牌。2005 年，外资机构对中资银行的少数股权投资近 150 亿美元。突然之间，无论是从中国的角度还是从全球视野来看，中国金融行业都已是更具有吸引力的投资领域。

当今大环境下的中国金融业

在度过全球金融危机后的今天，按市值计算，中国工商银行已经成为全球最大的银行，且中资银行在全球前五大银行中占据三席。那些不得不部分抛售所持中资金融机构股份的外资银行从这笔投资中获得了巨额的利润，而他们经常吹嘘的能力转移通常因为双方文化分歧以及预期间的差异而举步维艰。那些在银行和保险公司中持有股份的私募基金公司也获得了丰厚的回报，这点从中国太平洋保险 2009 年年底在香港的上市中可见一斑。与此同时，外资银行目前也被允许在中国组建独资公司。伴随并推动金融领域成功的，是在这些金融机构和中国政府强有力的集中领导下，稳健持续地提升商业能力、风险管理和业务创新，并逐步放开监管。在中国呈现上升势头的同时，许多西方的金融机构却陷入困境，甚至破产倒闭，包括花旗集团（Citi）、苏格兰皇家银行（RBS）、富通银行（Fortis）、美国国际集团（AIG）及其他一些机构的国有化，莱曼兄弟（Lehman Brother）和贝尔斯登（Bear Stearns）的破产。

但是从另外一个角度看来，却是另一番景象。如果以更加苛刻的眼光审视如今中资银行的实力和规模，可能出现以下情况。这些银行在全球第二大经济体中以覆盖全国的规模进行经营，但是美国的银行一直更偏向于区域化经营，而欧洲的银行则在国家层面上运营。由于利差受到严格的监管和指导，特别设定了最高存款利率，因此，银行拥有一项利润率很高的业务。事实证明，对于资本结构调整和上市前的资本注入及不良贷款收购，这都是一项有效的机制。考虑到在中国这个有着极大的投融资需求的全球发展最快的主要经济体中，银行业仍扮演着重要角色，而资本市场却相对落后，因此，未来的增长前景十分光明。对于中国人寿、太平洋保险、中国人保和中国平安等保险领域内的主要机构而言，同样如此。在如此大规模的市场中全面覆盖，高利润、高增长，中资银行和中资保险公司成为世界上最有价值的机构也就不足为奇了。

前方的挑战：本书的背景

事实上，中国金融领域中的领导人认识到，要建立真正的世界一流的金融机构，还有很长一段路要走。中国金融领域中的快速转型可分为两个阶段——第一个阶段是从 20 世纪 80 年代初期到 90 年代后期，另一个是从 90 年代后期到 2010 年。未来十年将会发生什么？2020 年的中资金融机构发展情况如何？需要做些什么？也许，更为重要的是，这些金融机构现任和未来的领导人需要如何把握这一机遇并创造未来？在撰写的过程中，我努力回答着这些问题，并同时不禁产生了进一步的疑问。随着经济危机席卷全球，此时此刻的"博斯中国观察"也算见证了一个颇有意义的时代。

"世界一流"已不是原来的"世界一流"

让我们回到上一段落第一句话中的某个短句——"建立世界一流的金融机构"。那么，到底什么是"世界一流的金融机构"？或者说怎样才能成为"世界一流的金融机构"？在这里我需要强调一点：海外运营并不代表世界水平，而拘泥于"业界典范"及国际标准更是谈不上世界一流。从 20 世纪 80 年代初开始，中国（更确切地说是亚洲）的银行便开始放眼海外，试图从欧洲及美国的金融机构中寻找行业标杆及最佳典范。在 20 世纪 90 年代及 21 世纪初与我合作过的客户曾反复地问过我同样几个问题——"请告诉我花旗银行到底是怎么做的"，"请告诉我瑞士银行到底是怎么做的"，"我应该如何执行风险价值模型"，而直到最近有一个客户甚至开始问我

"怎样才能符合新巴塞尔协议标准"。毋庸置疑，他们都有着明确的方向及目标，即效仿领先市场中的最佳实践。中国及亚洲其他国家的客户还在效仿的过程中不断地苦思冥想：我们是否拥有足够的数据用于执行？我们的员工是否完全理解并愿意遵循这种方法？新方法对于我们公司的自身情况来说会不会操之过急？而如今，这种复制方式已不再灵验。西方金融机构的崩溃以及随之而来的金融危机使得单纯的复制不再像从前那样稳妥，那样让人省心。

经济危机笼罩着全球，中国的金融领导者面临着前所未有的严峻形势。他们需要独立地确定并塑造愿景及方式，从而培养所需能力——他们需要培养具有中国特色的世界一流金融机构。其实，在中国的特殊环境下（即文化、历史、发展模式及体制），这种需求一直存在，只是现在才被推到了风口浪尖。然而这绝不是说中国应该在苦学多年国外经验后半路折返，因为许多根本原则及机制是可以通用于所有国家的，例如：面对面互动再评估及加快信贷还款中的价值；对信贷职能及营销职能分离的需求；对充分了解激励体制所鼓励的行为的需求。这些原则及经验可以为任何国家的任何决策制定者们提供依据。然而，针对究竟应该选取哪些意见以及意见应该怎样被具体采用这两点，不同国家的不同银行都有着自己不同的选择。因此，中国与其他发达的经济体都普遍存在着同一个问题——决策提议者的意见不一。

金融危机实质上还改变了什么？

我在前文已经指出，金融海啸自 2008 年起改变了西方金融行业的前景。主要的金融机构倒闭，而艾伦·格林斯潘也放弃了其市场具备自我修复机制、不需要有效和谨慎监管的观点。当西方金融机构恢复了利润和高额奖金后，许多人开始叫嚣"一切照旧"——除了几个金融机构的消失和一些并购的发生，比如美国银行收购美林证券，英国莱斯银行接管哈里法克斯银行等。但西方仍能感受到金融海啸的余波，并且我们还未见到这波浪潮带来的所有变化。现在监管措施有进一步加强的趋势，比如，将私募股权和自营业务从商业银行中剥离，未来甚至可能将投资银行与商业银行更加严格的分离开，对募集资金的要求更加严格，确保其削减极端信贷周期的影响，以及对重要金融机构进行全球征税。

金融危机对中国的影响如何？给中国带来了哪些变革？最显而易见的，金融危机成为了有效检验金融服务机构的试金石。银行贷款的快速增长推动国内 GDP 在 2009 年增长了 12%，同期出口市场降低了 4%，使中国完成了"保八"的目标。大量资金进入房地产市场和股市，推动了资产价格的大幅上升，显示了人们对经济的信心，但同时也带来了大量的投机行为。

进入 2010 年以后，信贷增速有所下降。人们担心，过去 18 个月中信贷的高速增长反映了银行风险管理水平的倒退。毫无疑问，如此迅速地放出大量贷款肯定会带来一些不良贷款。即便如此，大量放贷从过去到现在一直没有太大吸引力。与美英等西方国家政府借贷大幅增长、导致政府资产负债表迅速恶化、不得不增加税收的状况相比，中国的银行信贷大幅增长的风险还不是那么糟糕。继续以 2009 年的速度进行放贷不太可能——控制信贷增速的行动已经在进行当中。中国政府和金融机构的财务状况看起来都较为健康。以未来的不良贷款换取现在的经济发展，这笔交易看起来不赖。就像我们看到的那样，中国的银行能以增长的收益和利润来抵消短期内不良贷款上升的影响，并且能通过融资来加强其资产负债表。

就像在汽车和资源领域中一样，金融危机加速了中国金融机构在世界金融领域的崛起速度。不过与那些领域所不同的是，中国的金融机构也承受了欧美金融机构所承受的痛苦。平安保险对富通银行的投资导致了巨额财务损失，与比利时政府和利益相关人的合作也充满了文化冲突，比如在中国时间的半夜召开董事会等。中信证券在对贝尔斯登的投资中幸免于难，其提交的合伙建议还未通过，贝尔斯登就破产了。这种案例的影响和对西方金融机构透明度与预测度的担忧，使得中国金融机构和监管层对于海外并购的兴趣大大降低——这与中国汽车企业和能源企业大相径庭。

但是，这仅仅只是时间问题。就像我阐释的那样，中国金融机构的强大并不是由西方同行的衰败带来的，而是根植于其规模、结构和中国经济增长的潜力之中。增长的能力与创新预计可以抵消利率自由化带来的损失和相关净息差的压力。随着中国金融机构能力、信心和经验的增加，它们将会大胆发展海外业务。短期来看，金融危机减慢了中国金融机构走出去的步伐。但展望未来五年，我们将会看到危机实际上加速了这一进程。

有些外资金融机构减少其股权份额，或者干脆退出，使得利润率有所变化，比如，苏格兰皇家银行/荷兰银行分行网络的拍卖。外资金融机构要么加强其在华投资（比如汇丰银行、安联集团和安盛集团），或者减少投资份额（比如苏格兰皇家银行、渣打人寿）。

但所有这些变革都无法改变中国银行和保险公司的前进方向——持续扩张的能力建立以满足客户和中国经济的需求；领域涉及租赁、私人银行、中小企业银行、寿险、养老金、基金管理、对冲基金、农村金融服务和资本市场。实际上，金融危机并未改变其中的任何一项。贷款证券化（基本利率型）继续进行，即便华尔街开始抵触外来证券化产品。

回到中庸之道：创新和监管间的平衡

金融危机将创新和监管间的平衡及矛盾暴露无遗，对于金融机构、监管层乃至整个系统来说都是如此。就好比有架秋千，在"过多创新"和"过多监管"间来回摇荡，中国监管层试图寻找一个平衡点，使快速变革的系统实现平衡。正如银监会主席刘明康所说："金融危机提醒我们，中国金融行业的开放必须有步骤地实施。不然，我们无法处理随之而来的风险和问题。监督和管理非常重要。"他还强调："中国金融改革致力于扩大市场开放，金融危机不会影响到这一大方向。"

这些致力于平衡的努力，如果没有过去十年中英美监管机构有限的监管措施作为参照，也不会引人注意。比如，英国政府鼓励英国金融服务管理局采取"不干预"措施，以吸引对伦敦的投资。在美国，美国证券交易委员会因为投资银行的请求，取消了投资银行的杠杆限制。

尽管中国监管层保持的监管和创新平衡在任何时候都可能显得不甚完美，各方也对此存在争议，但对于平衡的需要却是植根于中国金融系统的设计之中，对于未来也大有好处。全球来看，金融危机加强了监管层作为金融机构决策的最终保证人和承担者的地位。除此之外，

政府还应防止金融危机的发生并对之作出预警。但是，美国或者全球
金融机构需要更加严厉的监管的事实，并不代表中国也需要相同程度
的监管，也不代表中国应该放缓或者停止对金融机构监管的放开。监
管程度取决于很多因素，包括金融系统内金融机构的能力，激励措施
的有效性和行为的可预测性。随着中国的发展，我认为需要持续放开
金融监管，大力进行创新——对监管进行创新，建立灵活的金融系统，
不断自我改进。诚然，持续建立中国的金融监管能力是非常重要的事
项，与建立金融机构自身能力同样重要。

未来的优先考虑事项

在中国持续发展的背景下，考虑到创新和监管，以及中国金融机构日
趋重要的地位，中国金融领袖在创建世界级金融机构中哪些事项应该优先
考虑？我建议考虑以下三个方面：

目的与雄心

规模、范围和精神

能力与组织 DNA

首先，目的与雄心

伟大的机构绝不仅以利润增长作为目标。他们实现客户的目标，实现
员工的目标，甚至实现社会的目标。这对于依赖政府作为救命稻草和从监
管机构疏忽中获益的机构来说更应如此。中国为银行和保险公司提供了可
以满足其储蓄率、老龄储备、起步基金、贸易便利等业务的优良环境。识
别和传达其目标将会给客户和员工提供关注重点。当银行偏离这个目标过
远的时候，带有贬义的词汇"金融工程"就会被提及。创新非常重要，但
必须为机构的目标服务。

目标应与雄心将贴合。我们在过去 30 年中见证了中国的惊人发展和改
革开放的巨大成就。引用运动品牌阿迪达斯的一句广告语："没有不可
能。"设定一个较高的目标将促使个人与团队积极努力，去争夺众多的

"奖项"。谁将成为中国私人银行的领军者？这家银行将何时成为世界的领先私人银行？谁将创造出规模性业务模式，为中国广大农民提供金融服务？机会遍地都是。但只有具备非凡的领导力并作出坚定的选择，才能抓住机会并将其变为生意。

其次，规模、范围和精神

为了实现目标和雄心，我们需要怎样的机构？金融机构在不断探寻合适的规模。根据选定的不同目标，规模能带来效益，也能成为负担。咨询顾问孜孜不倦地工作，通过其分析找出规模效应带来的收益。对于一个独立的呼叫中心或者支付处理中心来说，规模效益显而易见。但比较整个公司时，规模效益在冗杂的机构中很容易就消失了。这一现象何时才能清除？这又是什么时候变得不可避免的？记住，规模通常都是结果而非目标。增长来源于成功，同时也带来收益。比如，它为人们发展提供了空间，在不断雇佣新员工的情况下，还能给大家赋予更多的角色和责任，而不是为了一个职位争得头破血流。动态的增长优于静态的规模。

在关注规模的同时，还有范围的问题：我应该开展哪项业务？我能在一个机构里同时为机构和零售客户服务吗？银行能同时行使保险公司的职能吗？或者资产管理机构的职能？反之又如何呢？随着行业边界越来越模糊——或至少是更易跨越——许多机构开始设立金融控股公司，或至少持有多家公司少数股权，以期从中获益。每家机构都应该清楚多样化带来的收益究竟如何，以及不同业务取得成功所要求的不同能力。

单纯的规模和范围是很机械的：它们只是关于公司的大小和资源的多少。但归根结底机构就是由单独工作的一群人组成，尽他们最大的努力，朝着共同的目标前进。严密的纪律并不能体现机构的精髓，因此企业精神才显得重要。

领导应该识别和培养可以将员工凝聚在一起的精神，而这种精神无法用数字和分析来表达。只要一踏入一间办公室或者一个分行，经验丰富的领导就能够感受到该处的气氛——大家是否在窃窃私语或者心不在焉地工作，只等下班？不管公司规模和业务范围如何，成功在很多时候取决于精神。这也是很多时候期望的规模效益和跨业务效益未能实现的关键原因。

如果在规模增长、范围扩大的同时失去了精神，那么公司将失去所有。在公司增长的同时保留其精神对于领导来说是核心挑战。

在领导确定了公司规模、范围和精神后，就只剩最后的元素：能力和DNA

能力是为客户创造价值的一系列的流程、技能、人员和系统。在监管较严的市场，金融机构能依赖于已经建立的关系和控制定价来赢得利润。在竞争加剧后，为客户提供更好的、与竞争对手有区别的服务将变得愈发重要。风险管理、交叉销售、客户分类等的能力成为了差异化因素。当基本要素到位后，能力的挑战愈发严峻和复杂：如何将几种能力无缝整合在一起，为客户提供良好服务。比如，风险管理已不仅仅是风险管理部门的职责，而必须嵌入市场和销售流程，以风险修正后利润率确定潜在客户——对客户经理也以同样的基础进行评估。在快速增长和监管放松的环境中，其他能力也涌现出来，比如分行的快速重组，多渠道整合和并购后整合。这或许听起来似曾相识，但那句著名的"所测即所得"在大部分机构中并未得到验证。能力发展没有得到与金融资本分配同等的关注。我们应该投资于哪项能力？投资多少？我们如何得知投资是否有回报？我们不投资于哪些能力？很少有公司能准确回答这些问题。

同时，能力根植于银行的员工和机构的工作方式之中。如果"精神"为在机构中工作提供了一些灵感，那么"组织DNA"确保这一精神能保留至今。组织DNA是指一个机构形成和指导员工共同工作的所有元素——决策权、角色、责任、流程、手段和激励措施。博斯公司有着独有的衡量公司DNA的工具，从我们广泛的数据库来看，许多公司的DNA并不健康，而成功的公司往往都有健康的DNA。好消息是遗传工程学，对公司也适用，可以通过重新设计机构的各个方面来改变其DNA。监测和保持健康的DNA是公司实现其全部能力的最后一步。在书中我将会详细阐释这一话题。

我将本书细分为七个章节

本书以《中国的市场机遇》作为头章，细谈了一个众所周知的道理，即中国能够为金融服务提供广阔的市场——一个具有高度多样性、可变性及创新性的市场。在《金融海啸前后》一文中，我们将把重点放在金融机构对待风险的态度、对帮助中国经济摆脱危机所起的作用以及它们对全球金融界的看法上，探讨全球金融危机对金融机构造成的影响。接着，我们在《中国金融行业盈利之路》中为金融机构提供了一些见解，帮助其寻找通过满足不同客户的实际需求及其变化而盈利的途径，并解决如何培养能力以力压群雄这一问题。这两点在《上海2020：建设有中国特色的国际金融中心》中被有机地结合起来，描绘了一个崭新的未来国际金融中心，能够满足中国经济在危机过境后的特殊需求的金融中心。接下来的《建立中国领先的中小企业银行业务》，用同样的手法分析了中小企业金融这一重要问题。缺乏发展的中小企业金融通常被视为高风险行业，而此行业却得到了政策的大力支持，并一直是中资银行所关注的领域。另一方面，在农村人口多于城市人口的国度中，农村金融服务同样是重要的盈利渠道。为此，《村镇银行2.0》一文将侧重21世纪农村的个人及企业需求，从而为银行业务指明一条盈利之路。在本章最后的总结中，我们将透过《中国保险业》审视快速发展的保险市场。此市场的形成基于对能力培养的需求，而能力培养又是为了满足社会对风险管理、预防及缓减的需求。

再谈本书的第二个章节——《后危机时代的全球经验》。看似有悖常理，此章节以《中国的城市和农村商业银行如何"西学东渐"》作为开始。虽然次债泛滥、鼓励措施失衡及监管不力带来了毁灭性的后果，中国的银行仍然可以从西方商业银行的业务模式中吸取经验。许多中国银行都缺乏明确的定位，并随着竞争加剧而面临着重大抉择。《最优绩效》一文从伦敦的视角分析了银行领导层的成功及失败，进一步为中国的银行提供了可资借鉴的经验教训。有了前车之鉴作为基础，如今的西方银行已纷纷进入转型阶段。为此，《快速重组》中的一些成功经验将为广大银行揭秘最佳银行是如何进行转型的。由于中国面临着不同挑战，快速转型及能力建设作为重要的环节可以再次从这些案例中获益。《财产保险》与《寿险及养老金的未来》两篇文章分享了博斯公司全球保险咨询业务合伙人一些观点，这些观点为保险公司应如何发展以确保长期的优势商业模型并脱离经济危机提供了颇为有用的建议。危机过后的另一个主要趋势是政府在经济中的作用越发重要，尤其是在金融领域及更大范围内。在《公私合作》一文中，我们将细述私人与公共部门究竟应如何协力合作，从而为满足全球不断增长的基础设施投资提供财政支持。在章节最后，我们将以《危机四伏的金融领域并购》作为参照，回归西方产业整合这一主题。

　　与"打造新的金融领导者"这一标题相对应，第三个章节将解决的问题是：金融机构应如何将危机后的经验置于中国的市场机遇中，从而创造拥有成功潜力的组织。不同行业的所有公司都无一例外地将客户作为其业务及业务模式的核心，为此我们在《建立客户为中心的企业机制》中详细解释了如何使其成为现实。我们在《以客户为中心的组织变革》中界定了商业银行客户中心化的主要挑战及关键的成功支持和途径。作为成功的关键因素之一，"组织 DNA"从本质上决定了一个组织是否具备足够的竞争力从而不被市场淘汰。博斯公司拥有一套专属的工具及数据库用于评估某一公司的 DNA。在《主导的基因》中，我们将研究 DNA 中的哪些基因对于成功最为重要，并解释如何评估及改善这些主导的基因。金融机构为各界所瞻仰的空前局面，终于为其迎来了一个前所未有的时期。许多西方的业界大亨因受挫而中途退出，这为中资银行提供了进一步树立威望的机会。在《如何成为受人尊重的公司》一文中，我们将给出几套不同的方案，帮助金融机构树立威望并将其作为整体战略的一部分。

　　接下来的几章将针对成功所需的能力素质进行探讨，其中第四个章节将解决的问题是"销售与分销"。第一篇文章《追求卓越》将从全球的视角出发讨论消费者银行业务，并解释不同银行究竟是如何通过分行、电话及网络渠道的优质服务以"追求卓越"的。在《银行支行网点的价值最大化》中，我们将单独研究分行这一主题并寻找分行的绩效增长点、正确目标及理想地点。紧接着，我们会在接下来的一篇文章——《重新界定银行呼叫中心的使命》中观察银行如何利用电话渠道以达到服务及销售的目的。《高效率的销售中心》将把有关销售的讨论上升到另一个高度，我们会在这篇文章中具体讨论电话销售的能力、人员及管理。

第五个章节与"风险"有关。风险管理直接关系到银行业及保险业的成败——这里所指的风险管理并非风险规避或缓减，而是通过主动的管理从而获得适当的收益。《风险管理》系统地总结了一系列有关风险管理的经验。经济危机时期，西方的金融机构需要重新学习这些经验，而中国的竞争者则需要不断地将这些经验应用到其业务中。在《有效的运营风险管理》一文中，我们把重点放在运营风险管理这一具体分支上。风险管理对于中资银行来说尤为重要，它需要更高的中央集权化并要求银行对多个关键流程进行管控。

在第六个章节，即"信息技术与运营"中，我们将研究助力金融机构成功的关键基础设施及系统。作为本节的第一篇文章，《绩效管理》将会为我们解释绩效指标的重要性——它能够协调运营从而帮助业务及客户实现目标。在接下来的《流程效益模式》中，我们将借助博斯公司与经济学家研究团队共同研究得出的一项成果，从而揭示一个事实：大多数组织都已经开始进入下一阶段，即通过建立流程效益（把诸如开户之类的常规流程整合入整个组织的高效集权化运营部门）从而优化流程并提高效率。《得自车间的经验》一文则将帮助我们研究可以应用于银行业务的制造业最佳实践，尤其是制造业中的销售及运营规划原则可以被银行业借鉴，从而实现合理分工及绩效改善。在最后的《警惕缺口》中，我们将讨论如何解决 IT 能力及业务需求间的缺口问题。

我将《海外扩张》作为本书的最后一个章节。在这一章中，我们主要研究中国金融机构的海外扩张。虽然某些海外扩张的规模在全世界范围内都是举足轻重的，然而经济危机使得中资金融机构对海外扩张更加谨慎。不可否认的是，中国的经济正逐步与世界接轨。在《中国如何寻求最佳交易》一文中，我们讨论了中国企业进行海外并购的背后原因，这其中也包括金融机构。最后的《中国企业如何成功实施海外并购》一文将基于其他行业的经验，为我们总结存在于成功的海外并购中的挑战及必要条件。

这七个章节为企业提供了大量可供参考、借鉴的材料。

本书由我和博斯金融服务团队一起完成，具体的每一章参与者如下：

第一章的参与者为：彭礼定先生（Giles Brennand）、罗伯特·简·哈根斯先生（Robert - Jan Hagens）、孙毅先生及柯涛先生。

第二章的参与者为：柯涛先生、理查德·罗林森先生（Richard Rawlinson）、艾伦·杰姆斯先生（Alan Gemes）、拉杰夫·阿加瓦尔先生（Rajeev Aggarwal）、希德·阿扎德先生（Sid Azad），莎拉·巴特勒女士（Sarah Butler）、坦威尔·哈尼夫先生（Tanvir Hanif）、法比恩·柯尼克先生（Fabienne Konik）、保罗·弗朗西斯先生（Paul Francis）、尼古拉斯·多诺万先生（Nicholas Donovan）、理查德·舍迪亚克先生（Richard Shediac）、拉比·阿布查克拉先生（Rabih Abouchakra）、莫娜·哈迈米女士（Mona Hammami）、梅森·拉姆塞先生（Mazen Ramsay）、苏泽安先生（Ivan de Souza）、杰拉德·阿多尔夫先生（Gerald Adolph）及罗伯特·马尔池先生（Roberto Marchi）。

第三章的参与者为：谢祖墀先生、莫冠祺先生、加里·尼尔森先生（Gary L. Neilson）及劳伦·费尔南德斯先生（Lauren Fernandes）。

第四章的参与者为：阿密特·古普塔先生（Amit Gupta）、西莫斯·麦克马洪先生（Seamus McMahon）、阿西史·杰恩先生（Ashish Jain）、库玛尔森·卡纳加撒拜先生（Kumar Kanagasabai）、贝思宁女士（Joni Bessler），丹尼尔·欧基弗特先生（Daniel O'Keefe）及莱尔德·珀斯特先生（Laird Post）。

第五章的参与者为：彭礼定先生（Giles Brennand）及李博颂先生（Thorsten Liebert）。

第六章的参与者为：保罗·海德先生（Paul Hyde）、罗曼·雷格曼先生（Roman Regelman）、库玛尔森·卡纳加撒拜先生（Kumaresan Kanagasabai）、阿西史·杰恩先生（Ashish Jain）、思考特·凯德先生（J. Scott Cade）、莫伊尔·桑德尔森先生（Muir Sanderson）、孙毅先生、克丽斯汀·柯尔文丝女士（Christine Korwin - Szymanowska）、大卫·怀特先生（David Wyatt）、路易斯·佛莱切尔先生（Louise Fletcher）及约翰内斯·巴斯曼先生（Johannes Bussmann）。

第七章的参与者为庞复兴先生。

在结束语中，我再次总结了中国的金融领导者应如何把握机遇、培养能力，从而将其组织的能力上升到新的高度。我真诚地希望本书中的观点能够在组织领导层面对各位读者有所帮助。

柯安德
于中国上海
2010 年 6 月

中国的市场机遇

金融海啸前后——中资金融机构面临新的格局

如全球一样，中资金融机构也为此次在美国及欧洲所发生的金融危机的规模及严重后果而深感震惊。尽管已经做好最坏的打算，但相对于绝大多数其他国家的金融机构而言，中资金融机构在接下来的12—18个月的经济萧条时期内存活下来并在危机过后茁壮成长等方面，都处于更为有利的地位。

由于损失和冲销，美国和欧洲几乎所有金融机构的资产都遭受到了毁灭性的打击，而这一切对中资银行的直接影响仍十分有限。由于对资产担保型证券及其他金融衍生品的风险敞口有限，中资银行在整个2008年的利润仍保持了相对强劲的增长。

中国银行于2007年发表声明称其持有价值近97亿美元的次贷担保型证券，是亚洲所有银行中持有量最大的一家。尽管如此，其今年的利润仍增长了31%。其他银行遭受的损失同样有限：受莱曼兄弟（Lehman Brothers）破产的影响，中国最大的银行——中国工商银行损失约1.52亿美元，中国第六大银行——招商银行损失约7000万美元。

而步出国门收购西方银行资产的中资机构则遭受了更为重大的损失：

国家开发银行所持有的英国巴克莱银行（Barclays）股价缩水 80%，而平安保险对比利时－荷兰富通银行（Fortis）的投资也巨亏了 23 亿美元。

尽管已经历了此次危机最困难的时期，但是中资机构远非能够自鸣得意。虽然在此次席卷美国和欧洲大部分国家的经济衰退中，中国仍持续增长，但是增长速度已然放缓：出口需求的下滑部分抵消了国内需求的增长。因此，2009 年中的放贷量明显增长。这为经济增长的快速复苏提供了支持，但也在未来面临着不良贷款上升的风险。因此，中资金融机构正在考虑采取何种挽救措施来保护他们的自营业务，并积极地为更为广泛的经济面提供资金支持。与此同时，那些高瞻远瞩雄心勃勃的机构也正在评估危机后的可能前景，并寻求当机遇出现时如何全面把握的定位方式。

对于银行如何采取措施保护自己并定位于把握未来增长机遇，我们从 1997—1998 年的亚洲金融危机中得出的经验教训可以给出一些有益的建议。其中一项关键的防御性措施就是定期细致地审核各个借贷者及其领域的贷款风险敞口。在亚洲金融危机中，尽管许多征兆都反映出客户的业务将出现问题，但许多出贷方并没有根据这些已有的信息采取相应的行动。在某些情况下，这导致在主要的破产案发生前仅几天的时间内，那些缺乏有效信贷评估的贷款被用于循环投资。与之类似的是，在消费者借贷方面，征收拖欠贷款时也要行动迅速。银行中的那些典范还确定了一些领域（如贸易融资），在这些领域中传统的融资服务能实际地减少借贷者的信贷风险。对于一些较小的机构而言，融资可能也会成为一项挑战，需要以积极保留大客户并与监管机构协作的方式加以解决。时至今日，在整个组织中层层落实清晰且一致的管理重点比以往任何时候都更为重要。

当外部经济境况不断恶化时，更为广泛的"挽救措施"和经济刺激政策需要更加强调自我保护。在美国和欧洲，政府控股主要银行招致了对银行服务主要目的的激烈辩论。苏格兰皇家银行（Royal Bank of Scotland）等商业银行被鼓励维持 2007 年的贷款水平以便使得企业在衰退来袭时能避免出现融资问题。

中资金融机构早已习惯如何在股东价值回报与其对中国经济发展提供资金支持这一关键角色间实现平衡，特别是关系到其与国有企业间的长久关系时。由于中国企业（特别是出口及商业地产领域内的企业）承受了经济衰退所带来的压力，中资银行正评估其贷款组合，以确定哪些业务将带来利润，哪些业务将带来最大的信贷风险。此外，他们还需要确定哪些业务和领域将需要额外的支持以及从何处获得这些支持——当情况恶化时，有望由国家直接或间接地予以承担。那些最成功的机构将会对风险调整后的客户利润有更为深入的认识，并相应地采取最有效的方式来完成不同的职责。

一如既往，当中国面临增长和机遇时，通常会采取谨慎和防御性措施。中国为保持经济在金融危机下快速增长所作出的承诺，同样也会带来新的融资机遇，特别是在基础设施建设项目和为中小企业提供贷款等方面。中国在完善基础设施融资以及利用公私合作关系以提高社会回报并降低信贷风险等方面，仍有改善的空间。过去，中小企业难以从正规的金融机构获得信贷，只能求助于非正规的融资渠道或从内部挖掘资金。政府及监管方正在将发展重点转移至中小企业银行服务上，为已具备所需的风险管理、客户关系管理及产品能力的机构带来了颇具吸引力的机遇。推动消费增长和改善长期社保体系的双重需求为消费市场带来了大规模的增长机遇。这将更强调消费者贷款、更好的信用评分能力以及对医疗、养老金产品的支持，以鼓励大众进行消费。

放眼海外，鉴于近期投资中遭受的损失、对未来利润来源的不确定以及业务规范和文化中的差异，中资金融机构在保持谨慎的同时也跃跃欲试。随着欧洲和美国银行的股价跌至历史低点，大量金融机构亟须资金维持运营，中资机构与来自中东地区的机构正一同关注着可能的收购。他们可能首先进入亚洲、非洲、中东及拉美等欠发达市场，这些市场与其企业客户需求有着千丝万缕的联系，且经济也处于类似的发展阶段。

在金融危机最为严重的时期，中资机构往往需要充足的时间进行彻底的尽职调查，这一点对于许多目前迫切需要筹集资金的西方金融机构而言很难接受。但是，随着紧迫性的减轻和政府寻求出售所持有的银行股份，中资机构将有望扮演更为积极的角色。与此同时，规模相对较小的并购或少数持股将会极具吸引力，特别是那些能为自身带来新的能力并且收购方无需对难以估价的证券的盈亏承担责任的交易。在拥有强大的资金来源并对低收入国家的需求有着更广泛认识的新兴经济体中还可能出现其他的机遇，这将与大多数西方银行衰败的名声和业务形成强烈的对比。

更为普遍的是，此次金融危机再次强调了透明度、积极的风险管理及有效的企业治理的重要性；而在这些方面，中资银行近年来已经取得了长足的进步。鉴于流动性过剩给西方金融体系带来的巨大冲击，危机过后，随着监管部门及金融机构寻求建立避免出现流动性过剩的资本市场，并为中国经济提供多元化的投融资工具时，在上述方面不断加以完善将更为重要。

当危机过去，全球经济开始复苏时，由于中资的佼佼者们设立了典范，并且中国在资本来源中发挥的作用及影响力日益强大，中资银行将以从不曾有过的显著姿态展现在世人面前。

中国金融行业盈利之路

即使是在此次危机发生之前，中国的金融行业就已发生了翻天覆地的

	支付的价格（百万美元）		战略投资者
中国银行	5175	1600	苏格兰皇家银行
		1500	美林与李嘉诚基金
		1500	淡马锡控股[1]
		500	瑞士银行
		75	亚洲发展银行
中国建设银行	4000	2500	美洲银行
		1500	淡马锡控股
工商银行	3780	2580	高盛[2]
		1000	安联公司
		200	美国运通银行
华夏银行	329	225	德意志银行
		104	欧本汉银行
北京银行	274	215	荷兰商业银行
		59	国际金融公司
渤海商业银行	123		渣打银行
天津市商业银行	120		澳大利亚澳新银行
中国民生银行	106		亚洲金融控股私人有限公司[3]
深圳发展银行	100		GE消费者金融集团[4]
南京市商业银行	87		法国巴黎银行
杭州市商业银行	78		澳洲联邦银行
总投资	14172		

①原合约同意购买中国银行的 10% 股权，2005 年 8 月被中央银行限制为 5%。

②2005 年 8 月合作备忘录公布，2006 年 3 月达成最后协议。

③由淡马锡控股独资。

④交易取决于中国管理权威机构与深圳发展银行股东的批准。

信息来源：China Economic Net，*China Daily*，*The Banker*，*People's Daily*，*China Economic Review*，*Business Week*，*International Herald Tribune*，*Taipei Times*，*The Guardian*，公司网站，新闻稿，博斯公司

图 1.1　2005 年公布的对中国银行的外国战略投资

变化。这种变化几乎无法想象：20 世纪 90 年代末期，中国主要金融机构均由政府完全持股，并由于不良贷款比例过高而被认为处于技术性无力清偿的困境；如今，按市值计算，已上市的中资银行在全球前 20 大银行中占据 7 席。在监管放开的步伐以及外商投资等方面，金融领域曾被移动通信和汽车等其他经济领域甩在身后。

2005 年，随着海外金融机构在中国银行业投资 142 亿美元（见图 1.1），这一情况发生了明显的改变。到 2005 年年底，世界许多最大的银行或者选择一个伙伴，或者选择多个，共同进入新兴的中国金融市场。上述举措发生在银行业的同时，在保险、资产管理与证券业的投资也连续不断地增加。对于许多银行而言，随后的 IPO 为其带来了丰富的财务回报——事实上，部分中资银行发现回报竟然如此诱人，并指责提供给外资银行的收益过于丰厚。而 2008 年的金融危机所带来的冲击也证明部分外资银行相对短视，缺乏对中国的长期承诺（见图 1.2）。

	所售银行股票	所售股票占总股本比例	所售股票价格（百万美元）	出售日期
美国银行	中国建设银行	2.5%	2842.31	2009年1月7日
		5.78%	7300	2009年5月13日
苏格兰皇家银行	中国银行	4.3%	2370	2009年1月16日
瑞士联合银行	中国银行	1.3%	835	2008年12月31日
高盛	中国工商银行	0.9%	1900	2009年6月2日
安联公司及美国运通银行	中国工商银行	安联公司：1%	1900	2009年4月28日
		美国运通银行：0.2%		

图 1.2　金融危机后西方银行出售所持有的中资银行股票

这种变化和关注度来自于中国对金融服务需求的绝对规模和多样性，特别是对服务的强调。当许多西方金融机构因将股东资金置于极大的风险之下、过度放贷并进行所有权投资而饱受批评时，中国政府和监管机构却正关注于如何使金融机构及市场更好地服务于中国经济的持续发展，例如，为企业和消费者提供融资服务（以债权或股权的形式）和顾问服务，通过广泛的渠道销售投资产品等。中国已经发展成为全球第三大经济体，并将很快取代日本成为第二大经济体。中国对金融服务的需求与其经济规模相当，也与支持并发展未来全球最大且最有实力的金融机构的潜力相当。金融服务领域是一国经济的血脉，其作用是确保买卖双方交易成功，在资金拥有者与资金需求者之间互通有无。

虽然发展潜力巨大，但是来自全球竞争者之间的市场争夺也将非常激烈。他们通过建立合资公司，购买少数股份及拥有全资子公司的形式在中国市场进行竞争；同时，这些国际竞争者也将与中国国内规模更大、实力更强、信心与野心与日俱增的机构竞争，而后者的信心也在此次金融危机中得以增强。在这种巨大的、变化迅速的多元化市场中，胜利将属于能够抓紧高回报机会的机构。胜者需要在众多有关市场快速增长的报道中，鉴别可以赚取可观回报的独特机会。这需要在对市场条件与公司能力进行客观评估的基础上，对市场机会潜在的驱动力与盈利途径方面作深入的理解。

市场机会潜在的驱动力

独特的挑战与清晰的发展方向

中国面对的挑战是发展适当规模的金融体系，更重要的是，创造适当的多元化与能力，以应对并支持其规模巨大的经济与社会的发展。如今，银行提供85%的企业信贷，而国内资本市场尚未成熟，这就限制了企业客户的融资方式，意味着无论企业还是个人在风险预测、时间范围及资产折现力方面，都面临着狭窄的投资选择。消费信贷同样相对落后，即使快速的经济增长已经使2007年的消费信贷增长为2000年的10倍，却仍仅占总贷款的12.5%。确实，即便是在被高度看好的高增长率的情况下，许多诸如信用卡的消费信贷市场规模仍小于韩国和中国台湾等国家和地区。其原因是：中国的银行长期以来一直把消费者存款传送到国有企业，作为企业贷款使用，而很少放贷给中国消费者。尽管消费者在不断变化，银行在不断创新，但仍需要一段时间来实现这一转变。

为了解决上亿消费者与成千上万的公司尚未满足的需求，建立一个更加多元、更加胜任的金融体系是十分必要的。各种产品的机会是众所周知的，尤其是消费者信贷，相比许多中小型企业信贷而言，这一领域的风险评估的挑战更容易应对。例如，规章的调整正在促使诸如抵押、信用卡及汽车贷款等消费信贷市场的增长。与此同时，消费者的期望也在提高，会向金融机构提出更多的要求。新兴的中产阶级要求更高的服务质量与更加个人化的客户服务，例如理财、财务规划及便捷的电话与互联网银行业务等。市场为那些雄心勃勃并善于创新的金融机构提供了诸多机会，使其满足上述需求，并在中期内创建实力雄厚的企业。

然而，谈论企业增长绝对不能脱离政府监控的实际情况。对于各个经济大国，政府都在金融业中起到了重要的管理与监督作用。尽管在不同的国家这一作用的程度与性质迥然不同，但是它无处不在。事实上，近期的金融危机再次强化了政府"最后的拯救者"这一角色。中国的金融体系比起其他国家，更是不能缺少强有力的经济支持与保持稳定以及公众信心。政府需要确保人们对于金融体系的信心，也要确保金融体系的能力与基础设施的增长速度能够满足经济发展的需要，并在发育不健全的领域采取行动。这包括需要发展更深、更广的资本市场与更加有效的金融基本设施，以及提高个体机构的自身能力。

因此，要在中国取得成功，金融机构必须结合以下两方面：第一，对未得到满足的用户的具体需求的洞察；第二，洞悉整体经济与社会环境如何塑造并优化金融业的发展需要。然后他们将基于当前市场条件找到切实可行的解决方法，同时在中期建立更加完善的方案。中国工商银行江苏分行为上述方法提供了一个例证。众所周知，中小企业贷款的需求远远没有得到满足，更加有利的融资机会将成为促进这些企业发展的重要动力。然而，落后的会计数据以及信用历史纪录的缺乏，使得信用评估非常困难。中国工商银行走在了前列，基于这些中小企业客户的银行账户信息进行信用评估，包括有效使用、付税、进出口量与先进流动等方面。这不仅降低了贷款风险，从而为银行提供更多利润，还使得更多中小企业得以快速增长。

利用潜在动力

总体上看，中国金融领域的市场机会之多是众所周知的，例如个体人寿保险、集体人寿保险与养老金、信用卡、理财等等。然而成功还取决于对市场和政策脉搏的理解；未得到满足的客户需求的具体性质；客户的选择局限；提供有效解决方案的挑战；如何利用与众不同的方式创造持续的优势与盈利的企业。如果进一步探究这些基本要素，可能还会发现一些潜在的机会，这些机会已经被那些急于利用报纸头条市场机会的人们所忽略。人们的讨论经常集中于如何在北京、上海这样富裕的城市为新兴的中产阶级服务，这些消费者的确提供了大量的机会，然而希望为他们服务的竞争者多年来也大有人在。在接下来的例子中注意力转移到其他地方，也并不把所有客户作为重点，但是它们说明了像中国这样一个颇具规模的国家能为本土机构及外资机构提供同样众多的机遇。

大众化的银行业务：在考虑提供信用卡与理财服务时，一件重要的事情需要牢记：中国的收入水平差别巨大。上海的人均国民生产总值为10,529美元，在很多贫穷省份如安徽与贵州，人均国民生产总值仅为上海的10%。在城市中，最贫困的20%的人口的平均收入还不足富有的20%人口的平均收入的5%。在此种情况下，满足客户的银行业务需求，意味着对不同客户群提供不同的服务项目。另外，政府的一项日益重要的紧急任务，是确保经济发展的利益更加均衡地在城市中心内部及城市与农村之间分配。在世界各国，使用银行的服务被看作是基本的，甚至是一项权力。无论为最贫困人口提供服务的经济理论如何，政府将支持确保低收入群体使用银行服务的措施，即使许多银行重点客户是更富裕的群体。那些能够创立适应这种需求的成本结构与服务项目的金融机构将有机会成功。这一摆在面前的首要任务已在一系列举措中得以清晰体现，这些举措包括：在农村地区提高贷款服务的申请受理，浦东发展银行、北京银行和汇丰银行在成立村镇银行服务部门方面的动向，以及中国农业银行范围更广、规模更大的重组。

达到这一目标的方法之一是利用目前许多并不富裕的中国消费者手中的工具：手机。2008年，中国有6.41亿手机用户，这能为信息、沟通（通过电话银行业务）甚至潜在的电话转账提供平台。许多最贫困的人也可以上网，因此可以通过乡村中共享的电脑亭进行因特网银行业务。

许多小额信贷银行，例如印尼人民银行（BRI）在印度尼西亚通过提供金额在 50—100 美元之间的贷款业务，成功地建立了盈利经营。BRI 于 2003 年成功上市，在印度尼西亚群岛有近 4000 个低耗支行，其中大部分面积仅如一个小棚屋那样大。在印度，印度工业信贷投资银行（ICICI）是最成功的私人业务银行，他们正在筹建一项业务，使得其他集中于小额信贷机构实施类似的方法。截至 2009 年 6 月 30 日，ICICI 资产总额达 770 亿美元，客户数量超过 2400 万。

解决老龄化人群的需要：中国正在快速地走向老龄化，然而国内目前尚未存在完整的养老金体系。根据预测，40 岁以下的人群已达到 8 亿，在接下来的 20 年中将下降 1/3 或 2.5 亿。相反，大于 40 岁的人口将在 20 年中增长 2.7 亿，即一半之多，其中 60 岁以上的人口增长最为迅速。此外，中国的健康与福利体系也面临危机，近 80% 的农村人口与近半数的城市人口没有健康保险。旧有的"铁饭碗"福利模式，即国有企业为其员工及家属提供"从摇篮到坟墓"的福利保证，既不稳定也不适合日益富裕的人群的需要。

当然，个体消费者都深知福利与养老金供给方面所存在的问题，这种欠缺的社会安全网，实际上是鼓励高储蓄（2008 年占 GDP 的 24%），即使政府试图鼓励提高消费水平，但消费水平仍旧相对偏低，这是一个非常重要的因素。过去这种趋势从银行中的高额储蓄上体现出来；然而现在产品革新与管理撤销，开始把需求导向新领域。例如，2007 年，中国商业医疗保险的保费收入达 382.5 亿元人民币，而人寿保险的保费收入在 2004 年至 2008 年间也增长了一倍以上。市场增长的绝大部分因素是一种叫做"参与投资产品"的简单投资产品，其与银行存款极其类似，但是因为其与利润相关的性质，回报更加诱人。

可是，从福利与养老金挑战的规模来看，这些个人行为的改变本身并不足以影响全局；政府也不能单独凭借税收体系应对上述挑战。因此中国政府采取了三足鼎立的方法，即结合个人、政府及公司的共同出资，为退休及健康保险提供资金。这种改变可能会反过来刺激消费，因为消费者对退休后的生活更加放心，所以减少储蓄。这将使得消费信贷对个人消费者更加具有吸引力。

具体实施需要一系列政策的支持，如管理范围、对资产管理者与保险公司的投资组合指南、税务问题以及竞争规模等。结果将会出现个人与机构养老金市场的增长，同时也可能在中国出现更多活跃的机构投资者，而后者会使许多中国公司的融资资源更加多元化。其中一个例子就是最近可以允许保险公司最多投资8%的资产用于基础设施工程，如码头、高速公路及铁路等。这些变化不仅使得保险公司可以以其投资赚取更加可观的收益，从而鼓励人寿保险的购买，使长期投资更具吸引力，而且为那些支持持续经济发展的重要基础设施工程提供更加多样化的融资方式，同时也为日益完善的资产管理能力提供了市场需求，很多海外公司可以在这方面提供适当的服务。

盈利途径

在评估中国市场的潜力时，引起人们辩论的通常并非是市场的规模，而是对利润的预期。任何市场，赢得利润的能力依靠某些特定的前期条件。首先，利润应该是那个市场上大多数参与者一个重要的驱动力。其次，这些公司需要有管理利润的能力。最后，他们需要拥有持续的竞争优势，提供顾客所需要的产品。如今的中国已成为全球最具盈利能力的金融机构的大本营，与十年前有所不同的是，我们需要正视这种盈利能力的来源。鉴于对利率监管的规模不断扩大以及巨大的净利差，只要利率持续目前的低位，贷款（特别是企业贷款）业务将仍保持可观的利润。然而，随着监管不断放开，特别是当存款利率自由化并不断走高时，竞争优势与有效的执行力将会成为推动盈利水平的因素。中国的金融机构已经开始训练这些能力，正需要将服务费用收入作为主要的收入和利润来源，逐步减少对净利差的依赖。

集中于利润与利润管理能力

过去大多数中国金融机构从未强调过利润的重要性。国有企业过去（现在很多情况下依然如此）从它们的银行获取大笔低息资金。利润率与保险费被高度控制，因此，个体银行与保险公司从未有过任何动力去开发定价与利润管理的能力。客户的选择有限，因此对于客户价值几乎没有关注。这种局面已经开始得以改观。金融机构越来越把精力集中于利润与利益率管理。少数股本在海外股市上市（如平安保险与中国建设银行）、政府政策公布以及管理者主动改善会计与资本供给制度等活动，都开始影响中国个体银行与保险公司的行为。外国银行与保险公司购买股本，以及海外公司管理能力的注入已加强了这种趋势。

与此同时，客户的选择增加，竞争强度加大，利润率降低。在私人业务中利润的趋势与利润的压力二者之争的结果，将决定最终的利润水平。尤其重要的是，成功的个体机构如何培养卓越的能力，有时与国外伙伴一起，并且把这些能力转变成适应特殊客户群的优秀产品。

例如在消费信贷方面，对利润目标有清晰的标准。国外银行最终需要投资赢得回报；管理者同样认为消费信贷是除企业贷款之外，国有银行开发更多盈利业务的机会。竞争的强度本身，尤其是在最富裕的城市争夺富裕客户将降低利润率。比起利润来，有些银行将毋庸置疑地倾向于短期销售量的提高。盈利最可靠的途径是在对风险行为与定价充分理解的基础上，小心谨慎地选择客户、开发产品。

在完善定价与风险选择的能力从而为利益率管理提供支持方面，大多数中资机构至今仍处于早期阶段。与客户及产品线利润率有关的信息并没有在整个银行内及时地共享。基于风险的定价、信用风险评估及保险认购的能力也还处于发展的初期阶段。这虽然增加了以量取胜的策略的风险，但是却提供了大量的竞争优势机会，为那些快速掌握所需能力的机构（通常与国外伙伴合作）提供了提高利润率的机会。执行的速度是关键：收益将属于那些快速发展新能力而击败对手的公司。

在企业贷款方面，尽管短期内净利息差将非常诱人，但利润的压力仍将不断加大。目前的盈利水平通常归功于存款的低利率以及蓬勃发展的经济所带来的低不良贷款率。而对于一直以来为国有企业所提供的大量贷款，其利率并没有完全反映资本的风险成本。中国确实已经在重组不盈利企业的艰难过程中取得了长足的进步，政府（国家、省级与地级）应该继续谨慎地管理这一过程。对于许多国有企业来说，过快撤销银行信贷，或者执行与风险相符的利息定价，可能会使企业走向破产。这会进一步导致工作机会减少和失业人员增加。这些约束将持续减缓银行的行为，从而降低其利润率。对于利润更高、能力更强的大型企业客户而言，银行所面临的竞争对手是金融市场，而不是其他的金融机构。中国的企业债券市场的发行规模由 2004 年的 122 亿美元增长至 2008 年的 674 亿美元，仅在 2009 年上半年就以 967 亿美元的规模一举超过日本的企业债券市场。

日益有利的管理环境与基础设施

利润率也受诸如信用调查局等附属市场基础设施发展的影响，因为它可以提供与利润有关的信息制定所需的决策。在该领域，地方与国家不同层次的机构都已经开始行动。1999 年上海建立资信有限公司，截至 2007 年 8 月底，已累计提供 735 万份信用报告。性质属于中央银行的中国人民银行在七个试点城市首先实施后，现在正在建立全国范围的信用调查机构。然而根据许多发达国家的标准衡量，其数据质量还存在争议。这意味着个体银行将能够从本企业内部新增能力中获得优势。

中国管理者也将保持警惕，以确保各家银行相互竞争，在开发消费信贷业务并扩大企业贷款以推动国内发展的同时，金融业的增长不致带来过度不良贷款。对于 2003 年在韩国爆发的信用卡危机，人们至今仍心有余悸：由于发卡银行之间的激烈竞争，加之政府的税收鼓励政策，使得信用卡使用迅速扩张，而在缺乏共享的消费者信用信息的情况之下，导致消费者拖欠款率超过 15%。中国在这方面也吸取了自己的教训：当 2003 年中国汽车融资市场的欠款率一路扬镳，可能达到或超过 20% 时，管理者强烈鼓励中国各大银行减缓贷款增长。另外一个例子是汽车保险：中国保险起初会把业务集中在对新入门者，如大地、天安颁发执照，其目的是增强竞争。当此行为导致过度价格战，造成价格极低以至于与潜在的风险不成正比时，中国保监会修改了其方法，而现在更加着重个体保险公司提供适当的服务项目，并确保新产品得到适当定价以取得盈利。

每个机构都应该找到自己的盈利途径

中国经济的增长与多元化提供了诸多独特的机会：满足越来越挑剔的消费者与公司未得到满足的要求的机会；在产业界与资本市场结构内进行深层

的变革的机会；创新及对利润的管理超越竞争者的机会。而竞争者也越来越多元化：地方机构通常由政府参股，在海外上市，有国外合伙人；海外机构很多时候拥有自己的业务，同时又参股于一个或更多的中国合作机构。

每个金融机构都有其独特的定位，每个机构都需要找到自己盈利的途径。需要通过报纸头条关于中国经济增长的故事，去鉴别具体的商业契机，满足市场需求，开发卓越的能力。成功将需要抢先于竞争者，以确保持久的竞争优势。

上海2020——
建设有中国特色的国际金融中心

中国国务院已经提出了明确的目标：到2020年，将上海建设成为一个国际金融中心。但是，对建成怎样的一个国际金融中心并不明确。完成这一目标的关键，在于对一系列问题的深入理解，这些问题包括：中国以及全球社会至2020年的发展前景；作为金融中心，上海将如何对中国经济起到推动作用；目前的全球金融中心至2020年时的发展情况以及人民币国际化的程度。这些因素将决定上海能够以何种方式建设成为世界公认的"国际性"金融中心并完成所设定的目标。

上海2020：建设有中国特色的国际金融中心

今年年初，中国国务院正式批准了关于将上海建设成为国际金融中心的远大目标，这标志着上海的金融产业的发展明确地进入了一个新的时期。那么，2020年是否是上海建设成为国际金融中心的最佳时机？

在未来十年内建设一个国际金融中心究竟意味着什么？在2020年时，上海发展前景如何？上海将怎样发挥金融中心的作用？我们当然可以对目前全球各个金融中心进行研究并确定它们的关键成功因素，分析金融中心的发展历史，并为上海总结经验教训。然而，这样的做法显然无法做到具有前瞻性。仔细解读国务院在表述对上海的期望时所加上的两组定语，并探究其背后真正的意义，也许会对我们规划上海的发展道路更有意义。

首先，目标是在2020年时，将上海建成与中国经济实力相适应的国际金融中心。中国至2020年的发展前景如何？上海在未来将怎样发挥其国际金融中心的作用？其次，上海这一国际金融中心需要与人民币的国际地位相适应。在谈到建设国际金融中心时，经常被同时提及的是人民币的自由兑换和国际化。那么究竟有哪些备选方案？上海面临着哪些制约和启示？如果我们考虑金融中心所带来的机遇以及其成功因素时，能综合考虑以上两个问题，那么，我们将能更好地确定上海应该如何发展，并建设成为有中国特色的国际金融中心。

2020 年的中国

2020 年，中国将以完全不同的姿态展现在世人面前。先让我们回想一下中国在 1998 年时的情况，然后放眼当前，巨变已经几乎在各个层面发生：市场经济发挥着日益重要的作用，手机和互联网广泛普及，消费需求及消费行为的覆盖范围、影响力及演变过程，外资企业加大在华综合业务的建设力度，更多的中资企业向海外拓展，中式管理能力的创新与发展，中国外汇储备的不断增长等。然后，再回想一下中国金融领域所取得的一系列进步和变化，特别是在银行系统、领先的金融机构的能力及盈利情况，中资企业在国内外资本市场上市等方面。现在，让我们设想一下：到2020 年时，将发生哪些更深层的变化，这些变化将决定着作为金融中心的上海所必须具备的条件和所面临的机遇，以及将带来怎样的回报。

此外，世界经济未来十年的发展和中国在 2020 年时的自身情况将相互产生深远的影响。面对着诸多错综复杂的现实变化、结构调整以及不确定因素，即使是不考虑全球经济复苏的步伐以及其他的全球发展情况，我们仍能清晰地勾勒出中国在 2020 年时的部分前景：

无论是从绝对值还是相对值的角度而言，中国经济都将更为庞大，并毫无疑问地成为全球第二大经济体。从此次危机目前所显示出的所有迹象可以看出，相对于发达国家，中国仍保持着甚至正在扩大其经济增长方面的优势。无论全球经济从此次危机中复苏的步伐是快是慢，中国都将有望继续保持相对较快的上升趋势。

然而，考虑到人口众多，总体上中国可能仅能达到小康社会的标准——尽管最发达的城市与农村地区之间在收入水平及财富累积方面存在着巨大的差异。因此，与其他富裕小国相比，中国这一经济体将有着截然不同的金融需求。

作为全球第二大经济体，同时又有相对较高的储蓄率，中国将会有大量的国内资金，因此需要一套有效的金融体系来将这些资金引导至正确的投资机遇中。与之类似的是，维持高速增长也需要保持对基础设施建设和产能的大力投资，同时强调资本利用的效力。除考虑外资如何促进经济及生产力发展之外，这也是需要考虑的问题。

2020年时，中国社会将更加老龄化，而且这种老龄化趋势将进一步加剧。养老金及医疗保障将比现在更为成熟，业务模式及从业机构将呈现多元化。这意味着国内的机构投资者届时规模将更大、能力将更强，并将寻求更为完善的投资方案。

除非经济民族主义在一个或多个全球主要经济体中大规模且持续性地抬头，否则，2020年时中国与世界经济的结合将更为紧密。对于许多（甚至可能是绝大多数）身处消费品、汽车、工业品、医疗卫生以及其他众多行业中的跨国企业而言，中国将是最大的单一市场。同样，部分中资企业将成为全球最大的跨国企业之一，并且许多中资企业届时将在全球的成熟市场或新兴市场中，建立规模庞大、收益可观的业务。这将为国内外创造新的融资需求。

中国将成为创新和技术方面的领导者，特别是在新技术的商业化及实际应用方面。不断加速的城市化及农村地区的改造，将使得新技术能更快地应用于日常生活中。而那些在更为成熟的经济体中，历史遗留的基础设施将对采用新技术和新的生活方式带来制约。中国的高速发展加上对环境问题的日益关注，将促进清洁技术和替代能源领域里的创新。随着消费者及企业不断累积财富，他们将跨越式地迅速发展到更为现代的消费、生活以及经营方式。

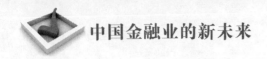

2020 年上海国际金融中心的机遇

对于 2020 年时身为国际金融中心的上海而言，这意味着什么？

首先，上海需要保持与国内经济的无缝整合。它的明确职责是：在中国范围内，将资金与资金需求集中在一起。

在 2020 年，国际金融中心的特点及业务重点将仍是其经济环境的反应。与美国经济紧密相连的纽约是毫无疑问的国际金融中心。相比而言，伦敦的大部分业务则是满足其他国家的金融需求。更为极端的例子是纳闽岛（马来西亚）、百慕大群岛或开曼群岛等成为与本土经济毫不相干的离岸金融中心。尽管后面几个地点被视为"国际金融中心"，但他们的情况与中国在全球经济中的地位完全不同。此外，在中国，金融市场及金融机构的角色也保持着十分明确的界定，即实体经济的服务提供方（以及提供就业机会）。在与实体经济毫无关联的金融泡沫导致金融危机出现后，这一对服务行业毫无偏颇且明确的定位将会同样得到更多来自欧美的关注。

其次，尽管金融中心的核心特点到 2020 年时不大可能发生彻底的改变，但是上海能通过利用科技的变革，特别是在通信及社交网络方面的科技变革，以创新型金融中心的方式投入世界，并扩大覆盖范围。

面对面的交流及非正式的社交仍将具有很高的价值，与此同时，社交网络软件以及电子邮件、视频会议等技术的使用发展迅速。正如全球证券市场已经转为电子化而无需实质的交易大厅一样，对金融中心而言，电子通信基础设施的意义将日益重大。科技的不断应用使得作为金融中心的上海能在中国及世界上更广泛地扩大其虚拟覆盖范围。这将使得个人及企业哪怕并不身处上海，但仍能从"在上海"的交易中获益良多。当然，随着现实社会和网上社会的发展，这也带来涉及司法管辖及监管条例在内的一些具有挑战性的问题。

然而，作为金融中心，上海仍需要吸引并挽留适当的个人及机构，并实质性地建立一个充满活力的本地金融体系。这是一个在能获得理想的经济回报（对于企业及个人均是如此）、做生意的轻松程度以及令人神往的生活方式三者间如何取得平衡的问题。而解决这一问题的根本，在于与其他候选地点间的竞争：我是否必须在上海操作此类业务，或者法规和惯例是否允许我在天津或香港从事此类工作？如果答案为"是"，那么何处是更为适宜的业务开展地以及人们希望在哪里工作？

经验一次又一次地证明，诱人的经济回报远远超过轻松或舒适等其他因素。如果在经济上有所斩获，人们能在非洲的新兴市场中忍受糟糕的餐厅和质量欠佳的空调设备。仅靠餐厅和崭新的办公大楼并不能吸引那些金融界的精英。

当然，盈利能力的关键在于开发与众不同的新型产品，并在一个可信赖的监管环境中满足投资者或资本寻求者的需求。如果大家都提供相同的产品，那么实现持续盈利的唯一方式就是采取监管型定价的方式，从而使得金融机构在不具备竞争优势的情况下实现盈利。如果某家机构能创造并提供具有吸引力的差异化产品，那么它就能够得到理想的回报。但是，监管方需要确保这种创新不会造成无法收拾的系统风险——在两者间取得正确的平衡是一项相当艰巨的任务。因此，在考虑创新的同时，监管能力的不断强化也是金融中心必备的一个成功因素。

全球经济危机过后，清晰明确的监管法规和可靠的法律程序在金融中心的成功中将发挥越来越重要的作用。迪拜国际金融中心就对此进行了大量投资：聘请外部监管机构和法官并建立独特的法律体系。但是，中国国情有着不同之处。鉴于迪拜的经济规模较小，因此其更像是一个离岸的金融中心。而对于中国和上海而言，所要进行的是，以符合当地情况的方式完善监管和法律基础，并以两种方式提高金融领域的效力：首先，在本国发挥创新者和领导者的作用；其次，作为金融中心，满足国际上的需求。

如何成为"国际"金融中心？

上海应该如何发挥国际金融中心的作用，并紧密地与国内经济相联系？作为国际金融中心的上海应该如何为中国经济的发展提供协助？对此有以下多种不同的方式。

首先，需要将上海的金融能力提升至世界级水平，这也几乎是一个先决条件。随着许多目前仅在中国开展业务（至少是在短期内）的领先的中

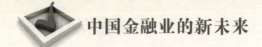

资机构希望实现国际化，通过以更为成熟的方式运作，上海将能在许多方面朝着国际金融中心的方向不断提升。这也意味着需要改善债券及证券市场的深度和流动性，更广泛地应用金融衍生品，提高信息透明度及合规程度以改善市场信息的质量，建立规模更大、更多元化的机构投资者群体，强化以市场为导向的 IPO 时间安排方式等。这些措施能够提高中国资本市场的效力，从而为满足 2020 年时的各种需求提供更好的支持。

在推动中国及其他发展中经济体相关重要领域内的金融创新时，上海也能在全球范围内发挥领导作用。此类创新包括：农村金融业务创新（如农村贷款证券化），更有效地结合产业机构和金融机构的优势，推出新式的基础设施融资及租赁服务，根据贸易及商品流向的变化，在中国、非洲、中东及拉美地区建立新的金融纽带。而通过双轨制，上海能以全球公认的领导者的身份成为金融中心，并吸引各种需求：首先，推动与印度和巴西等主要新兴经济体密切相关的金融业务创新；其次，在为更发达的经济体提供服务方面发挥模范带头作用，利用金融创新为实体经济提供支持。

但是，在规划国际金融中心时，以下一些问题也会立即浮现在脑海中：

国际金融机构将在上海发挥怎样的作用？

上海有多少外籍金融从业人员？

在跨国金融交易中，特别是当中资企业进行海外拓展时，上海将起到什么作用？

在更为广泛的亚洲地区，上海将起到什么作用？是否有其他企业或国家将上海视为其必然的金融中心？

而这些问题的答案将部分取决于国务院公文中的第二个界定，即 2020 年时人民币的国际地位。

建设上海 2020 国际金融中心的不同方式

某些评论家认为，如果不能实现资本的自由流动和人民币的自由兑换，上海将不能成为真正的国际金融中心。但是 20 世纪六七十年代时，伦敦在资本管制的情况下仍然发展成为国际金融中心——尽管其大多数国际业务均与以美元债券为主的欧洲离岸债券市场相关。自从 70 年代以来，情况已经发生了许多明显的变化，但是这些变化将在未来十年内持续发生。综合考虑所面临的机遇和限制，上海在建设国际金融中心的过程中仍大有可为。

目前的迹象显示，人民币的市场化和国际化将被逐步推进，是又一例摸着石头过河的情况。何时能实现完全的市场化并不明朗。考虑到这一不确定因素，上海需要对在不同情况下 2020 年时的"国际化"有一个清晰的认识，并采取灵活的方式实现发展。事实上，考虑到目前香港在发展人民币离岸市场并为交易结算提供支持过程中所发挥的带头作用，其自身的能力以及与全球金融市场的融合程度，上海的独特性至少在目前仍能得以保留甚至被强化。同时，上海也面临着一些阻碍。随着自由兑换和监管开放的实现，香港在迅速利用其现有能力和基础设施方面将处于更为有利的地位，并能在人民币市场整合以及中国境内外资本流动过程中发挥重要作用。

然而，即使是人民币的全面国际化不能实现，上海也能在上述国际中心的基础上以多种方式提高国际化程度和能力水平，并发挥其模范带头作用。

一、放宽对在华外资参股的限制

某种意义上说，国际金融中心意味着外资金融机构占据重要地位，拥有大规模的市场份额，并且与本地机构展开公平竞争。在商业银行领域，许多外资银行已经在国内注册成立，并以这种方式参与竞争。在证券领域，领先的国际投行正积极地视监管情况而动。即使是在资本管制并无任何变化的情况下，如果政府进一步地放宽监管以及外资企业加大投资力度，都将使得上海更具国际化色彩。所带来的益处包括：双向的信息流量加大，能力和创新得以加强，中资机构迫于竞争压力而不断提升自己。

二、继续鼓励外籍人士在上海从事金融工作

与之类似的是，外籍人士能为本土机构带来新的能力和不同的观点。

在如何有效地进行整合及运营方面，中外双方通常面临着重大的文化挑战。但是这种中国与其他国家在融合过程中所发生的挑战通常反应在个人层面上。解决这一问题需要不断地向个人及企业展示"成功案例"，并且向这些到来的外籍人士全面提供有关经济效益、生活方式及职业经验的诱人措施。

三、中国为全球企业提供资金

对于许多跨国公司而言，2020年时的中国将成为全球最大的市场，而且这一市场还将不断增长。而这种增长正需要资金的支持。此外，2020年时中国的储蓄额可能会位于全球第一。这为金融中心带来了完美的机遇——为外资企业和中资企业提供中介服务。面对持续的资本管制，如果融资条款合理并且证券市场对跨国企业开放，这些企业将不断寻求从中国融资，以满足其在华业务对资金的需求。此外，如果成本合适，在上海证交所挂牌上市也能成为这些企业致力于中国的一个重要标志。汇丰银行、渣打银行以及西门子集团等跨国公司正在考虑当监管法规允许的情况下做出如此举措。可以设想，在为跨国企业提供资金支持方面，在资本管制存在的情况下，上海发挥的作用将比放开资本管制情况更为重要。

当然，当资本管制放开时，为外资企业提供资金支持这一职责将变得完全不同，并且覆盖面将更广，但是届时与其他金融中心间的竞争将更为激烈。随着中国的储蓄存款流入全球经济体，跨国企业将可能在伦敦、纽约、香港或上海之间选择融资地点。而韩国企业则可能因其融资需求超出本国市场的能力而转往上海寻求资金。在这样一个更为广泛、竞争更为激烈的环境中，上海的优势可能取决于其为金融机构提供支持的能力，这包括能获得中国投资者的青睐，设计并推广金融产品的能力等，以同时满足投融资双方的需求。

四、为中资企业获取国际资金

协助中资企业获取国际资金反而是上海最为艰巨的挑战。在这一领域内，香港已经走在了上海的前面。在资本管制继续存在的情况下，上海需要获得许可，以建立一个有效的离岸市场，然后鼓励各个机构汇聚在上海进行各项交易，而不是前往香港或其他的全球金融中心。考虑到其他金融中心在能力、网络及声誉方面的巨大优势，这一任务事实上看起来极为艰巨，而且上海也不太可能提供差异化的服务。随着资本管制的逐步放开，上海能更自由地参与竞争，但届时需要更紧密地与其工业基础相结合，从而获得竞争优势——特别是在与香港的竞争中。上海需要提供创新型产品，并比香港更贴近于大陆企业的需求。

结束语

透过现象看本质，实际上，上海可以通过多种途径在 2020 年时成为国际金融中心，但各种途径均需要明确的愿景、持之以恒和灵活性。中国在 2020 年时的实际情况将要求上海以国际水准的金融中心形式进行运作。而外籍人士和外资机构将与中资机构共同为这一发展做出重大贡献。无论人民币的国际地位如何以及是否会存在资本管制，上海都将在满足跨国企业的需求方面发挥重要作用。创新为上海在一个不断变化的全球金融体系中，发展成为公认的新金融中心提供了机遇。随着中国的金融体系不断地融入全球经济，上海拥有空前的机遇将自身建设成为一个新型的国际金融中心，一个既有中国特色、又与中国及世界在 2020 年实际情况相适应的国际金融中心。

建立中国领先的中小企业银行业务

对中小企业银行业务市场而言，基于能力的新业务模式尤为重要。中国的中小型企业是推动经济增长和维持社会稳定的一个重要细分市场。中小型企业对于国内生产总值的贡献值约占 60%，占税收收入的一半，更重要的是中小型企业为城镇提供了约 3/4 的就业机会。

但他们也面临一系列重大挑战，其中最大的问题之一就是融资。中小型企业几乎无法从资本市场融资，因而一般只能向银行贷款。然而，缺乏担保和相对较少的资讯信息造成中小型企业无法跨过银行所设置的高门槛。历史数据表明，只有 10% 左右的中小企业通过银行贷款融资，而大型企业通过银行贷款融资的比例为 40% 左右。在其他亚洲新兴经济体中，中小企业通过银行贷款融资的比例要高得多，印度的比例是 35%，印度尼西亚的比例是 24%。

在中国有 40% 左右的中小型企业最终通过非正规渠道融资。如果银行能够明确如何进入和服务于这个庞大的市场，则将会有很大的市场发展机遇。此次金融危机也强化了对这一领域的重视程度。

政府对中小企业的支持

中国政府已经意识到中小企业的重要性，并着手支持中小企业的发展。最近，政府重点关注解决中小企业融资难的问题。2008 年 9 月，人民银行对中小金融机构下调了人民币存款准备金率，以鼓励银行向中小企业放贷。从 2009 年 5 月开始，深圳证券交易所也将成立一个专注于中小企业的创业板。

2009 年 2 月，国务院总理温家宝敦促各家银行增加向中小企业贷款。一些大型的金融机构已采取行动：至 2 月底，工商银行、建设银行和中国银行这三大国有银行向中小企业贷款总额达 1400 亿元人民币。同时，银监会要求各商业银行建立专门的中小企业信贷部门以提升中小企业业务的风险评估能力和效率。

然而，到目前为止，银行向中小型企业贷款的回报率表现良莠不齐。虽然一些银行宣布了回报率良好的情况，但其他银行的回报率则仍然较低。随着时间的推移，中小企业银行业务最终可能发展成为中资银行一项利润较高的业务，但是银行首先必须突破一系列相关挑战。这些挑战包括企业财务信息相对缺乏、管理层专业化不足，以及如何形成成本节约型的方式获取和留住客户。我们认为，要想取得成功，银行必须制定有别于传统银行业务的中小型企业贷款模式。因此成功的银行首先应该培养四个方面的关键实力：客户洞察力、产品和服务、分销渠道和风险管理。

客户洞察力让银行了解中小企业自身独特的需求与表现，以便银行采用针对大型企业不同的方法来细分该市场，并相应地制定出特定的价值定位。

产品和服务必须予以调整，以适应各个中小企业细分市场不同的需求；鉴于中小型企业种类繁多，银行的主要任务是防止产品扩张过度而导致费用增加。

分销渠道必须既满足中小型企业的需要，又能够提供具有成本效益的客户服务。

中小企业的风险管理通常包括制定新的贷款模式和信贷审批流程，这往往需要简化的工具，如标准化的信用评级模块等。

培养精辟的客户洞察力

银行是否具备精辟的客户洞察力，对于确定合适的客户细分市场以及为其提供合适的价值主张是至关重要的。而在获得精辟的客户洞察力方

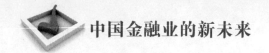

面，两个因素发挥了尤为重要的作用：

市场细分

确定目标客户

市场细分

在中国，中小型企业可以以一系列不同的方式进行划分。大多数划分标准包括企业资产价值和投资、雇员人数和营业额等。这些标准都各有优缺点。一般来说，雇员人数是用来衡量公司规模的一个不错的指标，但这个标准可能无法体现企业的银行业务需求。例如，对于一家拥有500名员工的传统农业企业和一家雇员人数远少于500名的高度现代化的农业企业来说，他们的运营资本需求几乎是相同的。另外地域差异也应当予以考虑。例如，一家位于上海的中小企业的营业额可能与一家位于内陆二级或以下城市的大型企业的营业额相同。总的来说，中国的领先银行经常使用资产、投资规模和营业额作为评估中小企业客户的主要划分标准，而利用这些指标进行评估的银行大多都有着相同的业务需求。

确定目标客户

一旦银行已经确定了中小企业细分市场，就可以依据规模、行业和企业地理位置再进一步细分市场。银行从而能够了解不同客户群的利润情况，确定最佳的潜在商机，并相应进行资源的合理分配。

中国的领先银行已经采取了一系列方法以便更加准确地分析客户以及确定企业风险、生命周期和尚未满足的市场需求。许多银行也正在调整其结构以更加准确地分析客户，并建立专门团队负责具体的行业客户。

通过培养客户洞察力，银行得以更加深入地了解中小企业不断变化的财务需求，并且奠定了坚实的基础，确定新的目标细分市场。图1.3举例说明了客户洞察力演变的四项战略。

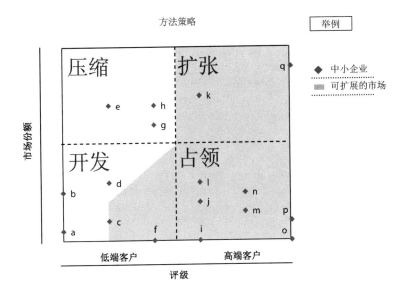

数据来源：博新公司分析

图1.3 针对各个细分市场需要不同的方法

为目标细分市场定制产品和服务

　　银行在获得精辟的客户洞察力后，应该随之定制相应的产品和服务，以满足不同目标细分市场的需求。领先银行已经广泛地采取了多种方法来定制产品和服务。许多银行采用基于需求的工具以了解中小企业的财务需求。然后，银行将积累的客户洞察力运用于开发系列产品，使推出的产品能够符合客户需求。一些银行采用阶段性工具以制定价值主张、产品和渠道，从而满足中小型企业各个发展阶段的需要。因为在同一地理区域内从事相同行业的中小型企业往往集群发展，所以领先银行也使用基于集群的工具来开发产品和服务，从而满足集群内所有成员企业的需求。他们还进一步挖掘商机，利用与集群内企业的良好关系，沿着整条产业价值链开发新的客户。

　　在传统的银行业务关系中，银行采用基于需求的工具是较为普遍的。通过频繁的客户交流，客户经理们从整体上评估业务需求以及业务的健康程度。对于中小型企业业务，银行也可以采纳类似的做法，即客户经理重

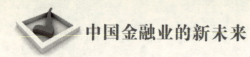

视深入了解客户的业务。除了了解企业愿景、战略、主要产品线和竞争对手外，银行还应该着重了解企业的财务架构和业绩、投资方背景以及业务目标。掌握这些基本信息，客户经理可以向潜在客户推荐银行产品和服务。这种方法还可以用来确定产品差距或其他尚未满足的客户需求。

阶段性工具是更加先进的技术，使得银行能够确认中小型企业在不同发展阶段的需要。例如，在起步阶段，中小型企业通常需要短期融资以及业务模式和规划方面的咨询。除了提供咨询服务，银行还可以向符合条件的客户扩大其信用卡和透支服务。在成长阶段，中小企业需要进一步培养现金流管理和交易能力。

中小企分销渠道、分割组合和产品开发 　　　　　　　客户举例

细分市场		起步阶段	成长阶段	成熟阶段/衰退阶段	退出阶段
产品	核心	▪业务必备方案 –商务和税务账户服务 –商务透支贷款和信用卡服务 –商业房产按揭贷款	▪业务增长方案 –商务和税务账户服务 –商业贷款	▪业务选择方案 –商务负债 –风险–主要人士	▪业务新方向 –更迭规划 –业务销售
	辅助	▪商业贷款 ▪设备融资 ▪销售处资金电脑过户	▪业务发展贷款 ▪设备融资 ▪商务/风险监督	▪业务更迭计划 商务监督	业务评估 税务咨询
	过渡期	▪贷款(销售处资金电脑过户) ▪咨询/研讨会	▪付款(销售处资金电脑过户) ▪咨询	▪商业地产规划 –清算/出售/转让	▪个人财富产品
渠道	获取	▪分行业务服务代表 ▪以中心或分支的形式提供企业对企业的管理或是直接通过企业 ▪互联网或是分支提供直接的信息	▪以中心或分支的形式提供企业对企业的管理 ▪直接通过企业 ▪互联网或是分支提供直接的信息	▪以中心或分支的形式提供企业对企业的管理 ▪直接通过企业 ▪互联网或是分支提供直接的信息	▪以中心或分支的形式提供企业对企业的管理 ▪产品专家，例如商业经纪人可能需要外包
	渗透	▪分行BSR ▪直接通过企业以中心或分支的形式提供企业对企业的管理 ▪专业销售	▪以中心或分支的形式提供企业对企业的管理 ▪直接通过企业 ▪呼叫中心：呼入/呼出 ▪产品/行业专家(如果需要的话)	▪以中心或分支的形式提供企业对企业的管理 ▪直接通过企业 ▪呼叫中心：呼入/呼出 ▪互联网/呼叫中心/分行提供信息	▪呼叫中心(直接通过企业) ▪以中心或分支的形式提供企业对企业的管理(如需要可咨询产品专家)
	保留/服务	▪分行转移 ▪直接通过企业 ▪互联网网上业务 ▪业务计划	▪分行转移 ▪直接通过企业 ▪互联网网上业务 ▪业务评估	▪分行转移 ▪直接通过企业/呼叫中心 ▪互联网网上业务 业务评估	▪直接通过企业 ▪互联网网上业务

信息来源：博斯公司

图1.4　推出不同的产品和渠道以满足中小企业生命周期每一阶段的需求

那些能够判断出企业正从一个阶段发展到下一个阶段的银行，他们定能及时推出产品以解决最需要解决的问题。在成熟阶段，企业和企业投资方则急需培养财富和投资管理能力，拓展个人银行业务。银行可以调整其战略，推出财富管理的培训和更广泛的融资方案。

图1.4列举了符合中小型企业在生命周期不同阶段、不同需求的产品和渠道。

基于集群的工具使银行能够为相同或相关产业集群内的中小企业量身定制产品和服务，这种工具特别适用于国内许多中小企业集中的区域。其中最重要的产业集群包括华南地区的珠江三角洲、上海周边的长江三角洲和环渤海地区。每一个产业集群都侧重于某些特定行业。在上海南部的浙江省和毗邻香港的广东省，中小型企业主要从事制造业。另外许多城市也是新兴高技术产业集群的所在地，包括北京中关村和上海张江的高科技园区。

虽然各个产业集群对于银行业务的需求往往相去甚远，但是在同一个产业集群中的许多不同类型的企业往往有类似的要求。例如，物流服务商看中外汇汇款和现金管理服务，而服装生产商则需要信用证和担保服务。所以这一切都需要银行的高服务水平和及时的服务响应。

开发基于集群的工具可以在三个方面帮助银行。第一，银行可以更好地满足客户的需求，从而提高了客户保留率和利润率，促进了收入增长和盈利能力。第二，通过侧重于服务一批业务类似的中小型企业，银行可以深入了解企业以区分高端客户和低端客户，从而更好地进行信用风险管理。

最后，银行可以利用其与产业集群企业的关系，从而将其产品和服务扩展至整条价值链。例如，他们可以向现有客户推行奖励办法，鼓励其供应商和分销商使用其服务。

制定有效的渠道战略

因为中国存在众多的中小型企业（其中三分之二的企业集中在东海岸），所以即使银行采用有的放矢的战略，银行仍然面临着获取和服务数以万计客户的挑战。他们将需要建立"大众市场"的渠道战略，从而在前台大量开发潜在的高端客户，而在后台则采用具有成本效益的服务模式。分行仍然被认为是服务中小企业客户最好的渠道，其他渠道（特别是那些配备了新技术的渠道）正在逐渐壮大。

银行可以通过利用新的和现有的客户群以促进中小型企业银行业务的增长。

新客户获取

为了开发大量的潜在客户并将其转换成客户，银行应该建立自己的销售队伍或依赖于外部的销售人员。银行可以直接控制内部销售团队，但是，建立一个高素质的团队则需要对培训和业务支持的大量投资。而通过与第三方销售队伍合作，银行可以立刻获得业已建立起来的市场网络，虽然前期成本往往很低，但是，风险管理则远远更难控制。另外，由于销售团队的增长以及竞争的提升，获得新客户的成本将不断提高。

除了强大的销售队伍，获取客户的关键成功因素还包括制定开发潜在客户的方案，与潜在客户保持一对一的联络，以及以合适的产品和促销获得大量客户。

客户管理

通过利用客户数据库进行交叉销售并确定尚未满足的客户需求，银行可以将现有中小型企业的价值最大化。现有客户所需要的客户管理费用和其他费用，通常远远低于开发新客户所需要的费用。

对于可持续地发展中小企业银行业务而言，采纳具有成本效益的服务模式至关重要。培养高效率和高品质的客户服务能力有助于提高客户忠诚度和留住客户。领先银行利用多渠道和高度自动化的流程，以低成本来增加与客户沟通的频率，进而提高客户的满意度。

因为能够提供与银行人员或客户经理面对面的个性化互动，银行分行是中小企业的首选渠道。然而，银行也越来越关注其他渠道。因为中小企业业主和高管也越来越习惯技术的使用，所以便捷的网上银行和电话银行自然深受欢迎。

管理信用风险的新方式

中小企业信用风险管理具有一些不同的特点，完全不同于传统的企业银行业务。在企业银行业务中，风险管理主要依据公开信息完成综合评估和审批程序。银行根据信用评级机制进行贷款决策，放贷则要严格依据贷款条件。中小企业银行业务通常采纳便捷的标准化评分模式。这些模式的主要信息来源则是非公开的，放贷则要依据企业现金流情况，而贷款条件也较为灵活。一些国内的股份制银行和城市商业银行已经开始准备或实践针对中小企业的评分模型。

因为大多数中小型企业银行交易业务数量较大、价值较低，所以那些想提高服务标准和形成竞争优势的银行必须规范中小型企业风险管理流程。如需实现客户偏爱的快速周转时间和有竞争力的成本结构，自动化程度高是至关重要的。制作特定的行为评分卡以及按照风险调整价格，可以为银行增加竞争优势。

商业信息的收集一直是个挑战。通常情况下，各个中小企业的评分卡是由与企业直接沟通的信贷员负责制作，然后根据第三方数据供应商和知名的外部审计公司的信息予以补充。同时，中国的银行也在建立和实践一套有中国特色的中小企业评估方法。除了收集中小企业的财务数据外，一些非财务数据也可以作为企业评估的重要参考依据：如企业的费用支出情况（电费、纳税额、出口关税等）；企业高层的治理架构（CEO 与 CFO 是否存在夫妻或亲戚关系）；产品质量以及企业 CEO 的个人消费（是否将企业的大笔利润用于购车、奢侈品等个人消费上而不是用于提升企业方面）等。在中国的小城市和农村地区，那些成功的贷款机构往往通过和邻居、村主任和小店老板随意交谈来获取宝贵资料，从而决定是否放贷。随着风险数据库规模和范围的增加，该记分卡也需要不时地重新调整。

保持中小型企业业务盈利的关键成功因素是根据风险调整定价，包括预期内和预期外的损失所发生的成本。图 1.5 列举了风险调整后的定价计划。

银行必须制定自己的方法来管理贷款战略。因为中小企业往往没有抵

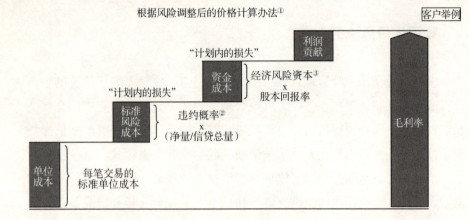

① 行业标准

② 评级系统提供的违约概率

③ 风险资本 = 每笔交易的风险价值

信息来源：博斯公司

**图 1.5　保持中小型企业业务盈利的关键成功因素是根据风险调整定价，
包括预期内和预期外的损失所发生的成本**

押品，所以一些银行将其总体战略建立在"集体担保方法"上，即根据一组中小企业的整体负债情况，决定是否放贷，有时也包括较大型的企业。其他银行则采用消费信贷方法，即根据未来现金流量来决定是否放贷。这两种方法需要与客户建立密切的关系，以便了解企业业务前景和风险。

中国的中小企业银行业务市场将在未来持续高速发展。受中国经济稳定增长，以及银行业对开发中小企业银行业务的重视程度提升，中国的中小企业贷款余额预测将在 2009 年年底和 2011 年年底，分别达到 15 万亿和 20 万亿元人民币。同时，如果国内的银行可以制定一套特定的战略，包括客户洞察力、产品/服务、分销渠道以及风险管理机制等几个因素的组合，将会在中国中小企业银行市场的发展机会中取得有利的位置，并获得可观的利润，成为银行业务发展中一支重要的生力军。

村镇银行 2.0——
农村地区的全球化

　　除中小企业银行业务外，提高金融服务对农村地区的服务力度并推动农村地区的经济增长的迫切要求，也给村镇银行服务带来了新的机遇和业务需求。

　　很久以前，金融机构就已经和农村生活密切相关。事实上，早在公元前 3000 年左右，最早的银行储蓄就包括谷物甚至牲畜。公元前 3 世纪时，埃及政府的谷仓就已转型为以亚历山大城为中心的谷物银行网络。

　　今天，村镇金融机构的范围很广，包括大规模的金融机构到仅仅立足于单一社区的小型机构。日本的农林合作社（Norinchukin Bank）扮演着近 5000 家合作社组织"中央银行"的角色，通过其 16000 家网点和多级系统提供存贷款业务的服务。中国农业银行则拥有遍布农村及城市地区的近 25000 家分支机构。在欧洲，至今还有规模各异的 4500 家合作银行及其 60000 多家分支机构遍布在农村地区。

　　虽然许多大规模银行已经将他们的业务拓展到更广泛的地域，但仍然在村镇社区中发挥着重要的作用。以德国合作银行业的先驱 Friedrich - Wilhelm Raiffeisen 命名的奥地利中央合作银行（Raiffeisen Zentral Bank Austria）积极地在中欧和东欧地区的新市场上拓展其业务，为 1200 万客户提供服务。法国农业信贷银行（Credit Agricole）通过 2003 年与里昂信贷（Credit Lyonnais）合并，扩大了规模，发展成为一家提供全方位服务的全球综合性银行，但同时仍然保持其在法国村镇地区的强大市场地位。荷兰合作银行（Rabobank）也通过其强大的农业领域服务能力正在迅速地实现海外扩张。这些欧洲大型机构的转型为巴西、中国、印度、印尼等新兴市场中的村镇信贷机构指明了未来发展的方向。

与此同时，全球化趋势不断强调为村镇经济提供有效金融服务的重要性。谷物和粮食价格逼近历史高位，全球的消费者对粮食产量的需要不断增加（见图1.6）。与此同时，对生物燃料需求的不断增长也为农村的生产潜力提出了新的要求。然而，由于过去十年中投资的注意力和资金大部分都转向了科技领域，这些需求所处的是一个对农业生产投资不断下降的时代。全球范围内出现了需要一场新的农业革命来改变现状的呼声，同时需要有关机构为此提供贷款。

部分所选国家，2001–2006年（单位：10亿美元）

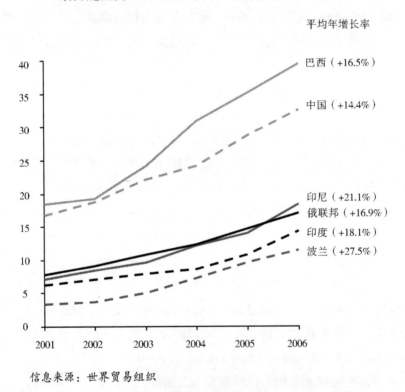

信息来源：世界贸易组织

图 1.6 农业出口

村镇银行1.0：村镇银行有什么不同？

村镇银行有别于城市银行。我们可以通过分析一下客户及其需求来说明这个问题。首先从定义上就能看出，农村地区的人口更加分散，更难以联系，总体而言，收入水平更低。储蓄资金来源、贷款的需求和偿还的能力也最终与农业问题相关，并仍受到农作物周期、天气及自然灾害的影响。法律架构和土地所有权的分配形式对金融服务需求的形成也至关重要。

相对于城市银行业务而言，所有这些因素都可能导致村镇银行业务成本更高、收入更低而风险更大。因此，在很多国家，不管是本地银行还是外埠银行，都宣布将以更高收入的城市群体业务为重点进行拓展。因此，政府和社会对农村地区缺少资金支持，对农村人口等问题的关注也渐渐地被遗忘。

当然，情况也不尽如此。毫无疑问，自从 Friedrich – Wilhelm Raiffeisen（1818—1888）在欧洲农村地区推行合作银行获得成功后，有些银行正采用不同的方式来满足农村地区独特的需求，并且获利颇丰。

他们通常在没有银行提供服务的地区设立分支机构，并将当地社区视为主要关注重心，从而实现盈利的目标。员工对于当地需求和环境有充分的理解，而这正是竞争对手所无法比拟的，因此贷款发放能够建立在个人知识和对农业情况了解的基础上。正是由于对当地社区的关注，许多银行以合作社的形式组建，使得银行的经营利润得以回哺社区。因而，长期范围内，银行收益水平能够很好地与社区其他的需求形成平衡。此外，由于当地社区可能会担心外地金融机构在损害当地社区的情况下谋利，因此，当地合作社的认同度和荣誉感会得到增强。

农村地区的全球化

在过去的20年中，相对于在金融世界中利润更丰厚的城市业务及全球机遇而言，村镇银行业务通常被视为停滞不前，处境尴尬。

因此，所有银行都面临着重组村镇网点网络以优化利润的难题。这些金融机构通常会在其他领域寻求增长的机遇。而农村合作银行也很难迅速地做出决策以应对并击败竞争对手的创新行为。竞争的压力也促使收益率成为关键的绩效衡量指标。

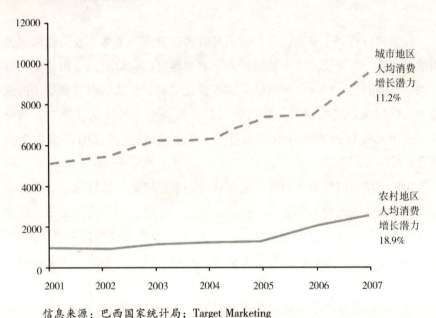

信息来源：巴西国家统计局；Target Marketing

图1.7 巴西人均消费潜力：城市地区及农村地区年增长（实际增长）

　　然而现在，农村地区已经重新成为了关注的焦点。村镇银行业务正随着农村地区一起经历全球化的历程。推动国际商业全球化的动力同样为村镇金融服务带来新的机遇。某些新兴市场的农村地区的消费增长赶上甚至超过了城市地区（见图1.7）。人口、资本和理念的流动改变了客户的需求，并激发了创新的方式来满足这些客户的需求。国内外的业务和价值链正更紧密地结合在一起。信息技术和网络连接降低了成本并且改善了实时信息的获取。农村地区与外界的隔离正在慢慢地消失，并且逐渐与外界融为一体。

　　移动电话、互联网、电子邮件等低成本的信息及通信技术使得建立新的村镇银行渠道模式成为可能，这种模式能提高村镇银行收益率以及覆盖范围。通过正确的设计，它还可以提供低成本的大范围运营风险监控方式。例如，中国或印尼的银行信贷员能够每天远程汇报他们的活动，而过去，这些信贷员只能每周甚至相隔更长的时间返回最近的分行，以汇报情况。随着越来越经济的移动电脑技术和互联网技术相结合，一些印度的小额信贷机构能每隔数小时便可将遍布印度的各个分行的贷款组合数据进行整合。

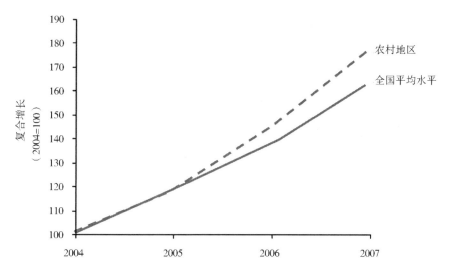

注：农村地区包括农业所占 GDP 最高的 32 个地区中的 10 个

信息来源：国家信息产业部；博新公司

图 1.8　中国无线网络占有率：全国平均水平及农村地区（以 2004 年为基础）

移动电话、低成本的互联网接入及社会网络覆盖站同时也提供了一种新式且经济的农村社区联系方法——数百万进城或出国务工人员可以与家乡保持联系（见图 1.8）。随着科技成本的不断降低，这种即使是最贫穷的务工人员也能使用的功能将继续迅速发展。这项科技还使得农村地区与全球金融市场和信息相连。农民们现在可以无需中间商而直接获知市场价格。中国云南的蘑菇种植者，可以在一天内通过移动电话数次了解日本市场上野生松茸的价格，以确保他们能得到最好的价格。在印度，有一种"电话经办人"业务，他们购买移动电话并出租给其他村民。

市场管制解除，市场新晋企业以及创新行为，可以为满足农村需求带来新的业务模式，并且确保成功的模式得以在全球范围内迅速大规模开展。如印度的 SKS 小额信贷（SKS Microfinance）这样的机构，正在运用从星巴克和沃尔玛处学到的工厂式招聘、系统培训及标准化运营模式等经验，来推动业务迅速增长及大规模展开。这一切使得成立于 1998 年 SKS 小额信贷在印度 20000 个村庄成立了 700 家分支机构，覆盖 160 万用户，并以每月新开 30 处分支机构和新增 13 万用户的速度，大规模地发展营业网点。每个国家的村镇银行都能借鉴在不同国家已经获得成功的多种业务模式，并因地制宜地加以采用。

与此同时，收入和生活水平的不断提高，推动着对食品需求的增长。在过去一年中谷物、大米和其他软性商品价格的大幅攀升就是很好的佐证。这也显示出针对农业生产力和农商发展进行持续投资存在良好机遇。随着农商组织在本国及全球范围内不断扩张以满足这些需求，融资越来越成为增长的关键因素。

村镇银行 2.0

农村情况的发展为村镇银行的彻底改造提供了基础，我们将此称之为村镇银行 2.0 版。这种新的"平台"有三个要素：

以社区为重心的可持续发展银行服务创新

扩大并促进网络价值

从银行服务演化为金融解决方案

村镇银行的整体成功将取决于对当地社区的成功选择。然而，现在村镇银行有了新的途径来扩大其业务，并巩固其在当地社区的核心地位。通过将不同的社区联系起来，并扩大社区的覆盖面，包括那些移居到新工作地点的客户，大型银行能为客户创造更多的价值。这样一套网络提供的价值高于各单个社区的价值总和。同样，银行能利用其在社区和客户中的强大地位，以将其简单的银行服务扩展成金融解决方案，以更好地满足客户的需求。提高网络价值和提供更广泛的解决方案，都能巩固其在客户和社区中的最初市场地位。村镇社区中最成功的银行将同时使用以下三种策略以相互巩固。

创新以社区为重心的可持续发展银行服务

历史上，许多银行发现在农村地区难以获得高额的回报。由于面对着更大的信贷风险和运营风险,这些银行将风险管理集中控制并实施相应的流程,但是这些流程通常没有充分认识到村镇信贷的独特特征。事实上,当前的机遇就在于以满足当地社区需求的方式,将独特的流程、人员和科技结合在一起,以实现盈利和业务的可持续运营。

首先,必须认识到,农村地区信贷风险及运营风险的关键信息来源,与城市不尽相同。例如,花些时间与当地有影响力的人物一起在村里散步,可能会获取很多关于人们真实情况及商业关系(由此获知他们的信贷风险)的信息,而这些信息比通过信贷申请表上的任何问题获取的信息更为准确。与此同时,一旦完成放贷后,先进的科技还可以通过简单、经济的方式追踪还款行为,从而迅速计算出可靠度评分。这些为控制风险的同时还为提高贷款额度提供了坚实的基础。

其次,移动电话和互联网(未来更多的是靠移动电话推动而不仅仅是靠个人电脑)也为更快捷、成本更低的沟通提供了基础,特别是在基础设施有限的偏远地区。这为新兴市场中的银行和其他机构提供了一个低成本的平台,使得他们能够为在当地工作生活的低收入人群提供服务,并且获取利润。而客户也无需长途跋涉到遥远的分支机构去办理简单的业务。全球的银行和电信公司正在试验将移动电话与银行服务结合的新业务模式。在肯尼亚,沃达丰的 M–Pesa 服务吸引了 230 万用户,这些用户可以通过他们的移动电话和移动电话代理网络进行汇款。尽管这些服务模式仍面临着客户阻力、政策障碍和运营风险的挑战,但这些阻碍正在逐步地解决。而且,即使是在客户接受新的服务模式之前,银行也能通过内部使用同样的技术,以取得比传统系统更好的沟通和控制。

再次,仔细地设计流程和角色及最终会涉及到所有权结构——能够切实加强社区重点并使银行能满足当地社区的需求。新兴市场中的银行也可以从成熟市场处学习应该采取的方法。在美国,诸如五三商业银行(Fifth Third and Commerce Bank)这样的金融机构,通过赋予分行经理更多的权利从而获得了更大的市场份额。这些分行经理能根据当地的需求制定上班时间和服务水平的等级,并且与客户建立良好的私人关系。

最后,银行可以制定新的所有权和管理模式,以增加他们的社区关注度并减低管理财务、运营及信用等方面的风险。澳大利亚的 Bendigo 银行已经完善了其社区银行服务模式来巩固其在众多当地社区中的关系和地位。在此模式中，Bendigo 银行通过一种授权经营的模式向当地社区提供基础设施及技术，帮助他们建立自己的银行，这些银行的法人是当地组建的公众公司而非 Bendigo 银行。而收入则由 Bendigo 银行和当地公司共享。对于一些金融机构而言，这种当地社区中的强大地位可以被进一步开发，为提供其他非银行服务（如移动电话甚至是食品等）打下基础。

尽管许多不同的银行为怎样创新以社区为重心的可持续发展银行服务指明了道路，但是这些道路并不平坦，尤其是对复杂程度和成本的控制仍十分重要。众多村镇客户的低收入现实可能与分行经理们提供定制服务的理念存在冲突：定制服务可能会产生额外的成本和复杂性，而这些往往不能被村镇低收入客户所接受，因此损害了盈利能力。村镇业务中大量信息只是存在于人脑中而不是中央数据库的业务中，因此风险控制显得尤为重要。

扩大并促进网络价值无论是国内还是主要的海外市场，两种趋势都提升了村镇银行分支网络的价值

关键的挑战就在于：如何建立或获得合适的分支网络，并且最大化地取得投资回报。

首先，全球化意味着国内和国际上的农村地区都在发生显著的变化。对于离开农村地区进入城市的流动务工人员而言，在他们的工作地区有汇款回乡和银行服务的需求。在中国，估计离乡务工的流动人员有 1.5 亿至 2 亿。在国际上，流动务工人员也有较大的规模：估计在海湾地区务工的印度籍劳工有近 500 万。

其次，通过将价值链提升至分销及处理，农商公司正在农村地区发展并为传统的农产品带来增值。与此同时，他们也寻求在大城市扩展营销的方式。事实上，全球范围内也正在兴起农业贸易。非洲农民生产的新鲜农产品，每天都会送到英国的超市出售。一份近期的经合组织/粮农组织报告预计，未来十年内，发展中国家的农业出口量将迅速增长：以牛肉出口为例，预计出口量将增长 50%。同时，农商业务也将更多地参与进口业务。预计至 2017 年，中国将成为全球第二大的油籽和植物油进口国。

　　考虑到上述两大趋势，要建立合适的分支网络，首先必须对当前客户流动、联系和市场趋势作出分析：人们会从哪些地区迁移到哪些城市？特定农业价值链中的不同从业者处于哪些地域？会有哪些变化？哪些国家将是农产品最重要的出口和进口市场？这种分析还突出强调了哪种关联是最重要的，以及应该在哪些环节集中力量来获取网络价值。

　　在建立网络的过程中，银行需要增加现有网点（通过建立新的网点或通过收购方式）和通过合作关系，并在这两种方法间作出进一步选择。对于小规模、区域性银行而言，可行的增长方法就是通过合作关系和网络共享的方式——一种加强的"代理行"形式：不同地区的银行相互为对方的客户提供服务。这种方式也可在全球范围内采用。对于大型银行而言，在主要地区进行并购及展开业务更具吸引力。

　　在建立符合未来农业及村镇发展方向的合适网络后，银行需要致力于实现盈利、获取价值。流动的劳工对他们工作的城市感到陌生，需要寻求与家乡的联系，并需要有人为他们在一个不熟悉的环境中指引方向。移动电话和互联网技术，以低成本方式为这些远离家乡的人甚至是最低收入的劳工，提供了扩大"社交圈"的方法。在企业领域，将客户经理组合成团队，在不同地域内，为特定的价值链（如大米、水果或牛肉）提供服务，以确保整个网络中的无缝连接。这将有助于改善客户服务、确定价值链中的新的业务机遇，同时还可以为风险管理提供帮助。最后，还能明确客户对新产品的需求，例如，应收账款融资和贸易融资，以及客户随着业务的增长而产生的并购咨询需求等等。

案例分析：印度 ICICI 银行

　　ICICI 银行是印度第二大公司，同时也是私营领域内规模最大的银行，拥有资产约 880 亿美元。该银行及其分支机构在印度提供寿险、普通保险、资产管理、投资银行、私募股权及风险投资等全面的金融服务。

　　ICICI 银行采用了一种全局性的观点来对待村镇市场，其业务重点不仅仅局限于农业领域，而且还涵盖市场中特定的非农业领域，如基础设施、村镇保健、教育、旅游及物流。在农业领域中，ICICI 银行制定了特定的项目，如在种苗领域提供杂交制种方面的贷款，而在家禽养殖、园艺及村镇基础设施等方面也采用了相似的理念。

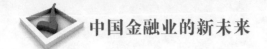

ICICI 的战略特点是广泛的渠道利用：从传统的分支机构到小额信贷分支机构、当地特许经营和杂货亭。ICICI 计划以不同的形式将每个客户的触点缩小至 10 公里以内。建立这种经济、分布广阔的本地覆盖，需要创新地使用为客户和合作者提供支持的新科技。

案例分析：中国潍坊农村信用合作联合社

潍坊农村信用合作联合社是一家中国的合作银行联合社，该合作社为位于山东省中部的潍坊市的周边县级市提供服务，业务覆盖 15800 平方公里，惠及 850 万人。自从 2000 年成立以来，通过创建广泛的销售网络、提供丰富的产品以及利用创新型的信用评级流程，使该合作社取得了巨大的成功。

潍坊信用社创建了一套包括 500 多家分行、支行和营业网点在内的密集型的销售网络。该信用社在平均每 34 平方公里的区域内就设立了一家支行或营业网点，为约 18000 人提供服务。

潍坊信用社针对每个细分市场都特别制定了一系列的产品：为小型业务提供五种贷款产品，为中小型企业提供七种产品，并为农村贫困家庭提供一系列的团体或个人贷款产品。该信用社还建立了业务合作伙伴关系，例如，与中国光大银行合作销售财富管理产品。

潍坊信用社的信用评估流程独具创新性。每个村中都会成立一个由当地政府官员、村协调员、村民代表及信用社员工等组成的 7—11 人的信用评估小组。小组通过无记名投票的方式进行信用评估。

尽管获取完整的网络价值会带来明确的机遇，但是他们往往很难实现。这需要在地域上通常相隔甚远，而且可能从未尝试过一起合作的不同组织单位和部门间进行协调。而成功往往源自流程、衡量标准、激励制度、培训和沟通之间的一系列经过协调的变革。同样，当高级管理层作出重点战略选择，即具有最大网络价值的领域，并且致力于首先实施这些战略选择时，金融机构会取得更大的成功。如果没有做到这点，复杂性和风险将会同时上升。那种冒着陷入僵局的风险而一次性实施过多举措的机构，将会以一事无成而告终。

从银行服务演化为金融解决方案

村镇金融不再仅仅是存贷业务。金融市场在村镇经济的各方面正在发挥越来越重要的作用。特别是农产品在全球交易所内的交易日趋频繁，吸引了希望从价格波动中获利的机构投资者的兴趣。如，印度在2003年成立了多种商品交易所，而中国的大连商品交易所也是玉米期货交易的主要中心。

与此同时，随着诸如嘉吉（Cargill）、邦基（Bunge）和ADM等主要公司的拓展，许多农商业务本身也在经历着自身的发展和全球化。这些变化使得客户对财务顾问、对资本市场和创新型财务技术提出了更多的要求。即除了传统的商业银行服务技能外，还对投资银行等服务技能提出了要求。客户越来越多地寻求新的金融及风险管理解决方案，以管理现金流和定价风险。同时，机构投资者日益高涨的兴趣也为开发与农业相关的新的资产管理产品提供了机遇。这些变革还增强了大规模银行拓展海外网络（或是小规模的银行寻求外国合作者）的需求。在海外设立业务机构不仅可以继续为扩张至海外的客户提供服务支持，而且还为接触到专业的资本市场、能力和人才提供了一个平台。

在这些新兴的市场和业务中取胜需要全面的财务技能、对于商品行业动态的精确知识以及在不同市场上可以成功运营的管理文化。例如，在商品风险管理及对冲中，嘉吉公司就通过其商品专业知识与拥有金融传统的高盛相抗衡。村镇银行拥有独特的传统，通过利用他们在农业领域的经验，这些传统能帮助他们在这些新兴市场上获得成功。当然，在迈向新业务的时候，他们也会面临着激烈的挑战，特别是新业务成功所必需的快速反应以及追逐适度风险的文化同村镇银行那种更倾向于一致性与合作式的决策过程有很大的不同。为了平衡承担的风险，还需要有更为成熟的风险管理能力。最后，由于资本在获取市场支配地位时的重要性，因此，这些机遇更有利于大规模的村镇银行。

在过去的十年中，受需求增长、管制放开和私有化的推动，全球基础设施领域的投资迅速增长。

澳大利亚的麦格理银行（Macquarie）利用这种趋势建立了独特、增长迅速且高利润的业务模式。它为客户提供咨询服务，从第三方投资者处筹集资金并管理基金，利用自有资本、有价证券及基金，进行投资并且开发了许多创新型的金融产品——所有这些都是建立在以基础设施业务为重点之上。简而言之，麦格理银行就是通过明确基础设施价值链上的不同金融需求，从而开发了多种收入来源，并确保对风险的严格控制。随着发展中国家对食品更多元化的需求不断增长，以及政府和农民不断寻求农业领域的劳动生产力提升的可能，谁将推动可控风险下的农业创新？

在过去 20 年中，由于银行只关注城市市场和企业领域内的机遇，村镇银行服务通常被忽视。而这一切正在发生改变。农村地区的全球化才刚刚开始，并且可以为银行带来了可持续性发展及盈利业务所需要的工具和技术。村镇银行 2.0 版为业务发展提供了一个新的平台。创新以社区为重心的可持续发展银行服务、扩大并促进网络价值和从银行服务演化为金融解决方案，是每家银行在这个充满魅力的新平台上开展其独特业务时需要考虑的问题。

案例分析：荷兰合作银行

荷兰合作银行由当地 183 家合作银行联合组成，在荷兰农业领域长期居于领导地位，因此也可作为新兴市场同类合作社的榜样。它占有超过 80% 的市场份额，在零售及商业领域也是三大从业银行之一。其遍布荷兰的 1200 家分支机构确保其网点无处不在。

通过对海外村镇银行的定向收购，荷兰合作银行也有意识地采用基于食品和农商业务的国际化战略。通过这种方式，荷兰合作银行建立了一套覆盖特定食品行业的关键贸易发生地的批发网络。例如，荷兰合作银行在全球主要的奶制品出口国家都积极地展开业务。

最后，值得指出的是，荷兰合作银行在国际食品和农商业领域所展开的业务重视整个价值链的活动。这种战略确保其活跃于每个环节：农业投入、农业、加工、贸易、零售及食品服务等领域。

中国保险业
——扭转全球颓势

将大部分精力投入到中国地区或中国业务以外的"边缘竞争者"将会发现成功的道路尤为艰险。此次金融海啸也在保险领域中为中资保险公司带来了发展壮大的机遇。市场竞争势必空前激烈，对盈利的要求更高，更加强调以能力为基础的优势。因分心于其他业务或除中国外的其他国家，边缘型企业会发现成功之路将变得艰辛。

根基牢固

如同全球其他金融机构一样，中资保险公司也因全球金融危机而蒙受了损失。由于中国股票市场在 2008 年暴跌，所有主要的中资保险公司都对其资产做出了减记。例如：中国人寿在 2008 年第三季度的资产减记达 87 亿元，而中国人保和太平洋保险也可能遭受了类似比例的损失。

由于少有中资保险公司进行重大海外收购，因此，本次金融危机对大多数中资保险公司的影响不如对欧美保险公司的影响那么直接。仅有平安蒙受了巨大损失：去年因收购欧洲富通银行（Fortis）5％ 的股份而亏损157 亿元。

尽管蒙受上述损失，但所有主要的中资保险公司均声称其业务及总体财务结构良好。事实上，由于过去所进行的改革和持续的改善，与全球保险市场中的同行们相比，主要的中资保险公司的资产负债状况更为健康。此外，截至 2009 年 8 月，本土金融市场的强劲回暖带来了大量投资收益，部分抵消了上一年度的亏损。同样，受政府补贴政策的支持，汽车市场的

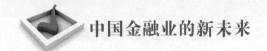

迅速反弹为车险的强劲增长奠定了基础。

面对着切实的增长机遇并不断建立能力，保险行业对未来前景持保守的乐观态度。保险公司无疑对其投资将会更加谨慎，尽管在可预见的将来可能不会再次出现像过去数年中那样的高盈利水平，但是大多数主要保险公司仍将保持盈利。

更严格的监管制度和更有效的风险管理

金融危机促使中资保险公司和监管方（保监会）对其运营模式及监管制度进行调整，以便更谨慎地进行风险管理。规模稍逊的保险公司受到了特别的关注——尤其是鉴于这些公司过去的主要增长推动力是激进的定价战略，而非合理配置的承保、营销及处理能力。

对保险公司而言，曾于 2006 年放开，鼓励保险公司购买国内外股票、地产及其他金融工具的投资渠道的监管政策，将再度收紧并毫无疑问地谨慎监管。全球金融危机的多米诺效应迫使企业在进行海外投资时更为谨慎，并促使他们花费更大的精力确保所做出的每笔投资都能规避相关的风险。

美国的次贷危机，将推动仍处于早期发展阶段的中国信用评级机构制定并应用更为严格、更为专业的评级标准。而保险行业在评估客户风险及机构投资回报率时也将更为谨慎。

机遇窗口

全球保险行业的低迷为中资保险公司带来了众多机遇。随着一些外资保险公司撤出中国或趋于保守，这段时间内正是中资保险公司迅速完善其运营技能及专业水准，并逐步在全球市场上攫取更大份额的机遇窗口。

我们建议，当独特的海外特许经营权出现时，那些希望进军海外的中资保险公司应该迅速行动起来。他们应该意识到：尽管外资银行和保险公司的市值大幅跌落，但这些公司的市值不太可能迅速回升，反而可能会继续下降，因此低价并不是足以推动迅速行动的根本原因。

实力更强、更为专业

实力更强、更为专业的中国保险行业的增长速度可能较前几年有所减缓，但仍远超大多数发达市场在危机发生前的增长速度。在可预见的将来，中国仍将是一个具有吸引力的市场。

在承保和投资方面，随着中资保险公司调低增长目标，他们将更重视运营基础和风险回报组合的改善。中资保险公司将致力于改善专业水准，提高股东价值，并更好地管理他们的资产及负债。

考虑到中国GDP增长率预期将从两位数下调至个位数，许多保险公司需要优化其业务模式并提高内部运营效率。领先的保险公司正设法削减售后服务成本，特别是财产保险的理赔成本。

此次金融危机的重大意义也许在于：弱者将被加速淘汰，从而使得强者做好更充足的准备以参与国际竞争。

代理仍将是主要的销售渠道

所有的一流中资保险公司都拥有规模庞大且在不断提高效率的代理团队。尽管有其他渠道出现，但代理团队仍将是未来数年内主要的收入和利润来源。保险公司也一直致力于解决代理人员高流失所造成的收益率下降这一难题。

北京、广州和上海这中国三大都市中对客户和代理的竞争已十分激烈。但在其他的城市中仍有进一步发展的巨大空间，而且各地的竞争对手更少。杭州、天津等大型二线城市将是规模稍逊的保险公司以及并未涉足这些地区的外资保险公司的主要目标，他们还将在覆盖270多个城市和100多万居民的三线地区中不断树立显著的地位。对于规模更大的保险公司而言，这些地区是颇具吸引力的市场，当其他竞争对手也寻求类似机遇时，他们将感受到越来越大的利润压力。

企业直销

客户细分和对象确定是在企业领域内进行销售的关键。取胜之道在于与代理商、经纪人及其他渠道等销售伙伴间的密切合作，协调利益以及分享资源。同时，还需要跟上行业发展的最新趋势。例如，出现高端保险代理及经纪，他们能确定不同细分中客户需求间的差异，并对其进行弥补。

如果那些已占据市场地位的大型保险公司未能及时更新其产品或管理技巧以满足潜在的客户需求，那么他们的市场份额有可能被市场中的新进者所瓜分。

对于外资保险公司而言，规模庞大的外企显然是颇具吸引力的细分——博斯公司（Booz & Company）研究发现：2008 年中，有 100 多家在华跨国公司的收入超过 15 亿美元。此外，100 多万名在中国工作的专业人士也有望成为高端企业寿险及年金产品的潜在客户。

对于所有这些客户而言，提供度身定制的解决方案而非标准化的产品显得愈发重要。针对企业客户，需要了解保险购买所涉及的从人事及财务部门到参保员工等每个人的需求。随后，保险公司需要展示其投放能力。例如，当提供混合型人寿/医疗保险产品时，打通进入医院的渠道。

区域规模运作

中国的规模、复杂度及区域差异意味着如果简单地将省级市场产品推广至全国，可能会在实施中遭遇困境。在大多数情况下，对各省市的认识将是推动收益率，在当地建立有力的领导地位的关键成功因素。在全国层面上，品牌及公关战略也很重要，为其独特的区域及当地定位提供伞形覆盖。

投资管理能力有待改善

中资保险公司需要迅速获得核心能力，借此在投资监管政策允许的情况下，成为能够娴熟地管理一系列资产类别的资产管理者。这需要采取外部人才及能力获得与加快内部发展相结合的方式。部分保险公司也许最终会选择至少将部分资产管理外包给第三方。

尽管投资能力并非能立即建立，但是随着保险业业内竞争加剧和风险定价日趋精细，投资能力将成为一种关键的差异化手段。制定一套合适的资产分配模式及投资理念将是获得长期成功的重要基础。然而，这些通常正是保险公司有待完善的能力。因此，招聘、整合并挽留人才，特别对于核心团队而言，将是所有保险公司的重要任务。

现有保险商强化其地位的机遇和需求

现有保险商的能力、众多全球领先保险商的市场地位以及保监会对资金和监管的要求，使得从零开始进入保险领域变得困难，且代价高昂。在战略方面，新进者需要制定一条清晰的路线，以便为自身建立客户细分、渠道或产品等方面的显著优势。他们需要确定在哪些关键地区能开始建立一套备受信赖的组织架构及销售网络。新进者在吸引、发展并挽留所有职能部门的员工时，在建立销售网络时，在外资保险公司遵照相关规章与中资伙伴合作时，也面临着一系列来自组织架构的挑战。已占据市场地位的保险公司具有优势，而边缘性的保险公司则步履维艰：小型本土保险商需要确定可持续的业务重点，随后迅速建立独特的能力，从而为实现盈利并满足监管方的期望奠定基础。通过多年的合资经验，许多外资保险商也需要制定清晰的市场定位及业务模式，从而产生利润。

那些强化管理能力、扩大规模，并凭借全国范围内的品牌经营、关系管理及投资技巧不断地扩大他们本已强大的区域优势的保险公司，将成为最终的获胜者。在这种情况下，他们长期持续的盈利能力将不断发展，而进入中国这一潜在的全球最大保险市场并参与竞争的代价将只会越来越高。

后危机时代的全球经验

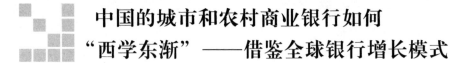

中国的城市和农村商业银行如何
"西学东渐"——借鉴全球银行增长模式

　　首先，中国的金融机构和监管部门要能理解此次经济危机产生的根源。我们认为，银行业在以客户为中心的业务模式、放贷流程、内部激励、信息与评级和监管这五大重要环节都出现了纰漏，是引发次贷危机，从而导致全球金融海啸产生的根本原因。

　　认清危机根源之后，我们还要能意识到，此次金融危机的发生，恰恰是中国金融企业辨别优劣、学习成功模式的大好时机。"当局者迷，旁观者清"，只有在此时，中国企业才能冷静地看清楚西方金融业在哪些领域是成功的并且是可借鉴的，哪些领域是需要引以为鉴、积极避免重蹈覆辙的。

　　对于中国的城市和农村商业银行来说，我们已经看到了如潍坊农信社、重庆农商行、北京银行、上海银行等新近崛起的"当地"行业翘楚，他们在当地的许多业务，甚至超过了几家大的行业"领袖"银行，如中国工商银行等等。但美中不足的是，大多数城市和农村商业银行缺乏银行业务方面的多样化技能，对于这些银行而言，学习并借鉴全球成熟的银行模式将是一个很好的起点，而金融产品、客户服务、业务拓展的地域范围都是他们需要认真考虑的重要方面。

纵观全球成功的商业银行模式，我们认为有三种增长模式可供中国银行界借鉴：一、围绕客户的社区银行模式；二、标准化产品银行模式；三、产品＋客户混合模式。

围绕客户的深入社区模式

这种模式通常以清晰而重点明确的客户细分为基础，不断加强社区渗透，围绕客户并在一定的地域内形成规模效应。西班牙国民银行（Banco Popular）是这类银行的典范。他们很好地综合运用其贴近客户、网络独特、细分市场清晰、运营高效等优点，强化其对社区的渗透力。零售和小企业客户占该银行总收入的三分之二以上，并几乎没有批发银行或投资银行业务，私人银行业务也很有限。在营销网络方面，西班牙国民银行分支机构靠近中小企业，具有一定的地区品牌效应。同时，他们还善于使用当地代理比如医生、旅行社等介绍业务，并支付其佣金。这种运营模式具有很高的运营效率，各支行由统一的运营来支持，在区域外不进行积极扩张。

标准化产品的品牌扩张模式

该模式的特点是拥有统一的品牌，决策高度集中，利用产品的高标准化建立跨国家或区域的规模效应。苏格兰皇家银行是这类银行的典范，尽管苏格兰皇家银行在此次金融危机中损失巨大，对荷兰银行的高价收购使其元气大伤。然而在过去的十年中，他们利用标准化产品的扩张模式经验仍然是值得我们学习的，包括建立金融产品制造中心，作为其服务各分支机构的运营、服务和技术的支持，并以此支撑整个集团的业务增长；利用集中的制造过程节省成本，形成规模经济。这种模式对于中国的中型银行，如浦发银行在达到一定规模之后，如何有效地建立事业部制，对统一品牌并跨地域扩张非常有借鉴意义。

产品＋客户混合模式

这种模式是模式一和二的混合体，其决策的地方化程度高，品牌建立在细分市场或某一地域，运营模式根据细分市场专门定制，同时在区域内形成一定的规模效应。美国的五三银行（Fifth Third Bank）成功地运用了这种模式，他们通过其分支机构实现更本地化的客户服务，积极参与当地社区银行的竞争。这种模式的主要特点体现在分散的管理架构和个性化的服务上。在分散的管理架构下，除了一些必须在控股公司进行的活动，比如资本预算、企业长期战略规划、市场活动、财务管理和资产负债管理等，五三银行各地区综合管理的职能分离，所有的业务线都向分区汇报。每个地区由当地的管理层领导，所以完全具备开展业务及日常客户服务、运营的管理能力。同时，银行产品和服务的定制都在地方层面进行。在业务领域，除了大公司客户业务集中在控股公司，其余均在各地区。五三银行成功的另一要素是其个性化的服务。他们最优秀的员工始终保持贴近当地市场，领导层能在第一时间做出决策反应，客户服务和产品也按照当地市场和客户细分特别定制。这是中国众多地方性银行在当地市场取得领导地位之后，可以考虑的一种稳健的增长模式。

此外对于模式一，还有一种特许加盟的扩张模式：各支行在全国拥有统一品牌，但是支行具有高度的决策权，客户服务也带有明显的地方特色，同时在地区还能产生一定的规模效应。澳大利亚的 Bendigo 银行（2008 年与 Adelaide 银行合并）是这种模式的代表。他们通常在当地社区成立一家公司，从 Bendigo 总行处获得特许经营分行的权利，由总行为其提供品牌的特许使用权和银行业务的支持，并与加盟分行一起分享营业收入。Bendigo 银行的业务范围包括了零售银行、商业融资、资产管理、外汇买卖和资金业务、年金、财务咨询和信托业务等。在合并前的 2006 年度和 2007 年度，该银行拥有 200 多家自营网点，200 多家特许社区网点，获得了良好的收入增长和赢利表现（见图 2.1），收入在过去 5 年复合增长率达 14%，经营利润过去 5 年复合增长率达 22%，均远高于行业平均发展速度。

这种社区、合作银行及其特许模式的核心竞争力在于"取之于民，用之于民"，有效地结合社区和当地知识，对所有制和标准化流程进行风险控制，并最大可能地扩展相关的创新业务（包括非银行业务）。我们可以从澳洲 Bendigo 的社区银行学习到很多经验，包括所有制、市场开拓、创新业务、风险控制和流程。这对地方银行在本地区下辖市区和城镇的扩张很有借鉴价值。

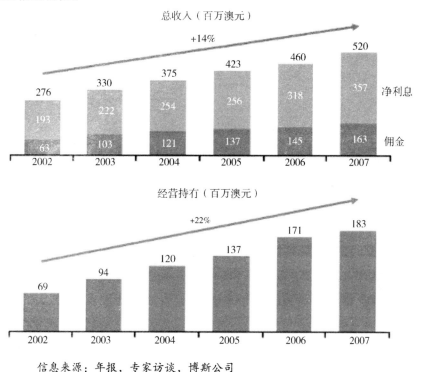

信息来源：年报，专家访谈，博斯公司

图 2.1　澳大利亚 Bcodigo 银行独树一帜的
特许经营模式取得了相当不错的业绩

　　当我们理解危机根源以及扩散的原因后，为银行选择适当发展模式成为下一步的关键，而不能以一个模式限制所有银行的发展。

　　尽管在以后几年全球金融市场形势将十分严峻，中国的城市和农村商业银行中的领先者仍然有巨大的发展空间，完全可能引领中国的第二轮金融改革，成为当地和区域市场的佼佼者。对中型股份制银行和城市、农村商业银行来说，目前正是增长的黄金期。尤其是当主要竞争对手——国有四大商业银行面临着一系列的内部问题，如服务、产品的高度同质化，激励机制无法充分到位，经常无法满足本地客户深层次的需求，并且通常无法全面有效地与风险管理进行结合，出现服务和风险的"真空地带"等等。它们的这些问题和弊端，恰恰给本地的农商行、城商行带来巨大的成长空间。

　　如今，潍坊农信社、重庆农商行及上海银行等都已确立了在当地市场

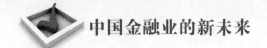

某些业务领域的领先地位，以下是它们取得持续成功的若干关键因素：

当地市场独特的客户需求。这包括有效的客户细分，开拓存款和放贷业务，挖掘中高端客户的核心需求。对中小规模的地方银行来说，他们应该寻找国有大银行提供近乎同质化产品服务之外的"业务空白"，比如尚未被满足或服务不到位的客户需求。一旦找到并满足这些潜在需求，地方银行很可能扩大市场份额，成为本地居民的首选银行。

低成本有效率的发展模式。考虑到多数地方银行需求相对集中在居民存款和中小企业两方面，因此更加标准化、低成本的发展模式将会为其带来更大的竞争优势。如重庆农商行通过向地方客户提供更有吸引力的产品服务，既与大银行开展积极竞争，又同时获取利润，健康发展。

产品服务上的持续创新。这既包括电话银行、网络银行等渠道创新，也包括信用系统评级创新。地方银行通过精确的管理，运用最新科技，进行系统创新，在与大型竞争对手的竞争中保持着相对竞争优势。

激励机制和风险管理的有效结合。风险管理的基础是透明的公司治理结构与清晰的利益分配，从企业 CEO 到发放每一笔贷款的银行职员无不如此。此外，对成功的中型村镇商业银行来说，在一开始就投资风险监测是他们获得高增长的重要保障。

地方政府的大力支持。这不仅可以在早期帮助银行进行股权改革和资产重组，同时，与地方政府保持良好关系还能帮助银行获得其支持，既可以借助其帮助来获得最好的地方客户，也可以让银行能够以合理的价格获得优质的资产和渠道，比如银行分行地址等。银行的 CEO 们同时也应该注意平衡与地方政府的合作关系，与政府制定长期合作目标，避免成为地方政府的自动提款机，尤其是那些打算最终上市融资的银行。

"他山之石，可以攻玉"，当然机会往往只留给准备好的银行和银行家们。我们衷心地希望在这一轮的金融改革之中，有更多的地方中小型银行能脱颖而出，放眼全球，利用各方已证实的先进经验，同时更要立足本土，充分挖掘当地的客户需求，在金融危机的大环境下练好内功，成为当地市场中的佼佼者。

最优绩效

伴随着经济危机，绩效管理正成为对于领先国际银行及其未来的争论的中心。对于绩效管理的现状，各方批评很多，但大家都认为它是银行恢复元气的重要因素。

绩效管理的角色是将高层管理人员的意图和战略转化为组织行动。对于其自身明显的方向性错误，我们不应责怪太多。银行现在对其战略进行了大量改革，需要依靠绩效管理将这些目标转化为行动。绩效管理循环是通过广泛影响组织行为和绩效来实现这一点的，而不仅仅是依靠奖励措施。它的基础是一个确定绩效，然后在特定和定量条件下评估绩效的过程。现在对于风险和长期规划的重视使得这一过程更加困难。

一个良好的绩效管理流程同样包括并且推广建设性的对话，关注业务的同时也关注个人绩效。银行会从良好设计的绩效管理流程带来的行为和文化的改进中获益。

期望和现实

绩效管理正成为银行走出困境的法宝。在公众、投资者和政府的详细审查下，银行管理者、所有者和监管者都希望改变金融机构的运营模式，在管理绩效和奖励上下足了功夫。在英国，金融服务局（FSA）已经起草了薪酬相关的规章制度。许多人都在关注银行家们现在的工资，很少有人认为银行家还应该拿过去那样的高薪。

一些指责认为绩效管理定位错误，以至于它能取代战略。绩效管理是将组织行为和领导层意愿联系在一起的工具。薪酬系统在未能将领导层意愿转化为行动，或者刺激了错误行为时，就会受到指责。但在这场危机中，问题首先来自于管理层的意图。由于对机构的利益、市场和风险的错误认识，管理者们寻求和鼓励资产的急速扩张、短期交易以及以市场为基础的流动性。这一意图被证明是主要问题，因为这付出了长期稳定性、风险管理和转移的代价。组织系统，包括绩效管理，在将战略转化为有效行动方面做得很好。如果汽车行驶不稳，不能怪方向盘，而应该怪司机。

对于那些进行决策的顶尖银行的银行家们来说，"亏损照样领奖金"饱受批评。就失败的后果来看，一些银行家确实受到了过分的保护。另外，这个故事还有另一个层面。西方金融机构的高级经理们大多在自己所服务的机构有大量私人投资，当他们的战略失败时，其个人财富和声望也会大幅缩水。如果奖金就是一切的话，最高管理层有充分的理由来避免危机。所以"亏损照样领奖金"并不是银行的本意，也不是蓄谋已久。若能跳脱阴谋论及贪婪论的思维定势，转向以更加宽容的视角看待此问题，那么我们将发现其实这些失败只是由于银行未能提前发现存在于潜在危机、团队思维及自信心膨胀中的问题而已。如果机构和政府能对错误免疫，历史就将被改写。

银行的首要任务

银行管理绩效的变革必须首先从其行动的变革开始。世界各地的银行家们面临着同样的挑战：恢复稳定，重新赢得信任，以及他们所在机构是否为政府所有或者得到政府的支持。在这个复兴的过程中，银行需要更多的依赖于其核心业务，比如吸纳存款，放出贷款以及转移资金。这些业务能为银行赢得公众的支持，而作为回馈，银行应该承担起相应的责任，减少由于发展业务带来的复杂、晦涩和风险。

风险管理自然成为了最新的首要事项，它需要银行广泛而有效地进行管理，尤其需要关注系统风险。但同时，一个紧要任务是形成贷款政策和抵押贷款政策，这对经济恢复非常重要。同时，银行需要将重点放在具有投票权的本国客户上，减缓国际化扩张的步伐。

我们同样也能看到对于客户导向的重新重视。在英国，银行在过去做出了一系列损害公众信任的决策，包括半封闭的经常账户、信用卡收费、短期盈利率目标设置不当、对客户利益的忽视等等。由于这些行为，银行在经济危机远未到来的时候就已经失去了客户和公众的尊重。尽管银行也做出了很多努力，但不管是竞争还是监管都不能很好地解决这些问题。银行真正需要的是改变自身文化，以客户为中心开展业务。现在，在英国及其他一些地方，政府的临时性接管或许是一个难得的机会来改变银行的重心、角色和组织文化，作为对商业争论和公众压力的回应。这样一来，我们会看到银行在战略上的重大转变。

绩效管理的角色

银行依赖其绩效管理系统将目标和战略转化为行动和实际绩效。这一过程始于将战略转化为具体的计划和目标。这些目标也成为了企业内部汇报流程和部门绩效的准绳，包括市场、人力和财务部门。在一个运转良好的系统中，各级管理层都参与讨论运营结果及其成因，讨论如何改进或者保持良好的结果。绩效管理循环的最后一环，是决定能反映对于结果的理解和未来的规划的奖励措施。只有当这些不同的元素共同作用的时候，系统才能有效运行。

在银行业，业务和个人运营目标都存在重大缺陷。在英国商业银行业，成长模式占主导地位很多年，贸易活动只关注短期收益。而这其间风险水平都没得到足够反映。在投资银行业，交易和交易收入占主导地位。许多人认为客户的利益受到损害，侵蚀了长期公民权价值。批评家将矛头指向短期计划，认为其过于简要，忽略了实际风险，对于极端结果相关性和影响反应迟钝——偶然的巨大风险足以影响总体收入，但由于发生概率较小，在年度绩效评定流程中往往都被忽略。

现在需要开始在银行各个业务领域扩展和重新定义其模式，使之与新的首要任务、对风险的全新认识和最新战略保持一致。一个良好的绩效管理评定系统需要对目标的清晰认识以及流程的可靠评定。在实际工作中，这将会非常困难。系统风险和流动性风险都是巨大的问题，而我们对其了解十分有限。现有的"风险模型"被证实还不完善。银行需要有替代模型来提供良好的、现实的风险评估手段，避免有可能出现的极端事件。

许多绩效管理系统的定量本质要求的评定标准可能无法保持业绩增长。流动性风险也同样如此——我们无法知晓如何评定经济恐慌的风险，以及它将从何而来。英国金融服务局的文章回避了银行如何将建议的原则转化为实践。由于缺乏量化风险的能力，最好的解决方案不仅仅局限于定量绩效管理系统，而应在有理有据、不偏不倚的判断上多花些功夫。因为我们目前还不能量化风险，所以我们不能忽略它或者将其排除在绩效评定之外。

任凭风险自生自灭，而事后进行补偿的做法也存在问题。金融服务局比较倾向于这种方法。但是，延迟的和不确定的补偿，并不能让高管现在付清款项。在这个系统下，高管可能更关注其薪酬的现金部分；延迟的部分可能会贬值，对行动的影响也不大。

如果高管相信结果依赖于运气，将实际结果与根据风险进行了修正的预期结果作对比，那么这种状况就更加真实了。此外，对于系统风险或者二元风险，时间和不确定的决议并不能揭示实际风险。比如，如果一个打赌者在红色与黑色间选择了红色，而结果也恰好是红色，这并不能说明他没有承担风险。实际上，在这个赌注中单一的结果几乎不能揭示任何风险水平。若要评估客户贷款组合的实际风险，评估超过五年的坏账记录是比较科学的，因为大量数据才能带来规律。但是，这一方法对于罕见的极端结果并不适用。

如果以客户为中心的战略变得更加流行的话，银行在其绩效评估过程中还需要更多的客户参与。银行需要按客户类别区分的清晰战略和意图，以及精心挑选的监测流程方法和成本收益平衡，他们还需要找到一个方法来反映其建立长期客户特权的事实。

行为与文化变革

绩效管理系统运营方式和讨论与其评定一样重要。它广泛地影响了行为和组织文化。公众，甚至银行家，并不仅仅是经济动物，利益是唯一的动机。他们同样希望学习社会规范并受其鼓舞。良好的绩效管理系统具备推广学习和鼓励恰当行为的元素。

关于业务绩效的讨论对于加强这些类别的行为十分关键。一个设计良好的绩效管理流程是经过系统的针对鼓励绩效以及如何保持或改进的讨论的结果。当绩效管理流程超越了肤浅的报酬讨论后，机构和个人都会被仔细检查。在有利的环境下，可以测试和混合不同的观点来制造更好的结果，使得公司能从整个管理团队的技能和经验中获益。这个流程还能通过在更广泛的范围内共享更多的信息来抵消中介问题。更好的数据能给个人的挑战、优势和劣势，带来更大的平衡，反过来也会产生更多恰当的报酬决定。

传递信息的更好渠道，以及更大的透明度，能改进银行业普遍的惯例：奖金文化的兴起和雇佣式银行家。与传统的保守财务管理员不同的是，新一代银行家们只是针对目标和酬劳来谈论绩效，而不是讨论绩效的原因。近些年来，那些目标都是短期且对风险反应很迟钝的，绩效讨论也变成了完完全全的薪酬协商。一旦金钱腐蚀了传统投资银行和清算银行的合作文化，绩效管理讨论就变成了利己主义的协商。或许机构的崩溃还不可能发生，但奖金第一的文化已比比皆是。扭转这种趋势对银行业的复苏至关重要。

在强有力的领导和良好的人力资源方案的协助下，绩效管理可以改变这一状况。人力资源部门应该与绩效管理系统紧密相连，在很多情况下，人力资源在形成企业新文化中发挥重要的作用。在与行为、人员、组织目标和战略文化结合后，绩效管理系统和人力资源政策就是新的意图前进的动力。

这对于监管机构同样适用。根据我们在这次经济危机中吸取的经验，我们能体会到集体臆想的力量，也能感受到承认"皇帝确实没穿新衣"是多么困难。我们同时也能看到避免潜在问题需要严格的监管者。规章制度能解决导致这场危机的特定问题，但我们必须帮助监管者识别和解决重新发生的集体错觉。他们需要有判断、勇气和正确平衡的动力，在需要的时候挺身而出，即便大家觉得并不必要。

监管机构内的绩效管理能通过鼓励相关人员正确进行这项工作，而不

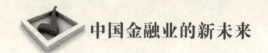

是求助于各处的官僚主义者——他们刻板陈腐，循规蹈矩。公共机构中的绩效管理有着特殊问题，尤其是识别不良绩效，这将变得至关重要。

最优方案的核心元素

一旦金融机构和监管者设立了改革战略，他们就必须整合机构、团队和个人行为。他们的方法可能有所不同，但最优方案的核心元素都是一致的。

> 绩效管理由确定特定目标和方法开始，与机构的新目标保持一致。银行所面临的挑战在于扩大报告的层面，延长绩效评估的时间。
>
> 评估之后的绩效讨论是形成良好行为和文化的关键。定期会谈有利于在早期识别不佳绩效，及时作出修正。为了有效地进行会谈，经理必须有处理艰难会谈的能力，有当机立断的决心。
>
> 银行的奖励制度必须与新目标联系起来。他们需要更多依赖于升职这样的奖励方式，而不是奖金。这种方式倾向于奖励长期表现，并且在绩效不佳时可以撤回。同时也可以通过职业生涯的发展奖励优良绩效，提高员工忠诚度。监管者和政府将会积极监管这些流程，良好的绩效管理系统将会发挥很大的作用。

如果绩效管理在一个机构或者一个行业中运行，其影响在行为和行动以及结果中都会有体现。由此开始，有效的绩效管理系统为系统内部改革提供了便利。管理层对话也将广泛而有建设性。那些提升了风险管理意识和客户服务意识的银行将会受益匪浅，快速发展。而没做到这两点的银行将会渐渐退出市场。通过这层过滤，机构的文化都会改变。在与行为、人员、组织目标和战略文化结合后，绩效管理系统就会成为银行将全新的共同意图转化为现实的工具。

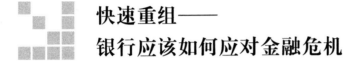

快速重组——
银行应该如何应对金融危机

概述

目前的金融危机已经动摇了许多西方社会对金融体系的基本信任，并显著地改变了大多数发达国家银行服务的前景。全球范围内，股东们希望银行能为了长期的价值创造和金融稳定而对其使命进行调整。全球的监管方一直承担着确保市场稳定的责任，而银行则日益需要将这些目标纳入其使命中。尽管银行和监管方的目标曾有分歧，然而，这些目标正不断地融合成一套共同的工作新重点。

其他的因素同样也在影响着此次衰退。随着银行股的市值暴跌，西方银行被迫寻求其他的资本来源。市场经历了整合，由于不能再依赖低息的同业拆借，剩余的机构需要新的融资模式。

此次全球经济失衡下的回调是经济长期持续发展的必然结果，而且低息信贷所造成的资产价格飞涨对其也产生了推动作用。尽管这种回调的情况总会发生，但是由于在长期型行业中（如保险、抵押贷款及企业债券）追求短期回报，事态变得更加严峻。产品日益复杂、缺乏透明度以及提交正面季报的压力，使得银行承担着空前的风险。此外，绩效管理体系并不总根据长期的价值创造对奖金进行调整。

尽管金融市场和经济数据均出现了回暖的态势，但在许多西方经济体中，情况仍有可能在好转之前更加恶化。此次衰退仍将持续，并且还可能有大规模的资产减记。因此，银行需要应对这些根本性的变化并做好长期的准备。

每家银行应该采取以下七个关键步骤，以建立更强的韧性以应对未来的危机：

1. 调整资本结构并满足即期资本需求。
2. 评估风险并稳定机构。
3. 调整使命以创造长期的稳定和价值。
4. 优化业务模式及业务组合。
5. 优化成本结构及运营模式。
6. 根据新使命调整风险及绩效管理。
7. 准备好迎接未来增长。

显著变化的前景

此次危机给许多全球领先的银行敲响了警钟（见图 2.2，尽管金融类股票在 2009 年中强劲复苏）。我们已经看到，不论是在新兴市场还是成熟市场，全球银行及保险公司的市值均急剧缩水。西方新的银行业环境下所发生的重要变化包括：

需要新的资金来源

银行业市值急剧缩水，加上从公众处募集新资金的能力被削弱，使得银行需要考虑新的资金来源，同时做出重要的权衡：使用主权基金可能会更昂贵；寻求国外投资者可能会导致目标相互冲突；政府直接注资可能导致更多的干预，但在将来，政府和银行的目标很可能更为一致。

银行的新使命

目前的危机造成股东期望发生了变化。过去，股东的主要动机是在短期创造最大的价值。而这导致银行优先考虑短期收益、注重顶线增长、将额外资金规模降至最低、并通过薪酬制度鼓励风险性收入。相反，监管方的工作重心却是树立对金融体系的信心，确保信贷在不同经济领域内的长期稳定和自由流动。股东优先重点的变化，包括对长期价值创造和稳定的关注，使银行需要综合考虑这些目标。银行及监管方目标间的分歧将不断融合，成为一套共同、长期的新工作重点。

在美国、英国、荷兰及德国等多个国家，银行已请求政府注入空前的资金并解决偿付能力上的差距问题（见"政府对主要银行业领域的干预"）。2004 年的全球十大金融机构中，两家（美国国际集团和房利美）已被收归国有，四家（美国银行、花旗集团、摩根大通及富国银行）得到国家政府的注资，一家（瑞士联合银行）[①]从主权财富基金处寻求紧急资金援助。尽管各国政府所采取的措施各有不同，但是政府在银行中的参与程度却越来越高。这进一步促使银行根据长期价值创造和稳定性对其使命进行调整，以满足新的股东目标。

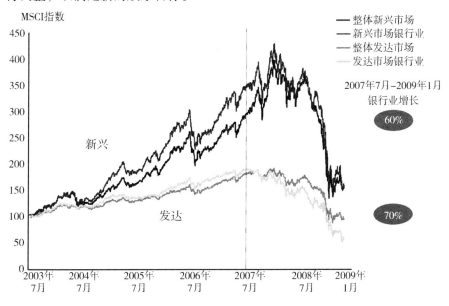

信息来源：彭博社；博斯公司

图 2.2　银行业证券绩效

快速整合

许多主要的西方金融机构都选择或被鼓励进行并购。在许多国家，银行业的前景正经历着令人瞩目的整合——例如在英国，整合的结果是四家银行拥有目前 75% 的客户。为了消费者的利益，监管方更希望良性竞争，因而面

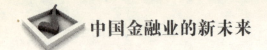

临着一系列新的挑战。对一些银行而言，此次整合则意味着新的增长机遇。

融资渠道的根本变化

历史上，许多银行依靠同业拆借以增加贷款市场的份额。这些银行正是依靠这些贷款进行运营，如英国北岩银行的贷存款率在 2007 年初超过 200%。由于难以再获得同业拆借，银行开始寻求其他的融资渠道，而通过这些渠道所获得资金的成本通常更高。一般而言，每家银行将需要从其存款中拿出更大的比例用于投资。这需要银行重新评估业务模式、贷款政策及吸引存款的措施。

政府对主要银行业领域的干预

博斯公司分析发现：全球政府正越来越多地参与银行业领域。部分近期案例包括：

英国（财政部）

英国政府对苏格兰皇家银行、劳埃德银行和哈里法克斯银行等主要银行注入了超过 1000 亿英镑（1470 亿美元）的资金，该援助主要以政府购买优先股和普通股的形式进行。此外，通过一项特别流动性计划，再至少增加 2000 亿英镑。作为交换条件，银行承诺提高一级资本、控制高管薪酬，并继续为中小企业及购房者提供贷款。

荷兰（财政部）

荷兰财政部迅速为富通、荷兰银行、荷兰国际集团、荷兰全球保险集团、SNS 银行等机构注入 300 亿欧元（380 亿美元）的资金，有效地实现了金融领域内大部分机构的国有化。此外，对其他银行提供 200 亿欧元的资金。与此同时，荷兰政府通过管理层重大改组、任命董事、限制高管薪酬等措施，对银行施以比英国更为严格的控制。

德国（联邦财政部）

德国的银行情况相对较好，因此所采取的措施也更标准化。政府对每家银行提供不高于 100 亿欧元（130 亿美元）的援助，并且政府还能从每家银行处购买不超过 50 亿欧元的不良贷款。尽管注资额度较小，但是政府也设定了严格的条件，包括高管限薪和控制贷款政策等。

瑞士（联邦财政部）

瑞士政府对瑞士联合银行注入 60 亿瑞士法郎（50 亿美元）。迄今为止，瑞士信贷避免了任何形式的政府直接注资。此外，尽管政府的直接干预有限，但瑞士联合银行490亿美元的不良资产已被转移至瑞士央行旗下的特别机构，这一举动清晰地表明了银行需要致力于提高其资本金基础。

前路崎岖

全球许多国家都背负着空前的债务。在美国，私营领域总债务所占GDP的比重在1990年至2000年间的年增长仅为0.6个百分点，而自2000年起年增长达到了3个百分点（见图2.3）。与之类似的是，在英国，该比例2000年前每年下降0.5个百分点，而自2000年起年增长达到了5.9个百分点。考虑到主要经济体中的高杠杆效应程度，在某种平衡重新建立起来之前，信贷紧缩在很长一段时间内不可避免。因此，经济需要很长一段时间才能复苏，这意味着此次衰退至少将持续两年时间。

对于银行业而言，尽管全球银行业已经宣布了总值达7000亿美元[2]的资产减记，但是我们认为，许多银行还将继续遭受损失。博斯公司的一项研究预测，还将有6500亿至9000亿美元的企业债券有违约的风险。因此，更多的银行面临着资本不足的风险，将会需要援助。

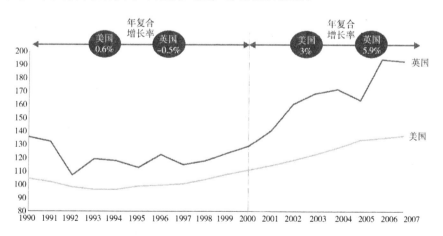

信息来源：经济学人信息部；博斯公司

图2.3　私营领域总债务所占 GDP 比重

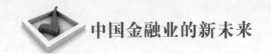

此次危机的起因

在宏观层面上，此次危机主要是对西方主要经济体长期持续发展所引起的严重失衡的一次回调，这些失衡包括：

金融机构热衷于快速发展，因而提供了相对低息的信贷；

个人可获得高额的信贷，从而推动了住宅房地产市场达到空前的价值，并对个人债务依赖程度更大；

投资者对高收益资产的需求增长，导致次级贷款迅速发展，而次级贷款通常风险更大，还款方式和条款有违常规；

证券化、抵押贷款型证券以及复杂的结构型信贷产品等不透明产品的快速增长和广泛使用。

经济领域内的这些发展使得世界联系得更为紧密，在这种情况下，全球经济中的任一部分发生系统性的变化都将会对其他部分产生深远的影响。因此，此次危机扩散所需的唯一诱因就是美国房地产市场的回调。尽管我们能够认定此次回调必然会发生，但是对短期绩效的过度压力迫使银行以一种短视的眼光看待保险、抵押贷款和企业债券等长期型市场，从而使得情况更加恶化。与此同时，高管薪酬及绩效管理体系鼓励孤注一掷型的行为，而监管方则缺乏预测并预防其严重后果的能力，特别是在持续发展时期。

银行典范正做出回应

银行需要果断地应对市场的剧变，控制其负面影响并强化长期地位。通过采取以下七个关键步骤，银行能建立更强的韧性：

1. 调整资本结构并满足即期资本需求。
2. 评估风险并稳定机构。
3. 调整使命以创造长期的稳定和价值。
4. 优化业务模式及业务组合。
5. 优化成本结构及运营模式。
6. 根据新使命调整风险及绩效管理。
7. 准备好迎接未来增长。

调整资本结构并满足即期资本需求

每家银行的首要任务都是维持偿付能力和充裕的资金。为了完成这一任务，银行通常需要通过政府及主权财富基金等其他渠道确保其即期资本需求得以满足并提升资本水平。在衡量这些选择时，银行需要在独立性和成本间寻求平衡。而分析师对两者则并无偏好：那些从政府处筹措资金的企业和从主权基金处寻求注资的企业，其股价跌幅并无差异。

评估风险并稳定机构

一旦确认潜在损失的类别和数量，银行需要迅速地确定并采取措施对其加以限制，如：隔离不良资产、将资产从资产负债表中移除并寻求可能的解决方案。释放风险加权型资产至关重要，由此银行能够继续有选择性地发放贷款。

银行业的管理团队必须经常与内外部的利益相关人进行沟通，以确保没有严重事件并将其蔓延的可能性降至最低。需要打消投资者、监管方和客户关于银行能否继续存活以及是否完全具备偿付能力的疑虑，并及时向员工、工作委员会及工会通报任何可能的劳动措施。此外，需要为主要的高管和客户制定挽留计划。

调整使命以创造长期的稳定和价值

随着全球范围内股东期望的变化，短期利润最大化和银行体系稳定这两个目标间的分歧将会消融。紧要任务就是建立一套共同的长期目标，如：支持维持体系的稳定、恢复信心（存款安全及贷款连续性）、满足客户需求并确保长期价值创造的实现。

此外，考虑到此次危机的全球性，目前的使命就是确定国内市场整合和海外扩张的力度。同时，银行需要思考他们能承担多大的风险敞口。

优化业务模式及业务组合

考虑到银行业的剧变，从业公司需要调整他们的业务模式并优化业务组合以减少在融资方面对大规模市场的依赖。

银行需要更注重自筹资金。目前，零售银行正积极地以存款业务为核心，与此同时，高盛等投行已转型成全能型银行，使得其能够采取应急预案，从而参与全国性项目并吸纳存款。

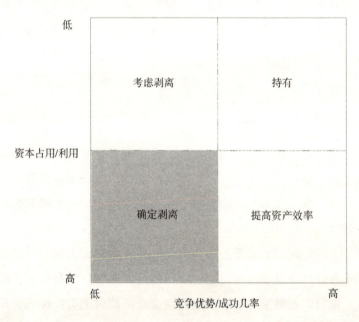

信息来源：博斯公司

图2.4　目标资产组合评估

为了强化资本情况，银行还需要再次评估其业务组合战略并果断地决定需要剥离哪些资产，即使是这些资产目前还具备盈利能力。为政府股东所提供的信托业务等一切与股东目标不一致的资产都需要进行剥离。余下的业务需要根据两个标准进行评估：第一，银行能吸纳多少资金；第二，银行在相关市场中具备或能够建立多大的竞争优势或"成功几率"（见图2.4）。为了获得竞争优势，能力与资产同等重要。应该重点考虑剥离那些占用大量资金但并不具备竞争优势的资产，由此为银行提供所急需的资金。

在目前这样一个现金短缺的市场环境下，进行资产互换可能比出售资产更为可行。某些机构需要剥离的资产可能对其他的机构意义重大，因此，银行应该考虑利用非核心资产换取巩固其核心市场地位、业务或产品所需的能力和资产。

优化成本结构及运营模式

为了在困难时期实现盈利，西方银行必须在不牺牲客户服务的情况下提高工作能力和工作效率。特别是当银行关注于稳定的核心业务并避免追求风险性收益时，建立低成本高效率的业务将是成功的关键。通过优化并净化其业务模式，银行将能在中期内获得可观的收益。此外，通过对各个地区及各项业务进行尽可能的整合和统一，银行还能建立运营规模和IT规模。

在短期内，银行必须致力于具有丰厚回报的高收益低投资速赢策略。通过以下措施，他们能削减15%—20%的成本：

提高网点的工作能力：根据战略目标调整激励措施，确保薪酬与绩效严格挂钩。

提高非网点的工作能力：冻结所有的非核心职位空缺，通过精简重复活动及不创造价值的活动来优化支持性职能部门，并通过扩大控制范围并减少管理层级的方式优化组织架构。

改革项目开支：冻结所有非核心项目的随意性支出。但是不能牺牲监管项目。

严格地管理开支：在供应端和需求端积极地采取措施：与供应商重新商谈所有的合同，确保内部的规模效应得以利用，通过削减差旅费等非核心日常开支来管理需求。

强化对所有开支的严格管理：降低随意性开支限额并确保管理层严格

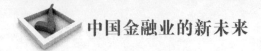

控制成本结构。管理层必须对成本负全责。

根据新使命调整风险及绩效管理

对长期价值创造投入更多关注时，各地银行必须保持金融体系的稳定、公平地对待客户、更好地满足客户需求。需要根据这些目标调整风险及绩效管理措施，并确保这些措施能够促进所期望的行为方式。

银行必须重新评估其风险偏好并强化监督，以确定对风险和回报有一致的观点。有关新业务的决策必须考虑长期标准，并结合已有流程及体系，确保一致性且保持严格的控制。清晰建立从前台到中央风险部门的风险责任制至关重要。

传统的绩效管理制度基于短期措施，鼓励风险性收入。银行需要确保其战略与任务相一致，并且组织内对战略的实现有着清晰的责任制。绩效管理措施需要根据这些新的工作重心进行调整（见图2.5），激励制度需要促进对业务所带来的长期价值予以更多的关注，同时避免道德风险。采取风险衡量标准在内的多年计划及目标，将有助于建立新的工作方式，促进更适合的观点，并确保充分考虑员工行为所带来的后果。

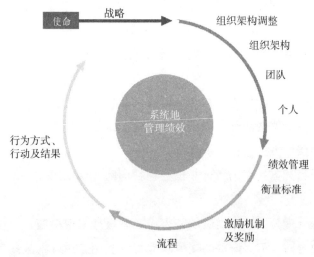

信息来源：博斯公司

图2.5 绩效管理框架

准备好迎接未来增长

在所有的衰退中，总有获胜者和失败者。每家银行必须关注未来，并做好准备把握增长机遇。

展望未来

考虑到金融领域中的这些根本性变化，银行需要快速应对。这种全局性的七步方法从各个方面对潜在的漏洞进行弥补，同时增进了与股东和客户间的关系。通过系统地采取各个步骤，在高级管理团队的监管下，银行能更好地抵御经济衰退所带来的直接挑战，同时做好准备迎接长期增长和稳定。

尾注：

1. 以 2004 年 9 月 30 日市值衡量，其他前十位金融机构包括：汇丰、伯克希尔·哈撒韦及美国运通。

2. 截至 2008 年 11 月 12 日，信息来源：国际货币基金组织；彭博社；《金融时报》。

财产保险——
发达国家保险公司回归根本

　　除了著名的美国国际集团（AIG），目前全球的财产保险公司在当前的金融危机中基本上都能得以幸免。但是，任何人都不应该掉以轻心。即使是信贷紧缩引发银行业动荡前，2008 年对西方保险公司而言也是相当艰难的一年：市场份额的竞争加剧，恶劣天气的索赔案件也蚕食了金融机构的利润。经济困局进一步恶化，而在此非常时期，一些监管部门对资本充足率的要求也更加严格；随着许多西方经济体进入衰退，一些消费者开始质疑保险的必要性。随着金融危机的深化，急剧动荡的市场造成保险公司不能依靠投资回报扭亏为盈。

　　只有那些回归根本的西方保险公司才能在这个越来越具有挑战性的市场环境下安然无恙，这些公司重视风险的选择和定价，削减索赔等方面的成本，优化销售效益以及谨慎地管理资本。他们还采纳新兴技术，从而更好地利用相关信息和数据分析。

　　有人预言，欧洲的寿险行业将会成为信贷危机的下一个受害者。随着2009 年全球证券市场、商业地产及企业债券的价值严重缩水，寿险公司的资产正面临着巨大的冲击。而与此同时，经济萧条所引起的其自身企业债券违约风险的不断增加，将对其资产负债表带来更大的冲击。另外，资本利得税制度的变化以及日益激烈的现金存款业务竞争等压力，也会影响经营状况。有些保险商将不得不筹集更多的新资本，而那些规模较小、相对较弱的保险商不可避免地将面临着被兼并的危险。

两者择一：规模化与专业化

保险公司现在需要作出战略选择：追求规模化抑或专业化：随着全球保险市场的整合浪潮，那些既追求规模化又追求专业化的保险公司将成为收购的目标。

规模化更具优势：规模较小的保险公司在承保或者索赔管理方面效率欠佳，造成运营费用更高，索赔损失更加严重。很多美国、英国和澳大利亚市场的大型个人业务保险商都利用汽车和家庭供应链的规模和购买力。规模效应可以让资讯技术和递交平台的成本通过共享而得以降低。更充足的信息和知识可以确保承保、客户定位和索赔决策更加准确有效。最后，规模可以带来多样化并降低再保险费用。通过巩固其全球品牌，大型保险公司如安盛（AXA）和英杰华（Aviva）已能通过品牌的整合，降低市场营销费用并降低运营成本。规模化同时帮助他们在谈判中获得更高的佣金。

然而，实现规模绝非易事。在每年的客户流失率平均不到10%的成熟市场环境下，实现企业增长很艰难。实现规模最有效的途径是收购。在全国性整合已经兴起的今天，跨境交易就更加值得关注，而且，一些面临财务困难的保险公司准备出售部分保险业务，所以市场上对于不良资产的收购机会也越来越多。

然而，规模效应有时也是难以捉摸的。本土化和全球化的规模往往同样重要。大多数从事索赔业务的公司都是地方小企业，这使那些植根本土的保险公司在处理本土业务时也更加得心应手。

在某些情况下，专业化的运作模式可能更加有优势：要想取得成功，保险公司需要采取针对性较强的模式，如侧重特定客户群（如超过50岁的客户群）、渠道或者产品。在这些特定的市场上，他们可以提升价格、加强销售或者更好地管理风险。

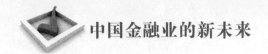

大幅削减成本：索赔是主要突破口

鉴于目前的大背景，保险公司应不遗余力削减成本。财产保险削减成本的主要方式是通过索赔，因为索赔占总成本的60%—80%。索赔服务是保险公司客户服务的核心部分，所以成本削减应当谨慎。中介业务尤为如此，一项索赔案处理不当将会影响到整个客户关系。然而，妥善处理索赔案件可以大幅降低成本和提高保险公司对客户的价值。

在索赔操作方面，保险公司需要精简和简化流程。索赔应该根据所涉及的风险进行分类处理，对于简单的索赔进行直截了当的流程处理，从而投入更多的时间和资源及时处理复杂的保险案件。人才和信息技术同样重要，信息是确保正确决策和减少索赔欺诈的关键促进因素。通过快速决策和明确职能等改善客户服务也同样让保险公司受益，对于一些较情绪化的案件（例如珠宝首饰盗窃案），保险公司应该尽量迅速支付索赔款而不是过多地反复调查。

在索赔管理方面，应侧重积极的供应链管理：选择最佳的索赔模式至关重要。例如，在汽车保险方面，建立合作伙伴关系和健全的供应商网络可以提高服务质量和降低成本。特别是如果保险公司可以保证一定的业务流量，让汽车修理商可以优化运营。通过加强透明度和增加竞争性，招标这一模式也可以降低成本——不过这个方法可能对消费者并不具有吸引力，因为他们对于维修商的挑选没有任何发言权。不断创新的美国保险公司所采取的贴身管家服务模式和其他快速便利服务模式可以平衡客户失去的选择权，并提升客户满意度。与专注于特定类型的维修（例如中小型事故维修技术）的供应商建立合作关系，能够优化工作组合和培养相关技能，从而提高30%的效率。在其他的业务方面，例如人身伤害索赔，早期干预并确保服务商的妥善处理，可以改善客户服务和降低成本。运动医药保险也同理。

除了索赔案件，保险公司还可在产品、承销、网点、IT和其他支持部门通过精简流程和削减人员减低成本。

创新为先：以客户为中心

获取和保留客户将越来越多地依赖于创新。经济增长放慢使越来越多的消费者把许多保险产品视为奢侈品，特别是新一代消费者。所以在当前的市场情况下，创新显得更为重要。当然还有些因素（如气候变化）增加了市场对于保险产品的需求，但同时也造成风险的递增和保费的增加。除了少数例外，追求规模化的保险公司应借鉴专业化保险公司的做法，产品创新要做得更为出色，比如无需申报的现金索赔等产品服务。

在成熟的保险市场上，财产保险的客户流失率低，表明清晰的市场细分战略和客户保留举措也是至关重要的。这必须符合总体战略选择——规模化抑或专业化。市场细分的方法不仅局限于人口统计，还可以根据客户的需求以及他们对保险公司的经济价值，例如，有些客户希望产品信息简单而明确，产品功能和优势值得信赖。保险公司应该侧重于提供个性化服务，以更好地为客户解释产品功能及回答客户所提出的问题。一些成功的保险公司根据特定的细分市场，重新调整产品以及服务，例如，专门针对50多岁的消费者以及年轻车手们的产品。其他保险商通过相对统一的产品类别以满足不同细分客户的需要，从而实现规模效益。

保险公司如果想留住客户就必须明确了解客户流失的原因。一系列的工具可用于保留客户，包括忠诚客户计划、保单折扣和分阶段重新定价等等，从而把保费设置在让客户考虑更换保险公司的水平以下。一些工具尚有待商榷：增加直接转账有助于保留客户，但这也可能吸引一些低端业务。另外，产品捆绑（如捆绑抵押贷款和家庭保险销售）也可能会遭到市场监管的限制。

分销：生产和分销之间的界限日渐模糊

产品分销渠道正在发生重大的变化。个人保险业务出现两个主要趋势：首先是向在线渠道发展，在全球范围内，面对面销售仍然是保险产品主要的销售渠道；在英国和澳大利亚，直销渠道仍占主导地位。但是越来越多的客户不满足于仅仅是获取报价，而希望在线购买产品，这也推动了例如美国政府员工保险公司（GEICO）这样的保险公司的增长。第二个趋势是业界对于保险集成企业（Aggregator）的反应（英国最为典型）。保险集成企业将保险产品商品化，并挤压了保险公司的利润。因此，业界出现了两个主要对策：一是采纳集成模式以开发低价产品，例如英国零售商乐购（Tesco）建立了自主品牌的保险集成企业来服务于有限的市场；二是不采纳保险集成企业的模式，而且不参加集成体系，强化自主品牌和渠道，诸如英国的 Direct Line 和英杰华（Aviva）。

为了保持领先，财产保险企业需要决定如何充分利用网上销售。例如，开发针对细分市场的在线产品，同时兼顾目前的直销渠道，并注意不与中介机构产生渠道冲突。但是，想要创建与美国西南航空（Southwest）或英国瑞安航空（Ryanair）等低成本航空公司相类似的低成本保险公司是相当困难的。因为从事直销的保险公司只有 10% 的费用投放于分销，所以全面反思产品类别和索赔模式是必要的。

对于商业保险业务和大多数欧洲、中东和亚洲市场的个人保险业务而言，分销方面的其他主要挑战，是如何确定产品商和分销商之间的模糊界限，以及如何应对新兴的对手，诸如：银行保险机构、抵押贷款经纪人以及超级市场。大型保险经纪人（如 AON）已经将业务延伸到风险管理；再保险公司也提供更广泛的服务。一些保险公司（如欧洲的英杰华和澳大利亚的 Wesfarmers）通过收购中介网络来应对分销网络的变化。其他保险公司已经建立了代理公司分销产品。传统上，这些保险公司将中介机构视为客户，而不是消费者；然而，他们现在需要考虑到最终客户的价值主张，而不仅仅是中介的价值主张。他们还需要加强其销售能力，并全面管理重点客户。

西方保险公司的业绩增长：瞄准新兴市场

在成熟市场，寿险的利润率欠佳。传统的保险公司面临新兴竞争对手越来越强劲的挑战，如保险集成企业（Aggregator）、银行保险机构（Bancassurer）和传统保险公司可能需要关注其他市场以增加盈利能力。新兴经济，尤其是金砖四国（巴西、俄罗斯、印度和中国）将是西方保险公司扩张的目的地。

在新兴市场发掘商机，除了需要对市场的深入理解，还需要有当地的人际关系。成功的保险公司将需要及早取得市场地位以提高竞争优势，而许多保险公司已经走在了尚未付诸行动的保险公司的前面。

可持续的巨大改变：改变经营模式

在不确定性和快速变化的环境下，选择最有效的商业模式以支持保险公司所选择的战略是必不可少的。保险公司历来沿着销售渠道或产品线来组织整个业务。比如，在中介业务方面侧重于渠道，促进自上而下的账户管理方式，同时又满足经纪人对账户管理的需求。但是，这增加了产品生产和销售之间界面的复杂程度。侧重产品将简化该界面，但这对于经纪人和代理商则缺乏吸引力，因为这造成中介联络点过多。越来越多的规模化保险公司正在开发功能性模式，例如整合索赔和产品制作以支持不同的客户市场和渠道。

许多公司将精力集中于执行，如行业最佳做法的标准化和消除重复，而成功的保险公司将需要采取大刀阔斧的办法以大大节省成本。制定战略经营决策（如决定是否要外包抑或取消某些服务）以及结构性决策（如建立共同的后台办公室），这样可以大幅节约成本。为了确保变革举措的可持续性，需要侧重于有最大执行效应的领域，即信息流和决策权利，而不是单纯的整合。

保险公司往往遵循传统模式，缺乏精简其业务以获得竞争优势的压力。所以只有在心态与文化上发生转变时，企业转型才能得以实现。现在，这样的压力越来越大；那些拟建立可持续的盈利业务的保险公司需要迅速地作出反应。

下一步：惯性是行不通的

保险公司将需要考虑它们该如何应对并认真评估整个商业模式。在目前的环境下，金融服务业应分秒必争，因此，保险公司必须快速地制定既有条理而又敏捷的对策。许多博斯公司（Booz & Company）的客户必须从一开始就清楚正确地理解变革的战略重点：例如，是协同效应对盈利的影响重要，还是快速采取适中方案，确保市场对于企业在当前环境下的业绩表现保持乐观更重要。目前保险机构可能避开了媒体的注意。然而，关键利益相关者（投资者、交易商、监管机构、政府和客户）正在把注意力转向保险公司。已经有迹象表明，保险公司开始受到各方的压力。例如，在荷兰全球保险集团（AEGON）旗下，一个规模较小的从事财产保险业务的保险公司刚刚获得政府注资。银行业的情况已经向我们表明，一旦市场信心削弱，即使是比较稳健的机构也可能因为恶性循环而成为牺牲品，导致评级降级。

保险公司应当了解战略，要迅速、有效地采取措施。否则，某些保险公司将可能在困难的财政和经济环境下受到舆论的指责。

寿险及养老金的未来
——来自欧洲的观点

有人预言，欧洲的寿险行业将会成为信贷危机的下一个受害者。随着今年全球证券市场、商业地产及企业债券的价值严重缩水，寿险公司的资产正面临着巨大的冲击。与此同时，经济萧条所引起的其自身企业债券违约风险不断增加，将对其资产负债表带来更大的冲击。另外，资本利得税制度的变化，以及日益激烈的现金存款业务竞争等压力，也会影响经营状况。有些保险商将不得不筹集更多的新资本，而那些规模较小、相对较弱的保险商不可避免地将面临着被兼并的危险。

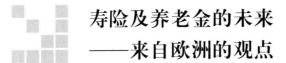

1	竞争环境的变化：规模化还是专业化？
2	朝着资产管理转变
3	成熟市场吸引力日益减退
4	不断变化的客户需求及公平对待客户原则（TCF）
5	新的分销新模式及新技术的出现
6	转变运营模式、执行及文化

信息来源：博斯公司

图2.6　寿险及年金市场——欧洲的六个关键趋势

但是，欧洲保险公司的前景并没有表面上那么黯淡。博斯公司相信许

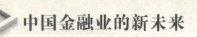

多公司将会摆脱困境，尽管今年有些公司的评级被调低，但是仍有数家公司的评级提高。这些欧洲寿险公司的业绩历史也让我们保持乐观：寿险公司的股价比银行股价更稳定，虽然在牛市中略为逊色，但是在熊市中却表现出色。

博斯公司认为，有一系列的基本趋势在欧洲影响着该行业。

那些致力于遵照下述六个关键趋势重新自我定位的公司将有可能从目前的市场不连续中受益。在某些情况下，需要采取那些对寿险及养老金业务而言非同寻常的激进举措。

竞争环境的变化：规模化还是专业化？

随着许多欧洲国家的门户网站及零售商等市场新人者，进军保险行业以及在信贷危机中遭受损失的企业将其资产廉价出售，保险商目前需要做出明确的战略决策：定位于实现规模效益还是追求专业化？目前处于两者之间的从业公司，将必须进行收购或者将自身定位于被收购的行列。

然而，对于规模的追求并不容易。并购和整合曾经成就了业务的扩大，但并未实现所需的规模。保险商不仅需要致力于确保诸如业务连续性，及转向未来业务等传统整合目标，还需要有更为远大的目标：有效地转变那些公开的或非公开的政策。此外，他们还需要优化传统体系以及消除复杂性的根源。英国的莱斯银行（Lloyds TSB）与哈利法克斯银行（HBOS）的寿险业务整合后，双方实现协同效应的方式，可能将为整个行业定下一个崭新但更为激进的基调，因此将是一个值得关注的案例。

高度专业化在过去 10 年中成为一种关键的行业趋势：1998 年，55%的英国公司采用多元化的模式，而如今这一比例下降为 33%。然而，博斯公司认为，随着全国性和泛欧洲的公司出现，高度专业化的公司正在目前的环境下变得越来越边缘化。

"天佑勇者"：朝着资产管理转变

考虑到全球证券市场的情况，向资产管理的转变可能看起来有悖常理。但是，从长远的眼光来看，勇敢地迈入该领域的公司可能会得到丰厚的回报。博斯公司预测，欧洲资产管理行业 2006 年至 2017 年间的复合年均增长率将为 6% 左右，而寿险及养老金行业的复合年均增长率却不足 4%。

一系列的关键趋势也为资产管理将成为增长最为迅速的业务这一预测提供了强有力的支持。这些趋势包括：许多新兴市场更为成熟，财富不断增加；人均寿命的增长导致资产累积的时间更长；医疗及养老金的承担者由国家转为个人。

一些传统的保险商已经开始转型为资产管理者。例如安联（Allianz）在 2001 年并购了 Pimco Advisors 及 Nicholas – Applegate，安盛（AXA）在 2005 年收购了富林顿集团（Framlington Group），2007 年与上海浦发银行和上海盛融投资有限公司在中国共同组建了合资公司，并在印度与 Bharti Enterprises 合作设立了合资公司。对于其他的公司而言，如果希望所管理的基金能长期增长，他们也需要参照这种方式。

眺望亚洲：发现成熟市场之外的增长

表现优异的欧洲保险商已经在亚洲市场确立了有力的地位。例如：英国保诚（Prudential）在亚洲 13 个市场中设有办事处，所产生的利润占到整个新业务利润的一半以上；该公司还希望进一步扩大其亚洲业务。荷兰国际集团（ING）在印度、中国及泰国等国家的银行中持有股份，去年新业务利润中的 48% 来自亚洲，而安盛（AXA）的新业务利润中有 33% 来自亚洲。

对于在亚洲及其他发展中市场上继续投资和扩张而言，还有一个有力的理由，博斯公司预测：到 2017 年时，利润最高的寿险及养老金业务将来自于成熟市场之外，在中国、印度、东南亚以及巴西，利润率有望达到 8%。与之相对应的是，在大多数竞争激烈、分销网络牢固确立的西方市场，利润率将会相对较低，约 5% 左右。新兴市场的增长潜力有待来自发达市场的保险商加以开发，并平衡长期和短期的机会。短期内，在经济萧条的大势中也存在价值创造的机遇。

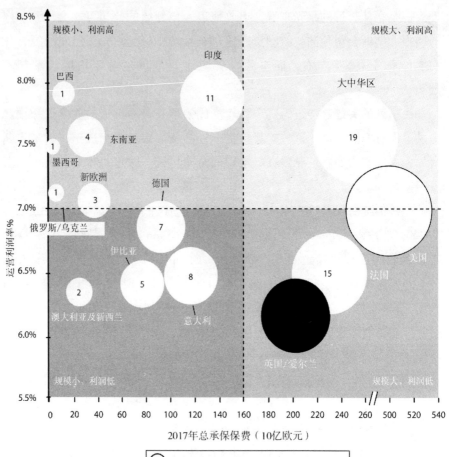

1. 预计税前运营利润
2. 美国利润非按比例

信息来源：文献研究；博斯公司分析

图 2.7　2017 年预计寿险及年金利润

第三条路：客户需求走向前台的核心地位

　　人口结构的变化以及日益激烈的竞争环境，将对欧洲客户所需的产品/服务类型产生重大的影响。波动的证券市场使得对能确保避免潜在损失的结构性金融产品的需求加大。人均寿命的增加意味着客户推迟退休，从而造成资产累积的时间更长，支取的期限也变得更长。此外，由于寿命的增加，对长期产品及更灵活的养老金及支取安排，也提出了更多的要求。

英国养老金市场目前每年的价值为 200 亿美元，而这一数字有望在 2012 年增长为每年 300 亿美元。就此而言，大部分的增长应该由"第三种途径"的产品组成，这种产品定位于保证分红收益但本金增长机会不大的传统养老金和提供本金增长机会但不保证收益的产品之间。

在英国，一系列的监管措施迫使公司更关注于客户需求。如：公平对待客户（TCF）原则对公司向终端客户推出适当的产品、合适的建议以及清晰的信息提出了更高的要求，而英国的零售分销评估（RDR）则旨在为客户简化并清晰化金融产品交易的方式。为了应对这些趋势，保险商必须更加以终端客户为中心。举例而言，为了从 50 岁及以上养老金市场机遇中受益，需要从"以产品先行"的模式转变为"以市场为后盾"的模式。那些表现优异的公司将采用更为完善的客户细分、度身定制的营销、销售方式和产品，以及根据不断增长的风险承受力制定更为灵活的产品组合及战略定价。

科技建议：展望未来

虽然目前对于英国金融产品的销售方式的讨论一直围绕着零售分销评估等措施展开，但是思想超前的保险商应该已经在考虑分销的长远未来。有两个关键趋势需要考虑：其一是价值向分销商转移。在欧洲大多数国家，分销由银行所控制。而在英国，目前独立理财顾问（IFA）等独立经销商占到大部分份额。随着佣金的不断上涨，他们也获取了更高的价值份额：2000—2005 年间，保险公司的利润增长为 16%—17%，而独立理财顾问的佣金增长为 23%—25%。此外，独立理财顾问握有客户关系，使其能获取市场信息，并且成为最能从交叉销售中获益的一方。

随着零售分销评估开始起到作用，尽管价值可能会重新回到英国保险公司一方，但是，如果保险商加大对直销人员的投入并获得银行保险渠

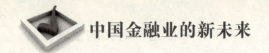

道，那么保险商将会获取更大的分销份额。

第二个趋势是远程服务模式的逐步出现，这个模式将被越来越多的人采纳：汇丰银行（HSBC）已经开始在英国试验一套使用视频会议的远程建议系统。视频会议系统有望在五年内打入大众市场，但在富裕和富足的细分市场中将会进入得更早。这将改变金融行业对客户提出建议的方式，并显著地改善建议业务的经济结构。银行保险机构及以技术为支撑的直接渠道由此成为保险商可以利用的主要机遇。

文化冲击：转变运营模式

由于置身于一个错误不易被马上发觉的行业，全球的寿险及养老金公司是动作迟缓的顽固分子。有些公司也以此作为其不甚主动的借口，直到最近他们才感到转变其运营文化及以最大程度提高盈利性的巨大压力。根据博斯公司的企业 DNA 理论，23% 的英国保险商为"过度管理型"，而40% 有"消极进取"文化：企业看起来有各方的参与，但事实上责任没有落实，管理混乱，从而导致决策缓慢及马后炮式的决策。

在某些领域，执行力强的标杆公司与保险商间的比较令人震惊。例如，97% 的标杆公司认为重要的战略及运营决策可以迅速地转化为行动，而保险商的这一比例仅为31%；55% 的标杆公司的信息在部门内部及部门间自由传递，而保险商的这一比例仅为20%。

如果保险商希望应对上述的这些关键趋势，如果他们需要成为更加以客户为中心、接受新技术、开发新产品并开拓新市场，那么他们必须改善其执行能力和运营文化。第一步就是确定执行的障碍以及执行失败的根本原因；第二步是提出一套改善战略；第三步，也是最具挑战性的一步，就是制定一套运营模式，提高能力，并采取新的工作方式以实现未来业务战略。

下一步展望

传统的保险商通常在价值链的某个环节中参与运营及产品交付，这也是需要改变之处（见图 2.8）。保险商应该在价值链的两个方面都有所发

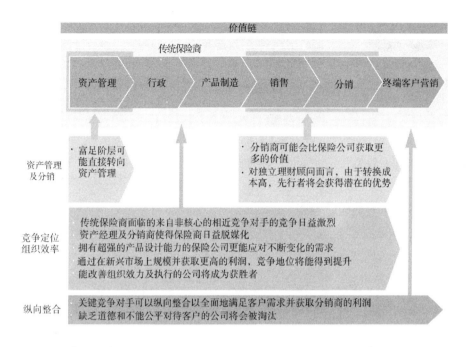

信息来源：博斯公司

图 2.8 关键趋势对寿险及养老金价值的影响

展：向上进入上游的资产管理，向下进入销售、分销及营销。而这需要在目前这种数十年以来最具挑战性的经济及金融大环境下迅速做出战略调整。图 2.9 为寿险及养老金公司指明了面对影响行业的六个趋势所应做出的战略性选择。迄今为止，我们目睹的这些变化发生得非常快。预测并响应这些寿险及养老金行业的趋势，将使得保险商能够掌握自己的命运并建立可持续盈利的未来。而那些未能如此执行的公司，可能会在不远的将来不得不筹集自己的退休金。

关键趋势	保守　　　战略选择的范围　　　激进		
① 竞争环境的变化	仅关注于某些产品线和特殊产品	实现有机的增长并减少成本	收购/整合有吸引力的寿险及养老公司并实现规模经济
② 朝着资产管理转变	资产管理外包	完善有限的资产管理能力	成为成熟的资产管理公司
③ 成熟市场吸引力日益减退	主要公司仅服务于国内市场	主要公司在新兴市场中有一定分布	主要公司在新兴的增长市场中具有一定规模
④ 不断改变的客户需求及公平对待客户原则	坚持"以产品先行"的方针对新产品进行有选择性的投资	逐渐采取"以市场为后盾"的方式	首先采取分市场的方式并适应新细分市场的需求（如50岁以上）
⑤ 分销新模式及新技术的出现	与分销网络及银行建立有力的合作关系	收购主要的分销网络/获得银行保险渠道	积极地建立自己的销售团队(直销或网上销售)并对新技术进行投资
⑥ 转变运营模式、执行及文化	改变运营模式	采取错施，在适应新运营模式时改善执行力	转变过去的运营文化及模式以加速商业化

信息来源：博斯公司

图2.9　保险商的关键问题和战略选择

公私合作——
经济增长新的催化剂

中国持续的基础设施建设带来了巨大的融资需求。但中国远非能够独自解决这些挑战。在指导公私领域合作从而推动基础设施发展方面，全球其他国家提供了不同的方式。

水利、交通、能源和电信基础设施是一个国家的命脉。如果这些基础设施能够规划、资助和维护得当，定能够在支持高标准的生活中扮演重要角色，为商业和贸易乃至国家的全球化提供便捷。尽管高端基础设施和经济扩张有着良好的联系，但很多政府仍靠着微薄的预算度日。特别是那些人口增长和城市化进程迅速的国家，可能没有足够的资金来进行必要的投资。作为应对措施，许多政府机构正运用私人资本、技术和专业知识来资助、发展和管理公共基础设施项目。政策制定者同时发现，当政策和环境相得益彰时，公私合作还能成为经济增长点的催化剂。

公私合作是建立在公共和私营企业之间的互利关系。私营企业合伙人进行大量权益投资，而公共企业获得新的或者改进的服务。如果安排得当，公私合作能够将风险分配给最合适的相关方来处理。公共企业通常能将需求和收入的缺乏、设计和建造、运营和维护、财务、极端环境等的风险转移到私人企业（见图2.10）。以下三个因素促使公私合作，从而刺激一个国家的经济发展：

> 1. 正在进行中的公私合作项目
> 2. 公私合作合同的类别
> 3. 国家的政治、经济政策和机构

实际上，公私合作的成功来自于正确的框架，通过经验丰富的公共和私人顾问来协助设计、筛选和获取高价值的公私合作项目。

风险类型	公共企业	私人企业
需求、收入风险	✕	✕
设计、建设风险		✕
运营、维护风险		✕
财务风险		✕
法律风险	✕	
政治风险	✕	
环境风险	✕	
不可抗力	✕	✕

信息来源：博斯公司

图 2.10　存在于公私合作方中的风险

就单一公私合作来说，在进行合资前建立坚实的框架基础非常关键。在环境合理的基础上，公私合作能创造共赢局面。

> 政府在资产负债表上没有负债的情况下履行其义务，减少赤字，夯实经济发展的基础。
>
> 公众获得比只由政府所提供的服务更可靠、质量更高的服务。
>
> 私营企业发现全新的广阔市场，能够进行扩张和投资，并获取稳定和长期的现金流。

因为这些原因，水利、交通、能源和电信领域的公私合作在全球范围内增长迅猛。公私合作是加强基础设施建设，实现经济增长的长期方案。这个因素与风险共担、资产负债表外资金流动、服务快速提供等一起，共同成为公私合作吸引政策制定者的因素。

依赖于一个政策透明的政府进行公私合作需要做到以下几点：制定富有竞争力的采购流程；精心准备实施计划；针对每个协议进行良好协商，达到价值最大化。关键是要将正确的合作关系和正确的处境结合起来，实现国家的基础设施要求，确保公众的支持，从而带来经济增长。

作为预算限制补充的公私合作

根据世界银行预测，2005 年至 2010 年①，新的投资和基础设施项目的维护将耗去发展中国家 8.49 亿美元。所以，公共领域政策制定者越来越发现他们在缺少资金、人力和专业知识的情况下，难以平衡基础设施上升的需求。

许多政府面临利用有限资源发展必要基础设施的压力。例如，中东和北非地区每年在新基础设施项目上投资 400 亿—500 亿美元，相当于 GDP 的大约 5%—7%。非石油产出国尤其面临公众对于基础设施的压力，这也给私营企业对国家长期发展进行投资带来了机会。

公共基础设施引入私人投资的想法最初可能显得不切实际。毕竟，对于低成本必需品，比如水电以及对于公众利益的保护，使得基础设施长期以来处于公共领域的管理之下。理想状态下，由于政府保持对水、交通、能源、电信的垄断，它应该利用规模经济节省成本的优势，发展和管理这些不可或缺的领域中的项目。

不幸的是，实际情况往往相反：

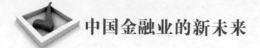

来自公众的压力使得政策制定者将价格压在成本之下，致使这些服务机构处于亏损状态，并使得资金从其他项目转移过来。

人员配备过多，管理不当以及腐败导致支出不合理，预算不足。

可用的资金、技术和人力，无法跟上人口增长的步伐、城市化的进程和基础设施老化的速度。

政府投资于新技术的有限能力和资源，限制了公众获取多样化产品和服务的途径。

世界银行预计，20 世纪 90 年代初期因为无效和间断的定价政策导致的年度损失，几乎和发展中国家基础设施年投资额相等（见图 2.11）。简要来说，政府将其税收和其他费用收入，全部花在了提供和维护基础设施上。

在这种情况下，政策制定者要么继续投资于低水平或者无效的基础设施项目，要么找到替代资金来源。与已经具备资金和经验的私营企业的关系将是这些缺陷的天然补偿。实际上，这种合作关系能改进整体监管和运营效率。

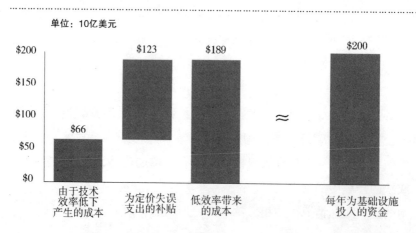

单位：10亿美元

世界银行预计：20 世纪 90 年代初期因为效率低下和间断的定价政策导致的年度损失，几乎和发展中国家基础设施年投资额相等。

信息来源：博斯公司

图 2.11　公共部门在 20 世纪 90 年代初处于效率低下的状态

引入私营企业监管原则，减少错误定价、成本过高和缺乏透明度的问题。

私营企业可持续的定价政策和财务制度为投资资金提供了储备，这也消除了不利于政府机构的财务限制。

更多具有活力的投资来源使得合伙人能满足增加的需求和渠道资源，更好地为客户服务。

私营企业依赖于其技术知识和商业发展头脑，能够吸引和提供新的服务。

总共大约有11种公私合营机制。它们根据风险和潜在收益的逐渐上升，分为四个类别（见图2.12）。这种机制的多样性给项目结构带来了多种选择和机会，使合作者能选择对项目风险和投资者本身属性最佳的模式。比如，租赁和合同模式，风险水平较低（因为其要求的基建投资水平较低），这一模式一般适用于水利基础设施项目，因为这类项目回报通常

租赁及合同	特许	"绿田"	剥离
管理合约	修复、经营、转移	"商人"	部分私有化
政府付费聘请运营商管理设施。运营风险仍由政府承担	私人赞助商对现存设施进行修复，并随后进行经营及转移。赞助商在合约期内承担风险	私人赞助商在政府不提供任何收入保障的前提下建立新设施。私营方完全负责建设、运营并承担市场风险	政府将国有公司部分股权转让给私人实体（或者不涉及私人管理）
租赁	修复、租赁出租、转移	建立、拥有（和/或运营）及转移	完全私有化
政府向私人运营商出租资产并收取费用，私人运营商承担运营风险	私人赞助商对现存设施进行修复，并随后从政府处租用。私人赞助高承担设施本身的风险	私人赞助高建立新设施，拥有其所有权，在承担设施本身风险的前提下进行运营，并最终将所有权转让给政府	政府将国有公司的所有股权转让给私人实体
	建立、修复、运营、转移	建立、租赁、拥有	
	私人开发商建立附加设施或完全正在施工中的设施，对其进行修复并承担设施本身风险	私人赞助商建立新设施，将所有权转让给政府并透过租赁对其进行运营。赞助商承担设施本身风险，并在特许期结束后获得设施的所有权	
		建立、拥有、运营	
		私人赞助商新建设施，获得所有权并对其进行运营。整个过程承担设施本身风险	

信息来源：博斯公司

图 2.12　公私合作类型

较低，所以风险不能太高。而"绿田"模式，需要投资者大量投资，通常应用于具有潜在高收益的电信和能源项目。"绿田"协议是截至目前世界范围内应用最广的公私合作模式，因为它能给政府提供分散风险的最大机会，并给投资者提供最大收益。这在建立、拥有和运营以及建立、拥有和转移协议上尤其如此。

各领域公私合作程度不同

发展中国家于 2005 年总共在 178 个公私合作项目上投资了 950 亿美元（见图 2.13）。尽管大部分项目都属于能源行业，但大部分资金却流向了电信领域。

这些发现将公众利益与个人利益结合起来。向公众提供必要的服务，比如干净的水，就属于公众利益。项目对公众利益关注越多，其收益就越低。因此，如图 2.14 所示，公众利益程度越高，私营企业参与越低。公共政策制定者能利用这一特点，根据其综合基建的需求，战略性规划公私合作项目。水，作为纯粹的公众利益，是一种必须以可支付价格提供的资源。相比而

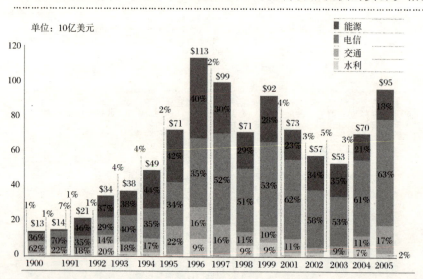

信息来源：2006 年基建项目私人参与数据库；博斯公司

图 2.13 1990—2005 年间发展中国家对不同领域的公私合作的投资

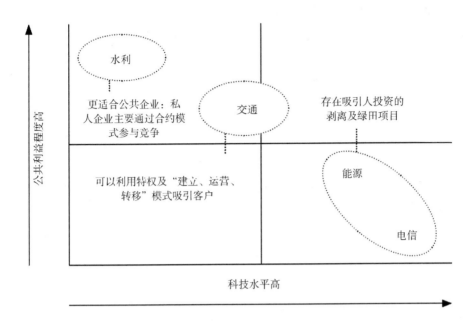

信息来源：Akash Deep 的 2005 年哈佛大学演讲稿《经济发展公私合作》；Mona Hammami、Jean – Francois Ruhashyankiko 和 Etienne Yehoue 于 2006 年 4 月在当年 99 号刊 *IMF Working Paper* 上发表的《基建设施中公私合作的决定因素》；世界银行 PPI 官网的 2007 年水利及能源的政策和更新数据；博斯公司

图 2.14　不同程度的公共利益及科技水平环境下的私人参与程度

言，其投资回报较低，难以吸引私营企业。尽管绿田项目非常普遍，大部分水能相关项目都属于租赁与合同类型。政府在保证输出的情况下，水价预先设定，能使政治和商业风险减至最低。

公众利益程度越高，私营企业参与度越低

交通项目同样被认为是公共利益项目，这也使得它对于私营企业缺乏吸引力，除非项目有很多担保人。另外交通项目还需要大量初始投资。但是，作为长期投资，其具有稳定的现金流（收费），交通项目正在吸引越来越多的私营企业，特别是在公路、铁路和机场领域。交通行业私营企业进入方式有很多，但公路和铁路领域租赁和特许模式最为常见，这是由于

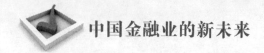
其政治风险和低收益所造成的。

电信领域在发展中国家获得的投资最多。这一领域需要高度的技术知识和相当程度的私人资金的投入。但是，相对较低的公共利益使得电信领域成为吸引投资的高回报领域，时常吸引建立、拥有和运营，建立、拥有和转移的私有化协议。

尽管电信领域价值很高，电力领域也聚集了大量项目。这一领域能被细分为发电、变电和输电子领域，从而带来了私营企业大量的投资。所以，这一领域自然就有助于"建立、拥有和运营模式"，"建立、拥有和转移模式"。

公私合作项目在各国也不尽相同

自从1993—1997年（1997年发展中国家公司合作项目总投资额达1130亿美元）的经济繁荣结束后，世界范围内公私合作项目开始下降。但是，证据表明公私合作可能再度抬头。发达国家正在努力替换或者升级过时和低效的基建设施，而发展中国家正在努力赶上发达国家。许多北非、中东、撒哈拉以南的非洲地区、南亚的国家，甚至中欧国家，正在增加公私合作项目的数量，改变基础设施欠缺的现状（见图2.15）。

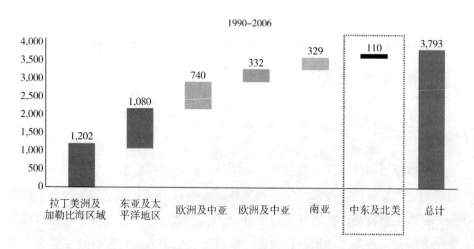

信息来源：博斯公司

图2.15　不同地区的公私合作项目数量

公私合作项目如何推动经济增长

尽管公私合作项目能使得政府资源更加关注于其他公共设施，但如果缺乏正确的因素，他们并不会推动经济发展。公私合作项目的数量、价值和类型，与支持性政策共同推动经济发展（见图2.16）。

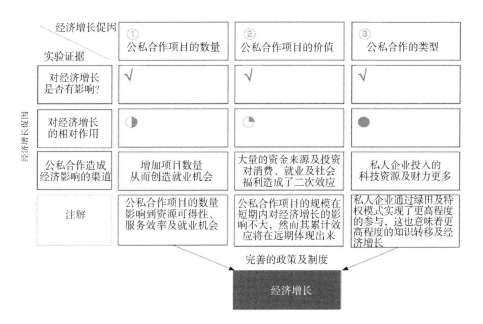

信息来源：博斯公司

图 2.16　公私合作对经济增长的影响概要

公私合作合同的数量

证据表明，一个国家公私合作项目数量越多，其 GDP 增长率就越大。拥有 70 个或者更多公私合作项目的国家，在 1990—2003 年间[②]，GDP 增长率达到 25%。这是因为这些项目耗时都很长，需要大量资本介入，并能创造长期工作机会。工作的增加带动消费，产生更多财富，使得经济更加繁荣。同时也吸引了大量私人投资者进入市场，创造了可持续的经济增长。

公私合作项目的价值

高价值的项目给经济注入更多财务资源和投资。随着公私合作项目带来额外的财务资源，政府支出就相应降低。这样一来，本应该用作基建支出的公共资源就能用在对社会经济更有利的领域，比如教育和医疗领域。分析显示，公私合作投资每增加 1 个百分点，人均 GDP 就会增加 0.3 个百分点。[③]这说明公私合作持续投资能使 GDP 水平大幅度提升。尽管短期来看对于经济增长促进作用比较有限，但长期来看累计作用还是非常可观的。即便将教育、宏观经济、地理因素、体制因素和社会因素全都考虑在内，这一特点也是成立的。

公私合作类型	运营及维护	所有制	投资	商业风险	持续时间（年数）
管理合约	私人企业	公共企业	公共企业	公共企业	3-5
租赁	私人企业	公共企业	公共企业	半私人企业	8-15
建立、设计、运营	私人企业	公共企业	公共企业	私人企业	20-30
特权	私人企业	公共企业	私人企业	私人企业	20-30
建立、运营、转移	私人企业	公共企业	私人企业	私人企业	20-30
建立、运营、拥有	私人企业	私人企业	私人企业	私人企业	20-30
私有化	私人企业	私人企业	私人企业	私人企业	终身

（左侧竖排）私人企业高度参与的类型　　公共企业高度参与的类型

信息来源：WDI2006 年数据；2005 年基建数据库的世界银行 PPI 数据；博斯公司

图 2.17　各类公私合作进行的投资

公私合作合同类型

公私合作合同的类型对经济发展的影响最大。这是因为公私合作合同的类型将会决定私有企业参与的程度（见图 2.17）。当私有企业在公私合作项目中的参与度上升时，这个项目的质量以及知识和资源的传递也会上升。私有企业管理原则应用，与最先进科技和方法的投资一起，产生更节省成本的管理和更易获得的服务。这样，也会吸引更多的私人投资，从而提高整体生活水平。

公私合作合同类型如何改进质量和生活标准

公私合作项目较多的国家，对私营企业参与度要求较高，其基础设施也较为完善。如果公私合作项目类型正确，能源、水供应、电信、交通领域的服务就能少一些延迟，少一些损耗，少一些故障。

在危地马拉，政府实施了公私合作项目后，公众对电力的使用率提高了38%。

在菲律宾，公私合作项目的形成使得公众对水的使用率提高了34%。

在东亚和太平洋地区，因为有着成百上千的能源和水供应公私合作项目，使得这一地区电力延迟和水供应故障的频率，大大低于只有不到100个公私合作项目的中东和北非地区（见图2.18）[④]。

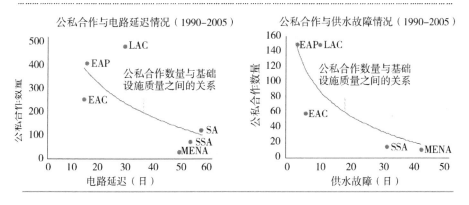

注：EAP指东亚及太平洋地区，LAC指拉丁美洲及加勒比海区域，ECA指欧洲及中东，MENA指非洲中部及北部地区，SA指南亚，SSA指非洲撒哈拉以南地区

信息来源：世界银行；博斯公司

图2.18　不同地区间公私合作数量与基础设施质量之间的关系

进一步来说，高质量的基础设施带来更高质量的生活、更低廉的价格和更高水平的生产力。公私合作项目之所以能提供更高的质量，是因为它

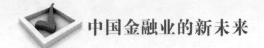

们更少受到财务的限制，能利用更多的专业知识，其运营效率也往往更高。

公私合作项目有助于服务延伸。对于私营企业来说，投资于公共基础设施具有商业前景。产生效益的动力与技术和管理特殊化融为一体，刺激私有企业投资更多的资金乃至扩展和改进客户服务。

公私合作项目运营效率更高。浪费的方案会蚕食掉利润；在公私合作项目中，私有企业合伙人寻找机会引入更有效的方案，减少浪费，提高收入。

公私合作项目交付时间更短。私营企业对于按时交付项目有着多样的动力，包括投资的快速收益、更有效的管理方案与更广泛的资源和资本一起，使得私有企业可以更迅捷地追踪基建项目，以免被公共资金捷足先登。

公私合作项目提供更多的选择和现代化服务。私有企业拥有资金，可以投资于特定的培训、资源、科技。这也使得他们可以比政府提供更多样的服务。私有企业提供更多样服务的同时，也会带来更多样的产品和工作机会。

公私合作项目根据资源和能力分配风险。合理分配风险使那些具备风险管理能力的参与者成为公私合作项目潜在的推动因素。具体来说，公共企业承担政治风险和一定程度上的经济风险，私营企业承担财务、发展、管理相关的商业风险。商业风险一般较为复杂，所以通常需要公私双方共同承担，这也使得双方能够将自身的优势和资源用在对项目有利的地方。但是，风险的分配必须与政治气候和管理政策相结合。未充分研究、理解和分配的风险，可能会导致公私合作项目失败。

政府政策对各国公私合作项目均很重要

吸引公私合作投资项目的关键在于一套合适的监管框架。许多发展中国家机构的建立非常脆弱，货币政策和财务稳定也存在问题，缺乏对私营企业的吸引，政治政策缺乏稳定性和可预见性——私营企业必须应对战争和无力监管的威胁。通常，公私合作项目网络拓展不够，这是因为大部分项目都比较特别，而标准化的采购方法仍待创立——增加透明度，减少时间和采购费用，消除突发事件的风险。尽管公私合作基建项目能给公共企业、私营企业和社区带来好处，但由于其规模大、耗时长和资金密集的特点，也随之带来了一定风险。签订一个公私合作协议成本往往很高，而退出策略又很难形成——卖掉一座大桥一般都很困难。

不足为奇的是，项目的耗时可能会影响投资，特别是当潜在负债大于潜在收益时。另外，公私合作项目资金来源一般为外币，尤其是在缺乏具有流动性的金融市场的发展中国家更是如此。但收入一般是以本币实现，这可能会导致汇兑损失。公私合作项目由于关税限制也会带来商业风险，这在高度监管的市场或者缺乏收入来源的小型市场最为常见。此外，同其他任何投资一样，公私合作项目的现金流受经济危机影响。因为上述原因，私有企业对其投资环境都很挑剔。他们通常在投资公私合作项目前会进行三个步骤的决策流程，而他们在这个过程中所作决策也会影响公私合作项目推动经济发展的潜力。

三个步骤的决策流程是：

是否进入该国市场？

这个问题的答案取决于经济风险、政治风险、市场规模和潜在收益。市场规模大，政治和经济风险低的国家对投资者最具吸引力。

最优的进入模式是什么？

当决定进入一个国家后，投资者下一步就是要决定进入模式。进入模式以行业、风险水平、收益潜力为基础。这一阶段投资者将决定对这个市场投入的程度，也会随之决定公私合作项目的种类和价值。

资源投入程度和知识传递程度如何？

当进入该国市场以后，投资者就要决定分享多少专业知识、投资多少技术、收取多少费用、引入多少新产品，以及其他相关的决定。对于想提振经济的公共政策制定者来说，这一步骤最为关键，因为资源投入程度和知识传递程度是公私合作实现对经济影响最关键的因素。

考虑到这个三步的决策流程，政府的角色显而易见。为了鼓励私有企业进行投资，政府需要将经济风险和政治风险降到最低。尽管有效的政策能刺激公私合作项目，但仍需进行良好的协商以推动整体经济发展。

政府需要最小化经济和政治风险。任何程度的投资对于一个基础设施项目、对于私有企业来说都是有风险的。政府无法避免世界市场的波动，但它可以在可控范围内将政治和经济风险降到最低，以带来更多的公私合作项目。

政府如果建立了健全而有效的反贪污政策、较低的商业交易成本、透明的法制系统、稳定的汇率和货币，那其所在市场对私有企业也会更加有吸引力，尤其对于资金和知识密集型的项目来说更是如此。具备条件的政府应该利用这些优势，因为改革比较容易实现。

保证经济整体稳定性的政策也会降低私有企业的财务风险。比如，一个拥有独立中央银行的国家通常受政治影响较小，显然比一个没有稳定货币政策的国家对私有企业更具吸引力。在预算流程中考虑公私合作项目也会带来稳定的收益，因为决策的基础是可支付性和项目回报率。

另外，处理公私合作项目确定的标准，以及制定和维持公私合作协议的清晰规则表明了这样一个信息：政府组织有序，希望私有企业投资于该国。政策制定者随后应该将这个信息传递给公众，获取支持。

政府需要优化私有企业投资，最大化公私合作项目对经济的促进作用。公私合作项目的合同类型将决定其对经济的影响，更多私有资本参与的公私合作将会促进 GDP 的增长。所以，政府需要推广和协商合同条款，鼓励私有企业投资更多的资金、专业知识，提高产品的可选择性。应该通过成本/收益分析和投资收益能力来筛选潜在项目，同时也必须通过其经验和财务状况来选择私有企业合作方。

作为回报，政府需要对减少私有企业投资风险作出保障，比如收入和产量最低值、资产回购、出货协议。政府必须小心分配风险，因为风险的错误分配是导致公私合作项目失败的首要原因。

同时，合同应该包含奖惩措施，确保私有企业以最好的价格给消费者提供最优质的服务。过多的保障可能会带来垄断，致使私营企业失去对效率和质量的控制。所以，为了取得成功，这些保障必须建立在对项目风险、合作优势、项目联合的详尽调查之上。

政府应当确保有效的监管系统，最大化资源利用和知识传递。通过降价、提供更多服务与可用性来为客户和政府产生效益。但是，竞争市场不是天然就有的，政府需要设立政策鼓励竞争。

竞争报价透明的流程与清晰定义的规章制度和选择标准，是吸引高质量私有企业的关键。采购流程同样也需要简洁和尽可能地直截了当，项目也要有清晰的框架和合伙检查流程、项目范围、风险承担者、协商步骤。现实的时间表和公平的竞争性流程将会进一步降低政府的风险。

同时也需要建立独立的监管机构来监测绩效，包括关税和质量，以及减少政治干预。世界范围内的证据显示，独立的监管机构能提供关键的检查和平衡，时刻监督私有企业，这些机构的建立也显示了政府改革的决心。通过展示商业领域的公平性，政府也能吸引更多的私有企业进入市场。

英国的M6：交通公私合作项目引导社区再投资

受M6干道长期拥堵的困扰，伯明翰西北区需要支线道路来解决这一问题。由于自身无法提供足够资金，英国政府1991年决定推出设计—建造—运营—维护—融资的特许协议，新建27英里、六车道的M6收费公路。政府推出了时间跨度53年、耗资17亿英镑的项目，最终这成为了英国第一条私人出资兴建的收费公路。

除了设计标准变革的特例，由麦格理基础设施集团带领的特许项目团队，考虑了项目所有风险，包括规划、交付、成本、质量、收入和法规。团队利用自身的技术能力和经验、长期决心、技术质量和授权、整合的合同，与项目赞助人高速公路机构保持良好的关系，成功地控制了这些风险。

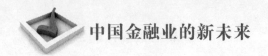

2007 年，麦格理基础设施集团为其债务再融资，预计将给该机构带来 7 亿美元的收入。它承诺将收益的 30% 投资于其他公共项目，继续加强这一地区的基础设施建设，并且不让公众承担成本，因此为 M6 收费公路带来更多的交通流量。

确保经济稳定性的政策将会最小化私有企业的财务风险

匈牙利的 M1/M15：缺乏明确的政策和风险控制，导致公私合作项目失败

公私合作项目的成功依赖于制定正确的政策、合理的风险分配和控制。当政策不到位时，项目就会失败，这往往会损害纳税人的利益。

在 20 世纪 90 年代初期，匈牙利政府为一条高速公路设计了雄心勃勃的计划，使其对外国投资者更具吸引力。作为第一个项目，M1/M15 将连接布达佩斯、维也纳和布拉迪斯拉发。因为债台高筑，无法提供这个项目的资金，匈牙利政府进行了多项研究，得出这一项目可以完全由私有企业提供资金来源的结论。

一个 35 年周期的收费公路计划授予了匈牙利欧洲高速公路联盟（HEEC）。这一机构由法国 Transroute International 公司带领，还有其他九位权益合伙人和欧洲重组及发展银行。HEEC 负责设计、融资、建造、收费以及高速公路运营和维护。这个机构在设定收费标准时，同时也接受了一切风险。

由于预计的交通流量存在夸大，导致实际收入少于预计收入。另外，高收费和竞价流程的不透明使 HEEC 面临官司。当私有企业面临破产威胁时，政府拒绝重新谈判。最终投资彻底失败，政府不得不将项目国有化。这样一来，虽然公路不再收费，但也失去了私有投资，高速公路的进一步发展也因为缺乏资金而暂时停止。

在之后的 M5 项目中，匈牙利政府改进了协议的结构。与以往将风险全部推给私有企业不同，政府采取了更加公正的方法，承担更多的风险。考虑到公路交通固有的不确定性，匈牙利政府提供了收入保障，确保项目

财务能力、规避首要风险。此外，政府雇佣经验丰富的技术、交通、财务、法律顾问，确保风险的良好分配和收入支持机制。项目后来取得成功，成为类似项目的典范。

公私合作项目成为国际发展的基础

基建公私合作项目可能成为推动经济增长与发展的巨大动力。公私合作项目已经被证明是连接需求和资源、质量和可获得性、风险与收益的桥梁。与私有企业分担风险的能力、外部财务资源的利用、私营企业投资的利润和智力资本，使公共政策制定者在分配人力资源和财务资源时，具备了更大的灵活性。快速发展的新兴经济体，尤其是中东和北非区域的国家，基建公私合作项目使其经济发展获益匪浅。

总而言之，公私合作项目能对一个国家的 GDP 产生正面影响，但是，它们也不是万能的。它们对于经济增长的影响，完全依赖于这个国家公私合作项目的数量和价值、合同的类型，以及政治和体制环境。政策制定者必须在开展一个公私合作项目之前深刻评估这些因素的影响。

这意味着政策制定者必须为基础设施发展设计一项策略，随后确保他们的行动在既定政策的监管下能确保策略目标的实现。在公私合作项目进行之前，对公私合作项目有利的环境必须已经建立完毕，以吸引私人投资者，鼓励国有企业的支持，确保项目的长期成功。

建立内部的公私合作项目支持者是创立适合于公私合作项目环境的第一步。支持快速决策、竞争报价、透明度的政策也必须同时到位。每一个步骤中私有企业的利益必须与公共安全取得平衡。每一个公私合作项目都蕴含着全新的、不一样的机会来指引经济发展。所以，每个项目都需要按照其具体情况评估、判断和选择。

第三方信任的顾问具备公私合作项目复杂结构的知识，了解推动经济发展的因素。他们能在建立公私合作项目支持框架中提供帮助。这些顾问同时也应该具备设计广告、判断模式的能力与知识，使高价值的公私合作项目产生经济效益。

当理想的环境成型后，公共政策制定者可以描绘更有效、更有活力的蓝图，使私有企业可以提高服务水平，提升公共基础设施项目的质量。作为回报，政府可以在其他公共利益领域投入更多的资源，使经济更加繁荣和开放，在全球化的过程中处于有利位置。

尾注

1. Clive Harris，《发展中国家私营企业对基础设施建设的参与：趋势、影响和政策经验》，世界银行工作文件第 5 期，报告号 26526，2003 年；Akash Deep，《融资发展中的公私合作》，哈佛大学演讲，2005 年；Marianne Fay 和 Tito Yepes，《投资基础设施：从 2000 年到 2010 年需要什么？》，世界银行政策研究工作文件，3102 号，2003 年 7 月 17 日；博斯公司。

2. 世界银行集团，2006 年世界发展指标；基建项目中私有资本参与数据库是世界银行基础设施经济和财务部以及公私基础设施顾问委员会共同成果，2005 年；博斯公司。

3. 分析基于计量经济学回归。

4. Clive Harris，《发展中国家私营企业对基础设施建设的参与：趋势、影响和政策经验》，世界银行工作文件第 5 期，报告号 26526，2003 年；博斯公司。

危机四伏的金融领域并购
——成功整合的七个步骤

资本市场的剧变正带来数十年来最为显著的结构性调整，并为西方金融服务机构创造了历史性的机遇：并购竞争对手、收购竞争对手旗下部门的资产。各国政府在对深陷困境的金融领域进行干预时，也鼓励这种重组行为。例如，美国财政部正在购买那些境况堪忧的银行，而这些资产最终仍将重归市场；其对金融体系所注入的数以千亿的资金将被部分用作并购；他们甚至分担了金融服务企业并购案的部分风险。欧洲央行也正通过提供流动性和贷款担保等措施加大他们的干预力度。强化政府对金融机构的监督这一监管性调整似乎势在必行。

尽管金融领域的高管们有着多年的并购经验，但是在这样一个空前的市场震荡、整合及资本流动的情况下，他们需要一套新的准则和流程。他们特别需要预防被并购方资产的意外事件，并采取新的措施向客户和员工保证稳定性和可靠性得以保持。最为重要的是，他们必须制定一套按部就班的计划，以确保对整合的早期阶段进行仔细筹划及密切关注，由此并购的持续成功概率才能得以显著提高。

新一轮并购的爆发

近几个月来，我们面临着一次数十年来影响最为广泛的信贷危机。全球的银行以及其他金融服务企业遭受了巨大的损失，而证券市场的紧缩加剧了这种动荡。金融服务企业的股价随之急剧下跌，使得越来越多的企业成为理想的收购对象（见图2.19）。

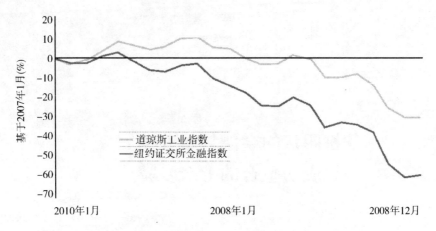

信息来源：华尔街日报；博斯公司

图2.19　金融服务企业的股价跌幅超过其他行业

　　倚仗政府支持或指导，部分机构抓住这次机遇收购竞争对手，由此扩大规模并寻求从市场的不连续中获益。例如：巴克莱银行收购莱曼兄弟、美国银行收购美林证券、摩根大通收购贝尔斯登和华盛顿互惠银行。部分此类的并购方正努力扩大规模，以求达到一种"大而不倒"的地位。另一些机构的目的则恰恰相反：剥离不良业务并采取成本效益措施，以冀提高其韧性。此类活动在零售银行、抵押贷款、投资银行以及其他领域正不断出现。

　　为了保证金融市场的稳定，政府和监管方对这次爆发的并购采取了一种前所未有的宽容态度，允许、甚至鼓励这种行为。近期的发展态势令人惊喜：政府为那些希望接管问题企业、改善资产负债情况、参与市场重组的机构提供了颇具吸引力的融资方案。

　　过去，并购通常未能满足发起者们对于价值创造的高预期。如今的情况也一样，许多机构并没有准备好迎接这次大规模的整合。首先，他们缺乏能够完全了解并购对象内在价值的工具及相应流程。因此，一旦收购了整个机构或某个部门，他们通常会清楚地认识到整合计划考虑得并不周全。

　　并购方通常会利用所熟悉的方式完成新一轮的金融领域并购。即使是一方或双方对品牌名称做出变更，高级管理层也会致力于保留双方的重要客户。尽管金融机构的运营模式会发生改变，分支机构或办事处会被关闭，但是企业仍将关注于客户细分，并提供连续的服务。为了取得这种微妙的平衡，企业需要学习如何通过向另一家机构的客户提供交叉销售而获益。

此外，通过解决文化差异、设计大规模的内部沟通计划并实施大型培训项目，企业将对挽留并激励专业人员的必要性有一个深入的理解，高管们将掌握进行一贯复杂的运营及技术平台整合。当然，并购方的负责人对如何削减多余的销售团队、分支网络以及整体间接成本也会成竹于胸。

三个新成功因素

在困难时期，必须从另一个角度来看待并购流程：在这一过程中，整合成功的三个因素变得更加重要。

首先，也是最重要的，并购方的高管需要快速评估、控制并管理企业的风险。整合团队必须迅速判断业务手册的状况，寻找目前环境下的不稳定因素（如：金融衍生品和抵押贷款型证券）。这一点在如今的情况下显得尤为重要，尽职调查团队的时间非常紧迫，难以对并购对象的财务报表进行深入评估；由于使用了新型杠杆工具，这些财务报表变得错综复杂。此外，管理者还应该抑制住立即解雇参与不良信贷审批的员工的冲动，这是因为其熟知相关交易及内部程序。

其次，在一个对银行仍充满疑虑的市场中，管理者需要认识到，即使是轻微的运营失误都会影响到客户从而导致他们另投别家。目前并不是将运营改善凌驾于客户忠诚度之上的时机。因此在过渡期中，并购方需要特别关注信赖度，即使是在一段时期内同时运作两个平台也在所不惜。

第三，牢记被并购方的员工可能因曾工作过的企业声名受损而在精神上遭受了打击，因此，提高被整合员工的士气并赢得这些新员工的忠诚尤为重要。这需要一套公正透明的评估流程，以鼓励胜任的员工仍能留在整合后的组织中。

整合的七步规划

为了应对传统的挑战和新的挑战，我们提出了一套七步流程。该流程能使高级管理层在清楚地理解战略意图及方向的情况下运作整合项目——从早期的尽职调查阶段直至最后的整合。仓促地制定流程通常会使得合作者感到困惑并导致整合偏离轨道，因此整合团队必须避免出现这种情况。整合的七个步骤涉及规划整合团队中不同的小组，这些团队通常独立地或共同地负责整合工作的各个方面（见图2.20）：

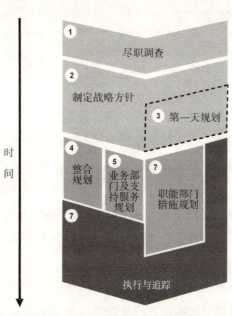

信息来源：博斯公司

图2.20　博斯公司的银行并购整合方法

1. 尽职调查。由于交易日趋复杂，除了最基本的财务分析和精算分析外，尽职调查团队还必须承担更多的责任。他们需要理解新的市场细分、市场趋势、对象企业的技能和能力、竞争格局的构成。这种详细规划使得管理团队能够在目标企业战略适合度、最重要的整合挑战、如何整合收购目标等问题上做出明智的决策。尽职调查团队需要在很短的时间内建立这种更为全面的观点。

2. 制定战略方针。在此阶段，高级管理团队应该就设定关键整合目标及财务目标开展深入讨论。整合负责人需要设立治理结构，使得整合团队的成员能迅速地关注于各自特定的任务。在此阶段结束时，组织应该能对整合后的业务、新的组织如何创造价值、实施战略意图的关键规划等有着清晰的理解。随着社会及政界对更健全的银行体系的呼声不断高涨，领导团队需要让外界了解：他们将保证存款安全，维持谨慎的贷款政策，对高级人员制定责任制薪酬政策。

3. 第一天规划。一旦并购交易结束，最关键的是高管们必须马上致力于与交易公告和业务连续密切相关的关键活动。这些活动包括：内外部沟通措施、以速赢为导向的业务决策、商业团队工作重心调整、信贷额度调整、同类服务定价以及部分人事任命调整。此外，还需要认清将会有哪些信息技术和运营方面的潜在障碍。

4. 整合规划。整合团队将在此阶段进行组建。这些整合团队应该涵盖多个职能，即团队应该由具备各种专业知识的成员组成，而不是仅仅由分析师等单一人员组成。与其安排只能发挥部分功效的管理人员予以协助，不如直接以最好的人员组建团队，并对团队进行明确的授权。团队组建完毕后应立即着手制定涵盖关键里程碑事件和相互依赖关系的指导性规划。由于风险管理、IT、物质基础设施的完善将对业务部门发挥职能产生更为深远的影响，因此这些相互依赖关系变得越来越重要。最后，团队成员必须为所提供的产品制定短期和长期的品牌战略以及优化方案。整合规划将使高级团队清楚地了解如何完成整合。

5. 业务部门及支持服务规划。在这一阶段，来自业务部门和支持服务部门的人员将细化他们各自的规划，从而使整个责任制更加完善。作为业务部门规划的一部分，这些团队需要制定活动及负责方的全面清单、详细的工作规划、对资源需求的评估、风险规避计划以及接下来成果追踪所用的关键绩效指标。

6. 职能部门措施规划。接下来需要把不同业务部门或IT、人力资源、沟通、营销等支持服务部门人员所组成的团队聚集在一起。这种跨领域的融合有助于确定并解决合并后所面临的一系列挑战：沟通专家能确定向内

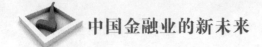

部及外部各利益相关人员传达信息的合适渠道；IT 人员能设法开发或调整应用程序以便为整合提供支持并弥补产品及服务中的差距。如同前一步中那样，团队需要细化他们的规划并确定相互依赖关系。

7. 执行及追踪。项目办公室是一个负责集中协调及控制的机构。在执行的过程中，它必须与业务部门和职能部门共同合作解决员工评估、培训、系统开发及迁移、成果追踪等最关键的问题。通过一套由业务工作团队和职能工作团队不断更新的追踪体系，整合团队应该根据详细的章程对进程加以监控。在 IT 方面，在被并购企业或部门最终整合入并购方体系前，需要进行数次模拟以确保可靠的迁移。这通常包括在部分分行（银行）或地域（保险公司）进行试验。

整合方法	部分整合	接管、吸收		强强联合	转型
整合步伐	获得100%的反馈并达成一致			越快越好（80/20法则）	
整合领导人职责	进展监督者		进展管理者		整合领导者
价值创造的来源	自上而上，分散化		区域/业务部门领导		自上而下，集中化
机遇决策	成本削减		收入		IT/运营转型
正式架构、流程及体系	保守			外延、快速进行	
领导层及员工选择	保持独立	业务部门经理		二选一	建立新方式
人员保留	获得团队控制		业务部门/地区部门管理		最佳团队
	有选择地被动保留			有目标地主动保留	
对非正式文化变动的干预	被动、反思			主动	
所期望的文化	共存	一者独大		地区/业务部门领导	构建新文化
沟通方式	仅根据事实和决策			包括有待解决的问题、整合情况	

信息来源：博斯公司

图 2.21　整合方案及权衡

抉择及权衡

对于整合计划的各个方面，都有一系列的方案可供选择（见图 2.21）。整体的规划设计由对这些方案的选择所共同决定。例如：当竞争十分激烈时，为了维系客户，新整合的企业必须迅速投入全面运营，对整合步伐不

能过多考虑，因此，尽职调查及规划阶段不能获得100%的反馈。在这种
情况下，只能采取第二列所示的获得80%的反馈这一方案。

采取正确的方式

即使是满怀希望，企业也会为成功的并购后整合所涉及的细节而头痛
不已。需要对治理及整合架构、规划、执行及成果追踪这三个独特的运营
活动进行调整。对于每个领域，未能成功整合被并购方的企业通常有着共
同的缺陷。例如：他们可能忽略了建立专门的结构和团队以管理整合的必
要性，或未能在一开始就阐明整合阶段的战略意图及战略目标。在此，我
们为企业提供一份有关并购后整合阶段常犯错误以及如何避免这些错误的
行业典范的清单（见图2.22）。

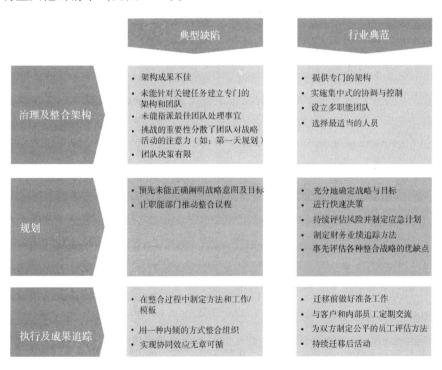

信息来源：博斯公司

图2.22　金融服务领域并购后整合的缺陷及行业典范

结束语

两家企业文化差异巨大的不同机构间的整合通常需要一套具备专门架构的规范化方法。但是，如今的环境更为严峻。随着银行、保险公司以及其他金融服务机构对其并购机遇作出评估，他们需要自问是否具备以最精炼、最有效的方式进行整合所需的必要能力和成功经验。在过去较为简单的环境下所积累的经验也许并不充足，而且这些经验对于规模更大的同级别机构并购也并不全部适用。当前如此严峻环境显然为幸存者和整合者提供了历史性的机遇。金融机构如果能利用这些并购机遇，并以周到和保留价值的方式对被并购方进行整合，则最终将成为行业的强者。

打造新的金融领导者

 建立客户为中心的企业机制
——从推销产品到赢得顾客

经济危机让众多企业陷入了困境，对于许多企业来说，一方面需要解决短期过冬的问题，另一方面需要作出经济复苏时的准备。于此，有机增长（Organic Growth）的重要性日益突出（有机增长指的是企业通过内部的改造、革新、挖潜、激励来提高竞争力，扩大市场占有率，取得可持续的增长，也就是我们常说的企业的造血功能，而非靠"体外输血"，比如兼并重组、资本运作等）。开发新产品和服务是实现有机增长的一种途径，但是这种增长会因为竞争对手的模仿而难以持久。这样，反应灵敏的企业越来越注重为客户提供独一无二的个性化产品和服务，并花大力气来满足客户的独特需求。

然而，很多公司都会面临的一个问题是：如何在不增加成本的前提下尽最大可能满足客户需求？博斯公司认为，建立一个真正的以客户为中心的企业是最好的解决方案。

真正以客户为中心的企业与一般标榜"客户至上"的企业区别何在？简而言之，前者除了喊口号之外，还会脚踏实地地围绕着客户调整企业的整个运营模式，并在这一过程中兼顾两头，既考虑客户的满意度，又增加企业的自身盈利。客户为中心的企业不仅仅理解客户的价值，他们也理解客户对企业生死存亡的重要意义。在精心定义和量化了的客户细分战略之下，他们调整运营模式并重新设定业务流程，如产品研发、产生需求、生产调度、供应链等等，用最低的成本为消费者提供最大的价值。

许多中国企业很早之前就开始喊出"客户至上"、"客户就是上帝"的口号，但是真正能"以客户为中心"的中国企业实在是少之又少，客户中心制，实则是中国企业的一块短板。如何从产品中心制企业过渡到客户中心制企业，是中国企业亟须跨越的一个难题（如图3.1）。

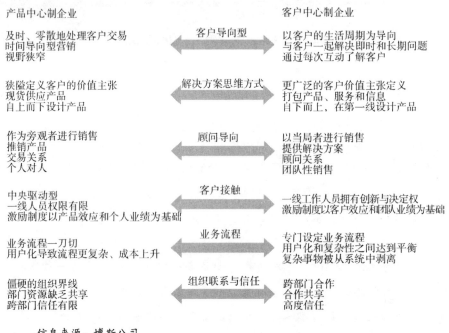

信息来源：博斯公司

图3.1　从新产品中心制向客户中心制转型

博斯公司通过对多家消费品和服务性公司所作的调查显示，那些成功地实现有价值用户定制化并有效传递给客户的企业，利润增长率是同行的两倍，比竞争对手利润率高出5%—10%。为了达到这一目标，企业必须说到做到，在企业内部进行大幅度的变革。只有这样，企业才能化被动为主动，从一味地推销自己的产品转变为向客户提供真正具备价值的产品，从而真正地赢得顾客。那么如何才能成为真正的客户中心制企业？博斯公司通过对多家不同行业的公司研究发现，要成为客户中心制企业，关键在于如何平衡客户满意度和公司利润之间的关系。而要想达到这种平衡，企业必居具备以下六点制胜要点：

注意客户生活周期

现在很多企业在处理客户的关系时，大多数都将客户的购买行为视为零散的、没有关联的一系列交易事项，这样就有些狭隘。他们首先就忽略了客户选择他们产品或者服务的动机，因而更加不会注意他们长远的需求。如果是这样，就算你在 CRM 上投入得再多，也难以起到任何拉动销售的作用。真正的客户中心制企业视野要广阔得多，他们的营销已经超越了简单独立的事件性营销，而是关注于客户生活周期导致的需求变化，比如消费者结婚、买房、生孩子或者其他一些生活变化，都会导致其需求的不断变化。

一些精明的企业善于运用专门的信息技术来跟踪消费者生活周期变化，比如亚马逊网站（Amazon.com），他们一直注重分析客户的购买行为和浏览偏好，然后向客户作专门的推荐，这就是成功的生活周期营销。

用解决方案吸引客户

遵循这一理念，很多公司从现货供应改为为客户定制产品或服务。这一目标是要按照客户的特殊需求为客户制定一套专门的产品方案，并附以详细的咨询和建议，为客户提供最方便、最实惠的解决方案（如图3.2）。但这一做法的难点在于如何兼顾利润和消费者的满意度。

国内企业当中，华为公司在这方面的表现可圈可点。华为在全球金融危机中逆市而上，2008 年保持良好发展势头，这与其以客户为中心的理念是分不开的。华为最擅长赢得客户的，是其为不同客户提供的各种针对性强的"解决方案"。在华为内部，从 CEO 到普通员工，都把客户的要求当

行业	传统产品 = 传统价值主张		+ 附加值服务 =	客户为中心价值主张
卡车制造	卡车	"我们制造并销售卡车"	财务服务	"我们能帮您延长卡车使用寿命、减少交通成本"
航空制造业	航空紧固件	"我们出售高品质的零件"	应用、设计支持	"我们能减少您的运营成本"
公用事业	电力	"我们提供稳定的电力"	能源设备维护	"我们能帮助您减少能源成本"
化工	润滑剂	"我们销售各种类型的润滑剂"	用法指导：成分分析	"我们能为您改良机器"
医药	药品	"我们出售药品"	产品支持、以结果为导向的信息数据库	"我们能帮助您的病人尽快康复"

信息来源：博斯公司

图3.2　基于客户价值主张的解决方案

成最高行动纲领，公司的每个流程、组织、管理制度都与这个要求相一致。为此，华为还配备了一支专注、投入、奉献的员工和干部队伍，快速响应客户的需求，为客户提供高效的解决方案和服务。

向客户打包你的建议

以客户为中心的企业在卖出产品或服务之前，便开始了与客户的沟通，并一直把沟通持续到客户购买和购买之后。当然，这些要在考虑控制成本的前提之下进行（如图3.3）。

很多行业，包括金融服务业，已经开始与客户建立这种度身定制的顾问关系，但仅限于那些大客户。那些领先的银行，正在通过发展创新的"打包建议"和相应的技术，增强市场渗透力。花旗银行的 Citipro 财务分析工具就是个很好的例子。客户只要提供家庭财务状况，Citipro 财务分析工具会为客户自动生成一个理财方案，客户经理会当场向客户征询意见和确认。这样一来，客户接受了理财教育，花旗银行也赢得了消费者。

一对一的用户服务

与客户接触最多、对客户了解最深入的，往往是企业的一线员工，但是通常情况下，企业的客户管理、产品定价、营销和创新都是由高层决定，从上而下贯彻执行。

丽兹酒店（Ritz Hotel）采取了完全相反的顺序，他们给接触客户的一

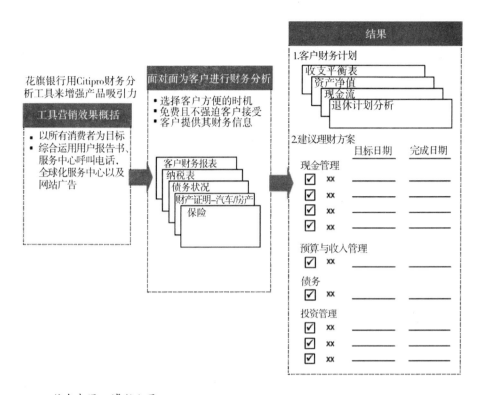

信息来源：博斯公司

图3.3 在销售之前的客户支持能显著提升客户购买率

线员工作决定的权限和义务，让他们有很大的自由空间来满足和预测客户需求。酒店员工可以当场处理客户的投诉，并有权在公司规章制度下对消费者的不便和损失进行适当赔偿。

当然，并不是每个与客户的互动都必须是实际发生的，这样会抬高成本。成功的公司努力为消费者提供综合的、多渠道的体验，他们将零售网点作为售后服务枢纽。一些自助服务渠道比如电话、网络能有效地应对日常服务需求，但是经验丰富的销售人员和客户代表更能处理好较为复杂的客户交易。在私人服务和后勤服务上找到平衡点，是成功建立客户中心机制战略的要诀。

国内的企业当中，建行的网点转型是个不错的例子。为了更好地与客户沟通并服务客户，他们引入了大堂经理这一标志性的角色，并按照人性化的服务理念要求引入了个人业务顾问。同时，为了提高客服工作效率，建行还将柜员细分为高级和普通两种。其中，大堂经理积极地解决客户所面临的一切问题，有针对性地根据客户的个体差异为客户提供最合适的方案，解决客户的问题，是客户首先接触并了解的对象。除了大堂经理，建行还安排了个人业务顾问，为客户提供更为专业的服务，为客户讲解各类专业知识。个人业务顾问负责发现销售机会并及时推销建行的各类理财产品，正确引导客户。建行的这种人员安排，为客户提供了更专业、更个性化的服务，是"客户中心制"的一种体现。

为客户度身定制业务流程

很多企业在从产品中心制向客户中心制转变的过程中失败了，最主要的因素是成本控制失败。很多情况下，企业都试图在旧的产品中心制的流程之上开辟一次性的工作区来为用户提供个性化产品和服务，这就会导致成本的上升。一个能避开这一陷阱的方法，就是博斯公司所谓的"定制化业务流"（Tailored Business Stream，简称 TBS）。这一技术将复杂的程序和无法预测的要素转变成为客户化流程，在系统内将成本控制到最小。

据我们的经验显示，这种标准化手段能够以高性价比方式为客户提供独特的用户体验。比如，我们用定制化业务流帮助一家美国顶尖银行的服务中心缩短了一半的执行时间，并增加了 50% 的客户满意度。与此类似的，TBS 还为一家航行器制造商缩减了几十亿美元的费用结构。TBS 同样帮助一家电信服务供应商实现了用户翻番。

中国企业中，在这方面值得一提的是海尔集团的以"订单"为核心的流程再造。为了更好地把握和满足消费者需求，海尔曾以"市场链"为纽带对组织机构进行战略性调整，再造流程。在流程再造前，海尔各产品事业部都有自己的成品库，生产计划完全按市场预测和安全库存来安排，42个工贸公司也根据各个渠道的销售情况留有安全库存。由于信息的不对称，大卖场紧俏的冰箱型号却迟迟不能供货，预订后到货周期要 60—70天，销售不俏的型号却常常有大量库存积压。在分析现有的问题和流程后，海尔引进了完全以"订单"为核心的流程再造模式。这样，其业务代表要货直接向商流总部下月度滚动订单，并且要管理到渠道的库存、要货和销售环节，并对订单负责，对订单的执行进行考核。

流程再造后，海尔的各产品事业部取消了成品库存设置，因为所有的下线的产品已经在生产前就知道谁下的订单，什么型号、需要多少、什么时间配送到什么地方。在实施商流订单系统时完全按再造后的流程进行设计，系统成为获取客户订单、进行订单审核和订单处理的平台。通过流程再造，海尔实现了前台获取订单、后台物料采购、生产制造和物流配送的信息同步，真正实现按单生产和按单配送，大大提高了对用户需求的反应速度。

企业内部及企业间通力协作

最后，客户中心制企业需要一种新的合作文化。旧的产品导向型销售文化主张各行其道，而在客户中心制企业完全不是。在企业内部，企业要培养必需的合作精神，在内部范围内建立跨部门的联系。主要的财务和运营标准需要改变。各个层级、各个部门的员工都需要对消费者需求有深入的理解，这样才能为消费者提供最好的服务和消费体验。要想改变员工态度、促进跨部门合作，需要在企业内部有个大的变革，来激励各个级别的员工参与建设客户中心制企业。人心齐，泰山移，只有通力合作，才能建立起成功的客户中心制企业。

按照客户不断变化的需求设计对应的方案需要通力合作，跨部门、跨产品线甚至跨越企业边界的合作。比如华为，为了更好地把积累的技术能力与客户需求相结合，华为与沃达丰、西班牙电信、意大利电信等一流运营商成立了联合创新中心，华为的工程师与运营商的工程师坐在一起讨论网络的演进方向和解决方案，以客户需求牵引产品研发方向，提供客户化的定制网络解决方案。

还有一些客户中心制的企业甚至会定期地敞开胸怀与竞争对手合作，共同满足消费者的需求。例如通用运输集团的航行器引擎部门，不仅仅制造和销售自己的喷气发动机来修理和维护其他的引擎，还像修理自己的产品一样修理竞争对手的产品。

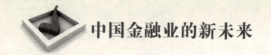

告别陈词滥调

很多时候，以客户为本是很多企业在年终报告和价值主张中常常提起的冠冕堂皇的口号。就像陈列展示的橱窗一样，这一口号渐渐成了企业高姿态的陈词滥调。本文中所谈到的建立客户中心制的六个步骤，绝不是嘴上功夫。他们能为企业构建全面改革的基石，将变革提上议程。变革失败的企业会在行业竞争中处于不利地位，成功在于告别过去一味的陈词滥调，要说到做到，建立一个真正的客户为中心企业。

以客户为中心的组织变革

随着中国的银行服务业市场的不断增长，各家银行均表示希望以客户为本，"提供卓越的客户体验"成为许多国内银行立志实现的服务口号。这一志向既顺应中国金融服务领域不断推进的现代化进程，也符合中国的"为人民服务"精神。上一章节中，我们确定了以客户为中心的组织的六大特点，即注意客户生活周期、用解决方案吸引客户、向客户打包你的建议、一对一的用户服务、为客户度身定制业务流程、企业内部及企业间通力协作。对银行而言，要成为真正有效的以客户为中心的组织，意味着需要持续地将以产品为中心的心态转为以客户为中心的心态，在深入理解每位客户、客户群当前需求及新需求的基础上，通过差异化的方式向客户进行销售并提供服务。这也意味着需要从上至高层管理人员下至前台人员逐级贯彻，由此，整个组织能根据客户需求进行运营和思考，并寻求出最有效的方式为客户提供全面的解决方案。

本章节中，我们将探讨以客户为中心的组织对国内银行的重要性，银行在有效地设计与实施这一架构时，应遵从哪些指导方针和如何努力确保成功。

以客户为中心机制对国内银行的重要性

在全球经济低迷期内，尽管中国的情况好于西方国家，但国内实体经济仍受到了负面影响，特别是在出口领域。银行目前需要巩固与最佳客户的关系，同时有选择性地获取新的优质客户，从而以盈利的方式提高业务

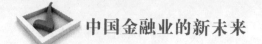

量，并避免在今后出现不良贷款。对于银行而言，"以客户为中心"不再仅仅是口号，特别是国内银行已认识到发展零售银行业务、中小企业银行业务及中型企业银行业务并实现业务多元化的重要性。银行所需服务的客户数量及相关复杂性将在未来呈指数式增长。目前，国内银行应该采取行动，转型为以客户为中心的组织，从而做好准备，迎接中国下一波的增长并获得巨大的回报。

以客户为中心的组织会为银行带来三大重要好处：

更高的客户挽留度及客户占有率

客户将能得到更多的相关解决方案，从而解决其财务和非财务方面的需求。由于客户更愿意与同一家银行进行业务往来，银行也能由此巩固其主要银行的地位，而这种客户关系的收益率也最高。研究证明，客户从某家银行所获得的服务越多，银行的客户挽留度也越高。

更高的员工劳动率及满意度

随着员工的价值和职业水准不断上升，雇主将对员工更满意。这对于人才短缺情况严重的中国金融服务领域而言尤为重要。挽留并发展高素质的员工是未来成功的保障。

为股东创造更多的价值

银行能够以持续的方式显著改善收益及回报。发达市场中的事实证明，以客户为中心机制能有效地深化客户关系、扩大业务进项。随着中国银行业市场的不断发展，国内银行的成熟度和行为方式将与发达市场类似。例如，美国富国银行是一家以客户为中心的银行，服务对象是中小企业、大众零售市场以及中型企业。每位客户所使用的产品数量约为 6 种，这一数据显著高于亚洲的银行。尽管过去两年里美国经历了严重的金融危机，富国银行的情况仍好于其他银行，仍能够在危机中利用并购实现扩张。通过对美联银行的收购，富国银行的销售业绩在美国银行业界名列前茅。2009 年一季度，其股权收益率仍保持较高水平，达到 14%，而摩根大通银行及美国银行仅为 5% 和 7%。

与其他以推销产品为主的银行相比，以客户为中心的组织寻求以差异化的解决方案满足客户需求，因此，客户更愿意与此类银行进行业务往来。相对于在市场中不断争夺新客户，当银行对现有客户进行交叉销售、向上销售时，其客户获得成本更低（大概是新客户获得成本的三分之一）。因此，来自于每位客户的收益能显著提高。出于类似的原因，差异化的产品及个人定制化服务也能有效地提高首次向客户进行销售的成功率。这也为银行带来了良性循环：更高的成功率促使前台人员在销售上投入的时间更多，从而提高新客户及现有客户销售额、增加收入、改善前台满意度、降低员工流失率、削减客户成本，以持续的方式实现更高的利润。

以客户为中心的组织在中国所面临的挑战

尽管事实证明，以客户为中心的组织有着诸多优势，但为何许多中国国内银行并未加以实施？我们认为有两大关键原因。首先，中国的银行服务业市场发展迅速，客户亟须能满足其需求的产品。由于传统的以产品为中心的模式仍能正常运作，因此，做出相应变革对银行的吸引力显然不足。特别是当组织架构发生变化时，这意味着职权结构和资源分配需要做出相应的改变，而劝服现有管理层接受这种权力转变十分困难。其次，由于中国的分行网络覆盖面广，因此在众多员工和广袤地区中实施这些变革需要更多的时间和精力。

例如，民生银行曾于 2008 年尝试实施一种新的组织架构，却在推动整个组织接受这种变革时遇到了困难。然而，我们可以通过民生银行看到，某些预见到未来趋势的中国国内银行已经开始尝试把握成为以客户为中心的组织所带来的优势。我们相信，民生银行将从此次转型中吸取经验，并在未来打造更有特色的模式。渣打银行也在近年强化了其以客户为中心的组织架构，从而更有效地关注于目标客户群的细分、完善其专业化的销售、产品及服务，以深化客户关系。志存高远的中国国内银行应该重新考虑其未来的组织架构方式，做好准备，以满足中国客户日益高涨的需求。

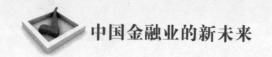

中国国内银行如何建立以客户为中心的组织？

为确保以客户为中心的组织的高效，组织内的所有人员需要在心态和行为上接受这种变革，将以客户为中心的组织这一诺言付诸实践。实施这一架构并无单一的模式，银行能审时度势地设计最适合其自身情况的以客户为中心的组织架构。重点是银行要根据以下六大元素，仔细地设计实施方式：

> 一、组织架构设计；
> 二、客户划分及转移；
> 三、全面的客户认识；
> 四、协作的绩效管理及机制；
> 五、心态及行为变革管理；
> 六、支持变革的工具及基础。

组织架构设计

大多数国内银行的架构以职能或产品为中心。图 3.4 所展示的是典型的以产品为中心的国内银行组织架构。通常，分行/支行负责盈亏，对他们而言，有多少收入及利润来自于哪些客户群并未作出区分。有时，产品部门所扮演的角色是支持型职能部门，而非利润中心。

作为以客户为中心的组织，银行需要规划有多少个重点服务的目标客户群，随后根据这些客户群设计组织架构。某些银行可能最终会组建矩阵式的架构，员工需要同时向客户群部门和产品部门进行汇报。有些银行则可能简单地增加更多的客户群部门，导致控制范围不必要地扩大。我们认为，对于以客户为中心的组织而言，矩阵式架构并非必需，复杂性也能由此而大幅降低。这也正顺应了现代中国企业对组织架构的要求，即简单而灵活。

图 3.5 展示了由各客户群部门所组成的以客户为中心组织。在该示例

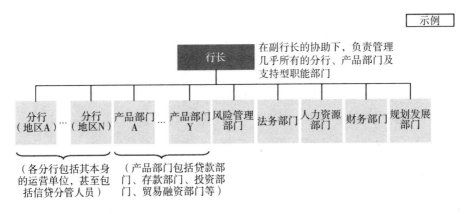

信息来源：博斯公司

图3.4　典型的银行组织架构：以产品为中心，

各分行作为利润中心运营，向行长负责

中，银行业务由大企业、中小企业、贵宾客户及大众客户等四个独特的客户群所组成。每个客户群部门有着其各自的产品和销售团队，从而保持专业性，确保符合相关的客户群战略。后台职能部门则为相关部门提供支持，从而实现运营的协同效应及规模效应。

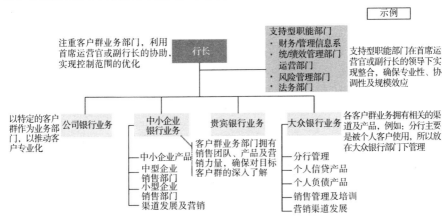

信息来源：博斯公司

图3.5　以客户为中心的银行组织架构

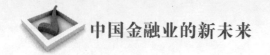

客户划分及转移

随着客户群部门的确定，对于如何划分客户并将其归于各个部门的讨论可能会有很多争议。我们曾见一些银行面对如何界定中小企业客户，并将部分公司银行客户转移为中小企业银行客户等问题产生很大的争议。如果银行明确地决定将富裕阶层客户作为工作重心，并设立有别于大众用户服务部门的贵宾银行业务部门，他们也会对如何将客户划归为富裕市场或大众市场的问题有争议。此外，当客户的情况发生变化时，如何将客户从某一客户群部门转移至另一部门，又将有另一番的辩论。例如，当某一大众市场客户的财富不断增长时，应该何时及如何将该客户转至贵宾银行部门，从而为其提供更优质的专业服务并深化业务关系？相反，当某一富裕客户的财富缩水时，应该如何在不危及现有业务的同时，将该客户转至大众银行部门？

尽管我们对客户群划分的截点有明确的观点，但我们想强调的是，银行需要根据客户的行为及经济情况制定适合自身情况的截点。一旦客户位于截点之上，其行为将发生明显的改变，因此，银行需要采取经济上切实可行的不同业务模式为其提供服务。

客户转移通常是自上而下的决策，但也需要自下而上地改变员工的心态并获得其认可。需要设计明确的激励机制，为执行提供支持。我们有一系列从简到繁的激励机制可供银行解决这一问题。

全面的客户认识

以客户为中心组织的管理层需要一套管理信息系统，为其从客户群、产品及渠道等三个维度提供有关客户财务贡献的深入认识。究其原因，银行的管理人员及前台人员需要了解各个客户群及个别客户的整体贡献及客户关系。借此，他们能做出相关的决策，以深化客户关系，提高客户对银行的贡献度，并在必要的情况下，解除不盈利的客户关系。而这一切的关键，在于建立一套更为灵活的管理信息系统，对这些不同的维度进行说明。此外，为了促进跨部门的协作以及跨渠道的交叉销售，管理信息系统还需要追踪各个部门（客户群部门及产品部门）所付出的努力。因此，该系统通常会采用双重簿记的方式说明各部门的业务贡献度。这与国内银行通常所使用的以分行/支行为基础的损益方式有所不同，因为在同一个分行/支行中，可能有着不同的客户群业务部门的销售团队。所以我们需要单独地追踪其各自的绩效，而不是利用一份损益表概括其整体绩效。

接下来，我们将简要地探讨各个维度。

首先，客户群这一维度展示了各客户群及各客户所带来的整体利润及收益率。例如，对某一中小企业客户交叉销售贵宾银行零售产品时，由于该客户属于中小企业客户群，因此，中小企业客户群中的整体客户价值也包括了该中小企业客户所使用的零售产品。由此，我们可以认识到某个特定客户使用多少产品，这些产品属于哪些类别、盈利情况如何。这一信息也能够与前台的客户关系管理系统联系起来，协助前台理解客户的情况，决定如何最好地向其交叉销售下一种产品，而某个特定客户群的客户也能从其他的客户群部门处购买产品。因此，重点在于关注客户所需的整体解决方案，而不是以产品为中心的组织所采取的那种独立式销售活动。当然，仅仅具备一套更好的 IT 系统及工具并不足够，还需要改变员工的心态及行为。对于这一点，我们将在稍后的段落中加以探讨。

其次，产品这一维度说明了各产品的收入及利润情况，因此，银行能认识到每种产品的利润如何。所谓的双重簿记通常是指，当贵宾银行业务部门向某中小企业客户销售开放式基金产品时，由于该客户属于中小企业银行业务部门，因此该部门会将此销售行为登记在册；与此同时，贵宾银行业务部门及相关的产品部门也会将此交易的收入与利润进行簿记，从而反应其贡献。由于追踪了绩效，激励政策将推动前台人员及管理人员在不同部门间进行协作。

第三，渠道这一维度确定了每种销售渠道（分行、外呼销售、直销等）的财务绩效，银行管理层能知道在向某特定客户群进行销售时，何种渠道最为有效。尽管整体的客户贡献度及客户价值等相关信息只能从客户群的维度加以了解，但是由于客户群维度可能进行了上述的双重簿记以促进协作，因此，从产品或渠道这两个维度才能了解到银行实际所获得的收入与利润。

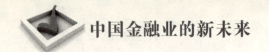

协作的绩效管理及机制

银行设立了客户群业务部门后，应该注意避免出现各部门独自运作，并未采取合作的方式提高效率的不利情况。如果银行设有独立的产品部门，该部门可能会设计与其他部门合作的种种内部制度，从而导致在为客户群业务部门提供支持时，速度和服务质量均有所欠缺。因此，需要以平衡计分卡的形式，引入有关交叉销售及各部门协作的关键绩效指标。某家银行将该类推动协作的关键绩效指标的比重定为20%—30%左右，以彰显协作的重要性。由于是平衡计分卡，即使是当该部门在自身业务相关的关键绩效指标上表现出色时，但若该部门在协作上不达标，这部门整体绩效仍会受到影响。这也进一步强调了一个事实：成为以客户为中心的组织意味着专业化的程度和绩效水准的提高，同时也不违背国内银行一直所秉承的团结协作精神。

与之类似的是，某银行设立了定期的跨部门审议及会议，以确保合作与协调工作。该银行还设立了争议解决机制，所有的部门均承诺在一周时间内解决争议，并明确界定了逐层上报至高管团队的汇报路线，以求在一周内有效地解决争议。鉴于部分银行的实施成效，这些措施不再仅是一种理论。

接下来，我们将探讨，那些已实施了这些变革的银行，在成功地改变内部全体员工的心态及行为时，所要面对的两大关键因素。

心态及行为变革管理

如上所述，组建以客户为中心的组织，关键在于成功地改变组织各级员工的心态及行为。那些希望成功实现此类变革的银行需要坚持以下四个步骤：

精心设计变革理念。这一步骤的关键在于，精心设计一套理念，阐述所需的改变、改变的原因、这种改变对员工和其他利益相关人（如客户、监管方等）所带来的益处、银行应采取怎样的变革行动计划和实施时间表。通常，银行会采用一些比喻的图像，例如破茧成蝶或婴儿茁壮成长等独特的图像，放在变革理念的沟通工具中。记着，在传达重大变化时，感性和理性双方面的沟通是非常重要的。

自上而下各级沟通。一方面，迅速的实施能确保变革的动力；而另一方面，匆忙的变革又可能导致实施的效率不尽如人意。此外，仅通过广播、备忘录或通气会等方式并不足以获得实现重大变革所需的认可和沟通。银行的董事长、行长需要与直属下级沟通变革的理念，获得他们的认可，听取有关完善的建议，指导直属下级如何与下属沟通，并以统一的口径回答相关问题。然后，这些直属下级再向其下属传达变革理念，并以此类推。这种方式能确保对变革理念进行有效且持续的沟通，并因各部门的文化、风格和吸收信息能力的差异而使其沟通的方式更有针对性和认同感。

树立榜样。进行沟通后，变革开始发挥作用，高管团队需要为变革树立榜样。例如，在客户关系经理的陪同下，负责中小企银行业务部门及贵宾银行业务部门的副行长，可以结伴拜访中小企业客户，通过财务规划的方式交叉销售零售产品。这一方式展示了高层的承诺——通过整体解决方案而不是以产品或独立运作的方式服务于客户。所传达的信息十分有力——"领导乐意，我也愿意"。许多情况下，这只是意愿的问题，而不是技术性问题。

正规培训。在全新的以客户为中心的组织中，员工更为专业，与其所属客户群部门的联系更为紧密。银行需要完善差异化的培训，以满足不同客户群部门的需求，从而确保员工在销售产品和服务他们的客户时更为有效。例如，贵宾银行业务部门需要指导前台人员如何运用广博的产品知识，通过以需求为基础的顾问型方式进行销售；而大众银行零售部门则需要关注于前台人员的产品销售效率，以少数重点产品推动业务量。由于现有前台人员从银行获得的经验及技能不尽相同，所以应该在考虑现有技能的基础上，提供差异化的培训。这意味着更有经验的前台人员所接受的培训更为高级、培训时间更短，而不是每位员工均接受相同的培训。

支持变革的工具及基础

上面提到的行动将能形成"软实力"，促进企业文化朝着以客户为中心的组织积极转变。为了持续地推动甚至加快这一转型过程，银行需要为员工提供一系列的工具及基础。好的工具不仅为员工提供了在以客户为中

心的组织下提高销售业绩的"硬件环境",也强化了这种组织中所需改变的文化及心态的"软实力"。

切实的理财规划工具

通过切实的工具,销售人员或客户关系经理能迅速评估客户的行为及其风险偏好,从而确定客户属于何种行为的组群。由此,客户关系经理能根据需求提出解决方案,以更好地满足客户需求,并从一开始就获得客户的信任,提高销售的成功率。这需要深入理解客户需求,而不仅仅是推销某种产品。一套有效的工具能协助员工形成以客户为中心的心态,并利用该新方式为客户提供服务。某些银行可能针对高、中、低三种客户风险程度,制定三套解决方案,但真正以需求为基础的销售及客户行为划分绝非如此简单。因此,总部需要进行研究,从而协助制定适用于中国不同地区的服务方式。经验显示,中国各地区的客户行为有着明显的不同,这也反映了中国市场的多样性。

交叉销售检查工具

如上所述,客户对某银行的产品使用越多,他对该银行的忠诚度就越高。客户关系经理在首次销售中应该把握机会,尽可能多地向客户交叉销售相关产品。富国银行就有着很强的交叉销售文化,尝试尽可能多地满足客户需求(该银行对每位零售客户和公司客户的交叉销售率分别为 5.8 种产品和 6.4 种产品)。对于国内银行而言,完善以客户为中心的销售及服务的关键,在于制定一套交叉销售检查表,从而使得客户关系经理能在每次销售中检验是否把握了合适的交叉销售机遇。该检查表既可以是清单检查工具,也可以借鉴富国银行的方式,将其结合在产品申请表或开户申请表中,当客户购买某种产品时,会知道有哪些相关产品是可以一并购买的。

精益运营服务

除了销售工具,银行还应该通过以客户为中心的方式完善其运营流程(信贷流程及交易流程),从而缩短端对端的服务时间,提高服务质量,降低服务成本。通过在银行服务中运用丰田的精益生产流程，并严格削减因生产过剩、过多的动作、重作、过繁的工序、等待、库存及运输等造成的七种浪费。银行不仅能改善工作流程，还能培养更强有力的精益文化和客户至上文化。因此，所有这些被提及的工具均有两种功能：既有助于以客户为中心组织的实施，又能推动文化和心态朝着以客户为中心的方向转变。

电子商务

除工具外，银行也需要设立一个共享、整合的电子商务部门，从总部或集团的层面上进行监控，以获取曾经使用远程渠道的客户的行为信息，并将客户的要求转至相应的业务部门，以提供进一步的服务及交叉销售。该部门并不是利润中心，因此业务部门通常接受这种方式，并与总部协作，推荐更多客户，实现协同效应。这种结构不仅避免了独立运营和重复投资，还提供了一个探讨的平台，确保各业务部门通力协作，并通过远程渠道所提供的丰富信息，更有效地了解客户。

生命周期的客户关系管理

我们曾提及为前台人员提供客户关系管理工具，从而更好地追踪整体的客户关系，并建议销售后续产品及销售时运用恰当措辞，以协助销售人员进行下一次的交叉销售。该工具应该积极地为相关业务部门的销售人员提供有关客户生命周期的发展情况，使其能更主动地根据客户实际需求进行销售。由于销售人员对客户的需求日益理解并提供以客户为中心的服务方式，这一切带来的不仅仅是销售业绩的提高，还将使以客户为中心的文化得以不断强化。

分行设计

要成为以客户为中心的组织，需要对分行重新进行规划设计，以体现"客户至上"和"客户便利"精神，并为银行重点关注的不同客户群提供专业化的销售及服务。通常，分行转变为销售中心，将来自不同客户群的业务部门（如贵宾银行业务、中小企业银行业务、大众零售银行业务、公司银行业务等）的销售人员分配至分行内不同的业务区，以方便服务不同的客户群。同样，不同地区的分行/支行可以配备不同规模的客户群业务销售团队，以反应微观市场机遇（如：在某些以零售银行业务为主的地区，银行可能并不配备有中小企业银行业务或公司银行业务销售人员）。此外，出于品牌建设、专业服务以及更优异的销售团队管理、培训等目的，某些支行可专门从事某一特定客户群的业务。例如，中小企业银行专营中心或大型贵宾银行专营中心等。

客户流失监控

随着竞争日趋激烈，客户不断成熟，竞争对手可能对优质客户虎视眈眈，伺机夺取。以客户为中心的组织需要建立机制及工具，确定可能流失的客户，并尽量阻止利润贡献度高或具有高价值潜力的客户流失。我们曾开发了一套工具系统地分析客户流失的原因，并寻求出一系列的最佳方法，从销售、产品、服务、渠道及信贷等各方面阻止客户流失。这种工具还有助于银行评估需要弥补的差距，并予以关注。此外，我们还曾制定了一套客户流失监控系统，用以追踪有流失迹象的主要客户。例如，银行需要监控贷款提前偿还、交易量突然下降、托管资产规模缩小、停止或提取定期存款等迹象。一旦呼叫中心或柜员机发现了此类迹象，应该立即通知相关的销售人员，与客户进行联系，并对具有客户流失风险的情况加以管理。有关如何对可能会流失的客户进行沟通所运用的语言措辞也应预先分发给销售人员，协助他们有效地挽回客户。

尽管上述措施意味着大量的工作，但这些方式和工具已被应用于中国的国内银行，并可为那些愿意实施转型的银行带来优势。

如何开始?

银行设计好如何建立以客户为中心的组织后，需要选择某一地区的分行/支行作为试点。该试点地区可以是思想开放但业绩一般的地区，因为，员工具备足够的技能和正确的心态尝试新事物，通常经过开始一段时间的适应和磨合后，其财务绩效和非财务绩效均会获得显著的改善。这一成果将鼓励其他业绩欠佳的地区遵从同样的方式扩大收益，同时激励业绩出众的地区接纳改变从而取得更好的佳绩。此外，该试点的管理人员及基层员工可以为下一轮的区域性推广提供指导，从而有序地实施这一全新的架构。以客户为中心组织的试点不应只涉及一个业务部门，应该涵盖在该地区开展业务的所有业务部门，因为以客户为中心的组织是一个整体，而不是一个部分。

结束语

总结上面谈到如何实施一个真正有效的以客户为中心的组织，请参看以下的图表3.6。我们相信，以客户为中心的组织可使银行在市场上实现差异化的重要性日益凸显。朝着以客户为中心的组织做出变革，需要远大的愿景、强有力的领导、全身心的投入和精心的设计，以确保变革有效实施。先行者所获得的回报将十分丰厚。随着竞争的不断加剧，欲在中国银行业务市场中获得成功，需要与众不同的能力，并致力于理解和定制客户解决方案，从而满足客户不断变化的需求。国内银行需要立即行动起来，建立一个真正以客户为中心的组织。

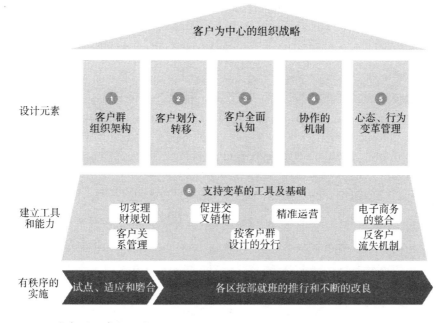

信息来源：博斯公司

图3.6 以客户为中心组织变革蓝图

主导的基因——
组织的优胜劣汰

概要

大多数主管可以欣然接受这样一个事实：组织上的成功基于有效的决策执行，而有效的决策执行又基于能力以及灵敏度。那么，一个组织是否能够迅速地将战略方针付诸实践，并且在瞬息变化的竞争环境中将其有效加以贯彻呢？

组织是多个个体的集合，这些个体每天都进行着多种活动。为了追求卓越的执行能力，组织需要将个人的选择与公司的总体战略目标联合起来。通过先前与其他公司以及政府机构的合作，我们制定了一套基础"工具"以便组织并实现这种联合：决策权，信息，激励机制以及组织架构。这类工具可以决定，甚至可以预测一个组织在企业内部或者外部应该怎样活动。这一系列工具可以称得上是一个组织的基因代码。

为了加强执行能力和提高绩效，大多数管理者按照惯例将大部分精力投入到组织结构中。他们按照"重组"的字面意思进行重组。然而我们的研究显示，决策权以及信息流，在企业追求有效的执行能力中起到了主导的作用。这两个要素是"主导的基因"，决策权和信息与企业的执行能力以及灵敏度有着最密切的联系，而执行能力与灵敏度反过来又与企业的利润及增长密切相关。

决策权和信息占据主导的原因是它们对于组织以及其他结构单元有着

渗透般的影响力。不透明的决策权不仅严重影响决策的制定，而且还阻碍了信息的传达，破坏了正常的汇报关系。闭塞的信息流会导致错误的决策，还会局限职业发展，甚至加剧组织固化。

尽管每个组织都是不同的，这份报告里的见解可以帮助所有企业明确他们的改良方向。将拥有最高主导力的行动计划整合在一起并且贯彻执行，这就是正确的企业改良。

通往有效执行的捷径

正如大多数企业自己所承认的那样，它们不能长期保持优秀的业绩。他们的视野与策略是清晰的，但是他们并不能保证持久的卓越绩效。作为管理咨询顾问，我们在数十年间致力于帮助企业定位以及克服那些阻碍他们长期发展的因素。这些经验让我们得出这样一个全局性的结论：能否保持长期的成功取决于决策执行的好坏。

此外我们还发现，有效的决策执行依赖于两个基础要素：执行能力以及灵敏度。

执行能力被用来衡量决策是否有效地被转换为实际行动，它主要涉及的是一个组织是否能够顺利并且迅速地贯彻战略或者经营决策。

执行灵敏度指的是一个组织成功应对各种多变环境的能力。这些变化有可能是外部带来的危机或者契机，也有可能是内部的强制转变。在这种环境下，一个组织是否能够快速并且有效地应对新的环境就变得至关重要。

我们花了四年时间验证一项全球性的研究计划，得出了组织的性能取决于决策的执行这样一个大胆的结论。这项计划研究了来自1000多家公司，政府机构和非营利机构的125000个个体，覆盖了50多个国家（请参考"组织基因研究的抽样调查"）。我们发现，高级管理人员，即决策制定者，并不能影响其组织最终的成功（抑或失败），他们只能为成功创造必要的条件。接下来的工作只能依靠组织各个阶层的每个员工，以及他们怎样执行下达的命令。

有效的决策执行并不是一件多么了不起的事，它没有什么创意也不是一件多伟大的工程。它包含了组织的整个部门从上到下的齐心协力，这种齐心协力是连贯的，目标是明确的，并且是相互配合的。经得起时间考验的决策就驻留在数百甚至数千名员工的决策和行动中，而这些员工，他们

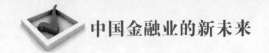

加在一起就是决策执行的动力。

组织的 DNA

那么，决策者们到底应该怎样将众多个人的活动与组织的总战略目标联系起来呢？我们的经验是提出四个方向：决策权，信息，激励机制以及组织架构。我们将其称之为界定组织基因代码（或者说 DNA）的几个元素（见图 3.7）。

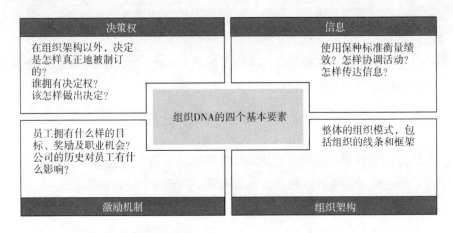

信息来源：博斯公司

图 3.7　组织 DNA 的四个基本要素

这些"基因"以及它们在组织内部独特的排列顺序决定了组织的决策执行能力以及灵敏度。因此，它们决定了结果是否经得起时间的考验。没有任何一个基因可以单独存在，所有基因都是相互依存的。所以任何针对某个或者所有基因的改动都必须非常谨慎，并且一定是连贯的。然而，随着样本的增加，我们在研究中发现，并不是所有基因都是同等重要的。我们最新一轮的研究将重点放在了探明某个基因在整个混合体中的重要性，以及在整个协作过程中脱节的是哪一环这类问题上。带着这些方法论，一个组织便可以开始执行决策并得到结果。这样一来，这个组织就可以回答以下这些复杂的问题：

为什么我们的组织图跟我们的工作方式毫无联系？

为什么即便在股票期权计划的前提下，各个业务部门还是一味优化自己的绩效，而不是公司整体的绩效？

在某条产品线/区域/职能范围里的不理想业绩应该由谁来负责？

主导的基因

2003 年 12 月，我们发明了一套叫做 Org DNA Profiler® （www.orgdna.com）的简易在线评估工具，这套工具包含了围绕着决策权、信息、激励机制以及组织架构这四个组织基因代码组成的双项选择题，总共有 19 问。

随着调查的推进，我们的数据库也在渐渐扩大。以更详细的网络数据和大样本调查得出的定向研究结果（请参考"组织基因研究的抽样调查"）作为基础，我们终于能够去探索高于一般程度的组织绩效。通过这些更深层次的探索，我们可以确定的是，决策权与信息对执行能力以及灵敏度都造成了巨大影响。与激励机制和组织架构相比，决策权与信息这两个要素对于组织的影响力要大得多（见图 3.8）。

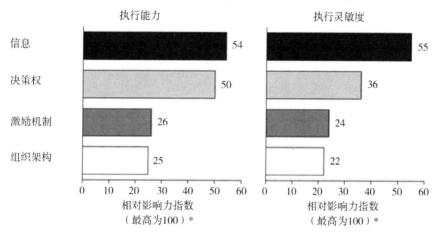

影响力指数指的是，在我们研究得出的 31 个对执行有影响的关键要素中某个要素的影响力。这 31 个要素的回答者超过了 26000 人次。详情见后文中的"主导的基因'影响力指数'"

信息来源：博斯公司

图 3.8 决策权与信息是最重要的两个要素

简单地说，决策权与信息是组织 DNA 中的主要基因。激励机制和组织架构虽然也有一定的影响力及重要性，但是很显然他们只称得上是"隐性基因"。

　　具有讽刺意味的是，大多数高级主管在组织业绩下滑时最先考虑的就是组织架构，而在很多情况下组织架构偏偏是这些主管们唯一所考虑的问题。改变组织表面的线条和框架虽然容易，而且迅速且直观，但是这并不是最有效的手段。事实是，我们在研究中发现调整组织架构是效果最不明显的一种手段。同时我们还注意到，在组织需要动力时扮演着重要角色的激励机制，也在不明确的决策权和信息流中表现平平。

　　将 Org DNA Profiler 问卷中的问题进行数据分析，我们可以鉴别出哪一个要素与执行能力以及灵敏度的关系最密切，以帮助企业获得组织上的成功。在"十强"名单中我们可以发现惊人的相似性（见图 3.9）。十项中的八项都同时出现在两者的"十强"名单里，这足以见得执行能力和灵敏度是息息相关的，它们都拥有某些相同的特质。

顺序	执行能力			执行灵敏度		
	组织的特质	影响力指数（最高为100）	所属类型	组织的特质	影响力指数（最高为100）	所属类型
1	每个人都明确他所负责和执行的决策	81	决策权	关于竞争环境的重要信息都能及时传达到总部	97	信息
2	关于竞争环境的重要信息都能及时传达到总部	68	信息	每一个人都明确他所负责和执行的决策	71	决策权
3	制定好的决策，不要去质疑它	58	决策权	内部的异议不会在市场上表现出来	68	信息
4	公司拥有任意在各个组织之间流动的信息流	58	信息	在衡量业务部门关键的推动性因素时，确保各级管理人员都有合适的度量方法	45	信息
5	确保员工拥有足够的信息来了解自己每天所做的决定最终有何影响	55	信息	后勤人员能够很好的辅助各部门业务	39	决策权
6	在衡量业务部门关键的推动性因素时，确保各级管理人员有合适的度量方法	48	信息	公司拥有任意在各个组织之间流动的信息流	35	信息
7	上层管理人员能够不厌其烦地参与决策执行	32	决策权	工作表现与职业发展及薪酬有着密切联系	32	激励机制
8	内部的异议不会在市场上表现出来	32	沧州	确保员工拥有足够的信息来了解自己每天所做的决定最终有何影响	32	信息
9	绩效评估可以将不同能力的员工分开来	32	激励机制	公司拥有横向的升职模式（在同一层面上的晋升）	29	组织架构
10	工作表现与职业发展及薪酬有着密切联系	32	激励机制	绩效评估可以将不同能力的员工区分开来	26	激励机制

信息来源：博斯公司

图 3.9　"有能力"及"高灵敏"的组织具备的前十项主要特质

主导的基因"影响力指数"

为了测定哪种基因更加主导，我们分析了31项与公司有关的数据，每一组数据都包含了超过150个调查对象的回复。我们估算了17个二元变量（取自 Org DNA Profiler）与两个基因变量之间的关系，这些变量都用来测定组织的执行能力（比如回答者是否同意"组织能够快速地贯彻战略方针以及运营决策"这种说法）与执行灵敏度（比如回答者是否同意"组织能够成功应对突发的各种状况"这种说法）。图表3.8和图表3.9显示了每一个变量拥有相对的主导性。数据的可信度高达90%以上。

成功的组织具备的两项主要特质

为了弄清楚这些特质到底有多么重要，我们将综合研究中的数据库分成"执行有力的组织"以及"执行薄弱的组织"。"执行有力的组织"中的所有个体均相信组织能快速有效地贯彻决策，反之则反。进一步，我们将"高灵敏度的组织"和"低灵敏度的组织"划分开来。"高灵敏度的组织"中的所有个体均相信组织能够成功地应对各种变化，反之则反。

有趣的是有近六成（58%）的回答者并不认同其组织的执行能力，而近一半（47%）的回答者觉得其组织的执行灵敏度不尽人意（见图3.10）。结果很明显，许多组织在这两点上还有相当大的上升空间。在制定矫正措施的过程中，将重点放在最有影响力的特质上是非常合理的。

执行能力以及灵敏度的诸多特质中，最重要的特质如下：

---

1. 决策的透明度：每一个人都明确他所负责和执行的决策。
2. 总部的消息畅通性：关于竞争环境的重要信息都能及时传达到总部。

---

1. **决策的透明度**：每一个人都明确他所负责和执行的决策。

"执行有力的组织"中有71%的人同意这种说法，而"执行薄弱的

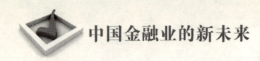

这家公司能够快速地贯彻重要的
战略方针以及运营决策

赞成（42%）
"强有力的执行"

不赞成（58%）
"薄弱的执行"

总数=81395

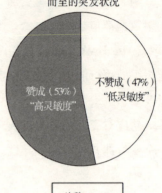

从总体上讲，这家公司能够成功地
应对在激烈的竞争中接连
而至的突发状况

赞成（53%）
"高灵敏度"

不赞成（47%）
"低灵敏度"

总数=81263

信息来源：博斯公司的 Org DNA Profiler® 研究数据报告

图 3.10　许多组员认为自己的组织"能力薄弱"以及"不灵敏"

组织"中只有 32% 的人给予了肯定回答。"高灵敏度的组织"中有 65%
的人赞成这种说法，而在"低灵敏度的组织"中赞成的人数只有 30%
（见图 3.11）。

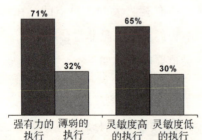

决策的透明度
同意"每一个人都明确
所负责和执行的决策"

71%　32%　65%　30%

强有力的　薄弱的　灵敏度高　灵敏度低
执行　　　执行　　的执行　　的执行

注：针对执行能力进行了81202次调查，
针对执行灵敏度进行了81706次调查

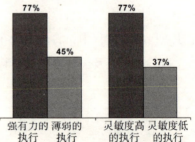

总部的消息畅通性
同意"关于竞争环境的
重要信息都能及时到总部"

77%　45%　77%　37%

强有力的　薄弱的　灵敏度高　灵敏度低
执行　　　执行　　的执行　　的执行

注：针对执行能力进行了81261次调查，
针对执行灵敏度进行了81152次调查

信息来源：博斯公司的 Org DNA Profiler® 研究数据报告

图 3.11　决策的透明度以及总部的消息畅通性是最重要的两项资质

　　如前所述，组织是许多个体的集合，决策的执行也就是多个决策和行动的集合。因此只有当所有人都明确他们所负责和执行的决策时，组织才能正确地执行决策并走向成功。那么假如决策不透明，会发生什么呢？通过这个问题我们即可知道这个特质的重要性。当人们不清楚决策层的内部关系时，他们会犹豫不决，反复地做同一件事情，并且不愿意承担责任，这些问题都会导致组织的瘫痪。

这类问题在立体多维组织内尤为明显。消费品公司就是一个很好的例子，许多这类公司都是按照产品、区域以及职能范围组建起来的。假如决策权没有被划分得很明确，特别是在企业的一些重要抉择上，决策的制定就会陷入困境。例如，为符合本地需求而欲定制某种产品，那么决策权是属于全球品牌经理，还是地区市场部经理？在这类决策上哪一方才是"挑大梁"的？针对具体情况这样的规定又是否需要改变？

高端的成功企业已经在这类问题发生前采取了行动。这些公司建立了强大的框架体系以便针对跨部门的问题下达决策权。在配置重要的资源时，这类框架也可以加快决策的制定，与此同时它还可以保证适当的管理灵活性。

2. **总部的消息畅通性**：关于竞争环境的重要信息都能及时传达到总部。

"执行有力的组织"中有77%的人同意这种说法，而"执行薄弱的组织"中只有45%的人给予了肯定回答。"高灵敏度的组织"中有77%的人赞成这种说法，"低灵敏度的组织"里却只有37%的人如是作答（见图3.11）。

当一个总部得到了及时并准确的市场情报时，这个总部便能够有效地确定经营模式并在各个业务分部和地域里开展业务。脱离了及时和准确的消息，公司的核心部门只能依靠直觉办事。相比于其他更了解客户的公司，这样的公司只会适得其反。

消息不灵通的高级主管在面对挑战时往往会更加注意组织的内部活动。这类多虑的主管会反复猜测下属的某个决定正确与否，这也严重降低了企业回应市场机遇以及挑战的灵敏度。

改善信息流并不是靠出台某种新的 IT 系统就可以解决的事情，这其中需要投入大量的精力。它不仅仅是把信息传递到总部这么简单，什么样的信息、以什么方式传达，是需要顾及到的问题。很多时候，信息都是被粉饰过再递交给主管们的。

一些优秀的公司会建立一种被称作"市场感应"的独立职能，它的作用就是跟踪市场信息并收集反馈意见。这种辨别及捕捉各类市场竞争数据的过程一旦被确立下来，信息就变得畅通无阻，从而帮助决策制定者及时了解到市场的动向。

前五项重要的资质

与执行能力以及灵敏度密切相关的第三、第四以及第五个最重要资质分别如下：

执行能力（见图 3.12）

3. 忠于决策层的决定：制定好的决策，不要去质疑它。

被反复质疑的决策即是领导力薄弱的体现，决策只应该被指定一次，并且牢不可破。当高级主管们同意重新审视已经被制定的决策时，第一决策者的工作士气和决断力就会大大降低。另一方面，当一个领导团队支持一个下层人员所作的决定时，这样的决定也会有相应的正面效果以及权威性贯穿至组织的每一环。质疑决策的现象在"执行薄弱的组织"中占71%，而在"执行有力的组织"中只占44%。

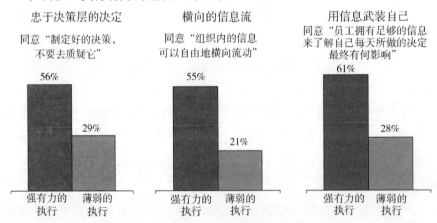

信息来源：博斯公司的 Org DNA Profiler® 研究数据报告

图 3.12　与执行能力密切相关的资质

想要杜绝质疑决策的现象就要明确决策层并尊重他们。假如员工认识到他们应该对所作的决定负责并且上司不会干扰他们的决定，那么他们会在改善组织的行动中更加主动。

4. 横向的信息流： 任意在各个组织之间流动的信息流。

流动在分散式组织之间的信息与汇总到总部再传达下来的信息具有相同的重要性。当一个组织缺乏横向的信息交流时，组织的各个部门就会相互疏离，每一个部门会自我局部优化，但是对于大型企业，这样的优化违背了质量效益原则，同时妨碍了最优方法的传播。更进一步地说，这样的组织也失去了培养优秀骨干管理者的机会。

执行力薄弱的组织中只有五分之一（21%）的人认为其公司存在横向信息流，而在执行力优秀的组织里有超过半数（55%）的人给出了肯定回答。很显然，横向信息流缺失的问题普遍存在，甚至在最优秀的组织中也不乏这类问题。

许多人把信息流缺失的问题归结于 IT 系统的问题，而信息流中的人为因素才是症结所在。科技固然可以加速信息的传播，但是真正的信息流动在管理体系内部的大量交流中，而科技只是为这些交流创造了条件。有了完整及准确的信息，管理者们便可以就公司的利益发表一些有建设性的见解。比如，一个充分了解产品发展信息的客服代表在与客户沟通时可以依据实际情况给予客户合理的承诺。

5. 用信息武装自己： 确保员工拥有足够的信息来了解自己每天所做的决定最终有何影响。

员工在进行日常活动中需要足够的信息以便他们做出正确的判断。然而太多的人却没有得到足够的信息。在执行力薄弱的组织里只有 28% 的人认为自己得到了足够的信息，但这个数字在执行力优秀的组织里飞升到了 61%。

员工在没有得到足够的信息时，通常会做一些不利于公司整体的错误决定。他们会太在意自己的结果从而忽视公司整体的利益。我们曾经遇到过一些组织，它们的每一个部门都追求着不同的目标，而这些目标没有任何一个与公司的最高利益挂钩。其实这并不是出发点的问题，只是因为这些部门缺乏足够的信息。

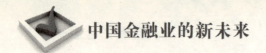

在这个事例里，这些部门缺乏组织至上的大局观，当然他们也没有足够的信息保证自己的日常活动符合组织的大局观。为了填补这个缺口，公司在最顶层确立好了战略目标并传达到组织的每一环，保证每一环的努力方向都是统一的。

执行灵敏度（见图3.13）

3. **步调一致**：内部的异议不会在市场上表现出来。

高灵敏度公司的特征之一就是它们强大、透彻以及及时的交流，这包括内部和外部的交流。在公司的过渡期甚至是低迷期，这些公司能够把正确信息传达给每一个与公司利益相关的股东。在调查中，68%的高灵敏度组织回答说，他们从来不会将不一致的信息传达给市场，这个数字在低灵敏度组织中下降到了38%。

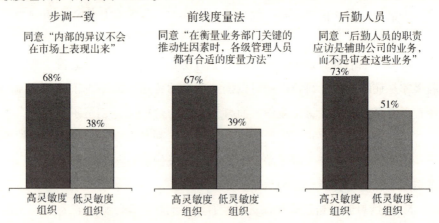

信息来源：博斯公司的 Org DNA Profiler® 研究数据报告

图3.13　与执行灵敏度密切相关的资质

对于独立式或者矩阵式的组织，想要达成步调一致是非常困难的事情。因为不能把销售和沟通统一起来，这些组织只能通过一系列更简单的办法来保持整体的一致性。保持公司议程的同步以便为每个部门设立目标、召开管理层会议、建立绩效评估系统等等，这些举措不仅可以增强个人责任感，同时还可以避免不一致的声音传向市场。

4. **前线度量法**：在衡量业务部门关键的推动性因素时，确保各级管理人员都有合适的度量方法。

真正意义上的高灵敏度组织认识到这样一个事实：影响到度量方法的是质，而不是量。管理人员不需要大量的数据报告，他们所需要的仅仅是几个关键的度量方法来帮助他们，这些度量方法可以提供准确及扼要的业绩表现，以便他们在必要的时候深入研究。

高灵敏度组织中的这一项资质比低灵敏度组织高出许多，前者中有近 2/3（67%）的人认为自己的组织里有合适的度量方法来衡量组织的推动性因素，这样的回答在后者中只占到了 39%。

这里有一个例子可以帮助我们更好地认识优秀的公司到底是怎样来保证管理人员都拥有合适的度量手段的。一项高绩效的健康计划在它达到战略目标的过程中可以判定每个要素的成长度。当总体目标被传达下来时，组织的每一层都会把总体目标转换为一系列具体的目标以及运作方案。部门主管以客户群（如个人、退休人员、业务板块）为基准锁定多个成长目标，下层管理者将这些目标转化为追求更高的服务质量，接着再将其细分为个人销售业绩与废品率。

5. 后勤人员：后勤人员的职责应该是辅助公司的业务，而不是审查这些业务。

当一个公司将重心放在辅助各个部门完成它们的目标而不是审查它们时，这些部门可以更好地应对部门内部的突发状况。时刻处于审查状态下的部门不会表现出竞争力，而只会谨慎地服从上级的命令。

将近 3/4（73%）的"高灵敏度"人员在这点上给予了其组织的肯定，而只有一半（51%）的"低灵敏度"人员同意这种说法。

组织 DNA 的一般性研究结果

上述关于"主导的基因"的研究结果基于 26000 个网上案例，这些案例由我们跟客户建立起来的一个客户专用网站所生成，这些客户包括公司、政府以及非营利性机构。我们为每个客户的 Org DNA Profiler 设置了专门的界面和密码，以便客户浏览及分析每个成员在决策权、信息、激励机制以及组织架构这四个环节中的作用。这些深入的探索为我们提供了一些与众不同的视角，帮助我们更好地研究某种企业行为的成因，也同时帮助了我们的客户在碰到组织上的问题时迅速地找出症结所在。

除此之外，我们在自己的数据库中也收集到了数万个问卷调查的结

果。2003 年 12 月，我们在网站（www. orgdna. com）上公布了 Org DNA Profiler 这项问卷调查，至今已有超过 81000 人次浏览并完成调查。正是基于这些数据，我们可以得出以下结论：

组织基因研究的抽样调查

我们的抽样调查包含了 125000 次调查。其中 81000 项来自网上调查，这些来自 50 多个国家的被调查者代表了 1000 多家企业、政府和非营利性机构。

在这些一般性调查中，我们整合了一些与公司有关的样本，这些样本总共生成了 44000 项调查数据。在这些样本中，有 31 项包含了超过 150 个回答者的答案，这 31 项总共生成了 26743 项调查数据，正是这些数据组成了所谓的"主导的基因"（这个结论已经在我们的研究结果中有所体现）。

"有能力"以及"灵敏"的组织拥有最佳收益率及成长率

"有能力"以及"灵敏"的组织更有可能拥有高于平均水平的收益率，这个几率比其他组织高出一倍。有两点需要指出的是，"有能力"的组织中，51% 的人声称其组织的收益率高于其他组织，而"薄弱"的组织中，只有 26% 的人这样认为。另一点是 2/3（67%）的"灵敏"的组织成员认为其组织比其他组织更盈利，"不灵敏"组织中只有不到 1/3（29%）赞成这种说法（见图 3.14）。

虽然这只是一个初步结果，但是我们在成长率方面也发现了与其相似的地方。我们最近在 Org DNA Profiler® 问卷中增加了一个有关成长率的问题，依据基于这个问题的小样本调查，我们发现"有能力"的以及"灵敏"的组织更有可能拥有高于平均水平的成长率，高出其他组织的几率同样是一倍。

组织绩效模拟器

我们开发了一套在线模拟工具（www. simulator - orgeffectiveness. com），以便组织能够将决策转化为实际行动。你可以利用这个模拟器模拟许多组织上的变化，在对你现有的组织进行评测以及将它们划分为七类中的某一类之后，你可以在 28 种行动中进行模拟，每个行动都对应决策权、信息、

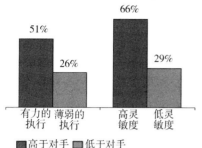

财务报表显示高于或者低于
其竞争对手的收益水平

注：调查数超过28000

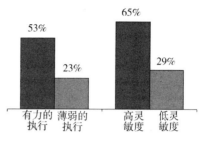

财务报表显示高于或者低于
其竞争对手的增长率水平

注：由于增长率研究最近才被加入研究计划，
调查数大大少于收益率的调查数，我们针对
执行能力进行了1713次调查，针对灵敏度进行
了1711次调查

信息来源：博斯公司的 Org DNA Profiler® 研究数据报告

图3.14 执行能力、灵敏度与收益率及成长率密切相关

激励机制以及组织架构中的一项或多项。我们会根据你的每一步行动给出详细的见解。当你选好五个步骤，模拟器就会生成行动过程并为你改善其中的执行得分。之后你可以选择是否要为"明年"模拟新的五步行动。组织绩效模拟器可以帮助你分析各种变化的影响，当需要进行组织重组时，它可以帮助你进行评测以及确立目标。

高度决定态度

通过图3.15我们可以发现，大多数人不认为自己组织的决策执行是有能力的或者灵敏的。58%的人认为自己的组织"没有能力"，而47%的人认为自己的组织"不灵敏"。

如果把数据按层次划分（即高级主管，中层主管，业务人员，支线管理人员，一般职员）我们就可以发现，组织中职位越高的人越倾向于肯定自己的组织。我们的调查揭示了高层管理人员和低层管理人员在认识上的巨大差异。值得一提的是，相对于后四种较低层管理人员的普遍一致的认知态度，高级主管在认知上与前者相差甚远。

高级主管比其他任何群体更容易认为自己的组织是"有能力"并且"灵敏"的，这个比例达到了一半以上（见图3.15）。

组织的成功源于出色的执行能力以及灵敏度。想要取得成功，就必须制

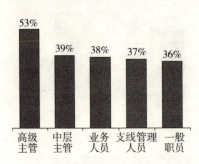

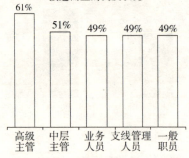

同意"我们能够快速地贯彻重要的战略方针以及运营决定"

53% 39% 38% 37% 36%

高级主管 中层主管 业务人员 支线管理人员 一般职员

注：调查数大约为81233

同意"从总体上讲，我们能够成功地应对在激烈的竞争中接连而至的突发状况"

61% 51% 49% 49% 49%

高级主管 中层主管 业务人员 支线管理人员 一般职员

注：调查数大约为81364

信息来源：博斯公司的 Org DNA Profiler® 研究数据报告

图 3.15   高级主管们对于自己的组织更加自信

定最正确的计划，这些计划应该包含与决策权、信息、激励机制以及组织架构相对应的行动。总而言之，这四个要素是组织 DNA 中最具决定性的因素。

　　虽然组织之间都是有差异的，但是有一些通用的结论可以适用于任何组织。许多管理人员首先想解决的是组织架构，然而正确的决策以及通畅的信息流才是最重要的两项，它们才是主导的基因。

　　以上的见解可以在企业改善绩效时为其指明方向。

附　录
组织基因研究的抽样调查

　　在 2003 年 12 月我们启动了 Org DNA Profiler® 计划，这项计划是包含了 19 个双项选择题的问卷调查，调查围绕着决策权、信息、激励机制以及组织架构这四个研究要素展开。Profiler 不光为我们提供了大量的有用数据，也为调查对象们提供了切实的帮助。它帮助调查对象们快速准确地探明组织的症结，并且进一步提供相关的有用资料便于他们对症下药，这些资料对于组织的长期发展也是不无裨益的。

至今，已有超过 81000 名匿名对象参与了在线问卷调查，这些对象来自 1000 多家私人企业或公共事业单位。随着时间的推进以及更多参与者的加入，我们会不断地更新数据。调查数据涉及各个产业、各个地区以及各种组织（请参考附录中"调查对象的分布情况图"的地区分布图）。调查结果显示，多达 30 个行业（如银行业、交通运输业、能源产业）和 30 多个部门（人力资源管理、IT、司法等等）的对象参与了调查。我们的数据还显示了调查对象在公司内部的职位（如高级管理人员、一般员工等等）状况，另外还收录了调查对象的组织规模以及年收入的情况（请参考"调查对象的分布情况图"）。

这个网站已被译成 14 种语言，里面包含了超过 130 种调查对象利用 Profiler 诊断时生成的组织模型。在特定的公司样本中，有 31 项数据组包含了超过 150 个回答者的答案，总共生成了 26743 项调查数据。正是这 31 项数据组为研究"主导的基因"提供了依据。

我们会定期将最新的研究成果发布到 www.orgdna.com。这份报告显示了在 2007 年 12 月研究的一些成果。

附录图表　调查对象的分布情况图

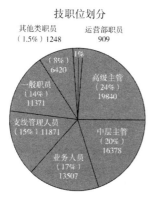

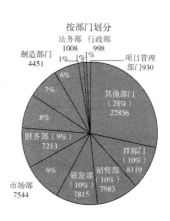

* 未知指没有选择任何职位或者部门的调查对象。

数据来源：博斯公司的 Org DNA Profiler® 研究数据报告

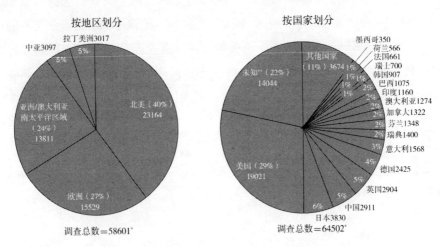

按地区划分

中亚3097 5%
拉丁美洲3017 5%
亚洲/澳大利亚
南太平洋区域
（24%）
13811
北美（40%）
23164
欧洲（27%）
15529

调查总数=58601*

按国家划分

其他国家
（11%）3674
未知**（22%）
14044
墨西哥350 1%
荷兰566
法国661 1%
瑞士700 1%
韩国907
巴西1075 2%
印度1160 1%
澳大利亚1274 2%
加拿大1322 2%
芬兰1348 2%
瑞典1400 2%
意大利1568 3%
德国2425 4%
英国2904 5%
中国2911 5%
日本3830 6%
美国（29%）
19021

调查总数=64502*

"地区"和"国家"在2004年时才被加入问卷，因此调查总数并不是81395。

*未知**指没有选择任何地区或者国家的调查对象。

数据来源：博斯公司的Org DNA Profiler®研究数据报告

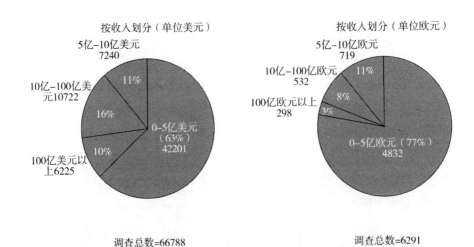

按收入划分（单位美元）

5亿-10亿美元
7240 11%
10亿-100亿美
元10722 16%
0-5亿美元
（63%）
42201
100亿美元以
上6225 10%

调查总数=66788

按收入划分（单位欧元）

5亿-10亿欧元
719 11%
10亿-100亿欧元
532 8%
100亿欧元以上
298 3%
0-5亿欧元（77%）
4832

调查总数=6291

*81395次调查中，有73079名调查对象以欧元或者美元为单位进行了回答。以其他货币为单位或者没有针对此项作答的对象有8316名。

数据来源：博斯公司的Org DNA Profiler®研究数据报告

	每一个人都明确他所负责和执行的决策（同意百分比）		关于竞争环境的重要信息都能及时传达到总部（同意百分比）		制定好的决策，不要去质疑它（同意百分比）		组织有横向的信息流（同意百分比）		确保员工拥有足够的信息来了解自己每天所做的决定最终有何影响（同意百分比）	
	强有力的执行	薄弱的执行	强有力的执行	薄弱的执行	强有力的执行	薄弱的执行	强有力的执行	薄弱的执行	强有力的执行	薄弱的执行
艺术文化	87%	30%	93%	51%	60%	30%	83%	30%	77%	42%
汽车及汽车配件	68%	27%	75%	45%	48%	25%	54%	20%	56%	25%
银行业	75%	38%	79%	44%	62%	31%	51%	19%	65%	30%
资本货物	68%	32%	72%	42%	57%	29%	55%	20%	58%	26%
商业服务	71%	31%	74%	44%	55%	29%	56%	23%	61%	30%
消费品和时装	67%	30%	75%	42%	45%	26%	57%	22%	50%	24%
零售性商品行业	73%	35%	79%	52%	57%	26%	53%	22%	59%	30%
综合金融业	69%	36%	76%	49%	62%	29%	49%	19%	60%	32%
教育业	77%	32%	85%	48%	59%	24%	55%	16%	76%	23%
能源产业	72%	36%	76%	43%	55%	33%	60%	19%	59%	30%
环境与野生动物业	74%	38%	87%	68%	77%	43%	71%	25%	70%	33%
食品饮料烟草	72%	38%	77%	54%	57%	33%	52%	22%	55%	28%
保健行业	77%	28%	89%	57%	58%	28%	58%	14%	58%	27%
医疗业	73%	33%	79%	44%	61%	27%	57%	17%	60%	27%
旅馆餐饮休闲行业	74%	32%	78%	43%	60%	26%	56%	19%	63%	25%
保险业	74%	36%	78%	50%	58%	31%	53%	16%	63%	32%
基础原料产业	71%	35%	74%	47%	55%	31%	53%	22%	59%	31%
媒体行业	72%	32%	78%	46%	58%	28%	56%	21%	63%	27%
制药业	77%	29%	80%	44%	51%	25%	53%	17%	61%	29%
专业服务	74%	34%	77%	42%	64%	30%	62%	24%	67%	32%
公共服务	77%	36%	74%	42%	71%	36%	60%	24%	68%	32%
公益性行业	76%	36%	84%	55%	62%	24%	53%	14%	76%	28%
房地产业	72%	37%	78%	47%	59%	27%	55%	28%	59%	34%
宗教行业	76%	39%	84%	43%	67%	24%	58%	19%	73%	29%
零售业	69%	33%	78%	51%	56%	28%	54%	21%	60%	29%
软件业	66%	26%	73%	40%	54%	28%	56%	23%	58%	26%
技术硬件行业	66%	26%	73%	39%	57%	26%	51%	19%	56%	25%
通讯业	64%	29%	80%	48%	51%	27%	49%	19%	56%	25%
交通行业	70%	31%	79%	47%	57%	27%	55%	16%	64%	26%
城市管理服务业	70%	32%	70%	38%	53%	28%	51%	17%	56%	24%

信息来源：博斯公司

附录图表1　优秀的执行能力特质在行业中的具体情况

（最高与最低五项数值已用黑体注明）

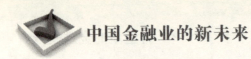

	有效的执行	薄弱的执行	有效的执行	薄弱的执行	有效的执行	薄弱的执行	有效的执行	薄弱的执行	有效的执行	薄弱的执行
澳大利亚	76%	33%	78%	39%	60%	21%	56%	16%	60%	27%
奥地利	80%	41%	79%	52%	55%	34%	54%	24%	65%	41%
比利时	69%	28%	78%	57%	55%	34%	67%	28%	64%	31%
巴西	73%	39%	80%	50%	49%	50%	54%	19%	60%	32%
加拿大	70%	33%	78%	48%	63%	28%	56%	18%	58%	28%
智利	76%	41%	80%	42%	48%	44%	52%	76%	55%	36%
中国	65%	20%	76%	35%	44%	18%	55%	22%	47%	14%
哥伦比亚	69%	37%	72%	39%	42%	39%	57%	27%	54%	24%
芬兰	64%	23%	78%	48%	53%	42%	43%	16%	61%	32%
法国	69%	28%	84%	54%	54%	25%	61%	29%	62%	26%
德国	75%	34%	77%	51%	61%	27%	53%	21%	70%	31%
香港	60%	27%	67%	40%	53%	27%	57%	28%	52%	27%
印度尼西亚	72%	35%	78%	35%	43%	20%	67%	25%	66%	25%
爱尔兰	85%	44%	79%	38%	52%	13%	52%	11%	61%	21%
意大利	67%	18%	77%	46%	56%	28%	62%	28%	50%	22%
日本	38%	13%	51%	19%	40%	27%	41%	16%	35%	19%
拉脱维亚	83%	48%	91%	61%	54%	44%	53%	34%	68%	38%
马来西亚	68%	23%	72%	31%	43%	19%	37%	18%	53%	16%
墨西哥	80%	41%	73%	49%	41%	41%	63%	28%	63%	26%
荷兰	75%	41%	72%	46%	58%	24%	58%	27%	65%	37%
新西兰	85%	32%	83%	49%	58%	31%	49%	15%	69%	29%
菲律宾	80%	30%	86%	52%	65%	24%	66%	28%	68%	22%
波兰	71%	40%	87%	54%	53%	44%	64%	31%	72%	42%
葡萄牙	58%	41%	70%	55%	48%	39%	52%	29%	54%	30%
俄罗斯	81%	35%	80%	49%	57%	30%	67%	33%	74%	30%
沙特阿拉伯	77%	41%	67%	38%	46%	36%	70%	27%	75%	25%
新加坡	75%	32%	74%	44%	61%	24%	47%	23%	57%	38%
南非	83%	42%	82%	48%	72%	31%	57%	26%	61%	29%
韩国	56%	25%	71%	40%	30%	10%	41%	17%	50%	25%
西班牙	80%	35%	81%	43%	55%	45%	58%	20%	68%	27%
瑞典	64%	24%	84%	55%	61%	31%	57%	24%	70%	32%
瑞士	80%	39%	84%	56%	58%	24%	59%	29%	77%	45%
中国台湾	64%	27%	75%	43%	51%	27%	70%	20%	57%	25%
泰国	57%	17%	68%	23%	46%	28%	43%	26%	57%	17%
土耳其	85%	54%	77%	45%	42%	29%	66%	51%	72%	45%
阿联酋	74%	34%	75%	31%	54%	30%	58%	26%	63%	26%
美国	76%	34%	81%	49%	65%	27%	55%	18%	64%	29%
英国	78%	35%	77%	46%	57%	24%	52%	16%	61%	29%

信息来源：博斯公司

附录图表　优秀的执行能力特质在各个国家和地区中的具体情况

（最高与最低五项数值已用黑体注明）

如何成为受人尊重的公司

中国企业在发展的道路上，经常都想要做大做强，这些企业的领导者或者他们的上级普遍以为做大就能做强，企业也就能走上成功之路。我们认为，这样的看法有些肤浅，企业在建立规模和定位优势的同时亦需要建立软实力。

软实力的建立可以来自不同方面和采取不同的方法。我们在 2007 年 5 月发表于哈佛《商业评论》的《软实力：中国企业的下一个硬仗》里，已经详细描述了这些方法。成功建立软实力的企业最终会成为受人尊重的公司，我们认为中国企业在发展的道路上，不要只是想成为硬实力强的企业，而是同时还要成为在国内外都能受人尊重的企业。

受人尊重的公司能吸引人才、客户、商机，并且拥有可以改变和影响其运营环境的回旋余地。怎样才能成为世界上最受人尊重的公司呢？经过多年对全球企业的跟踪调查，我们发现，那些受人尊重的公司并不是靠财务实力、结构定位、企业规模等这些硬实力来赢得尊重的，而是依靠诸如社会责任感、创新能力等软实力。成为受人尊重的公司能够加强企业的领先地位，进而建立良性循环，而这，正是软实力的本质含义。三星（Samsung），通用电气（GE），丰田（Toyota）以及苹果（Apple）公司等，都在此方面做出了很好的榜样。

每家企业都需要培养自己独特的优势组合，仅仅模仿他人是不能奏效的。

首先要做到的是目标明确。这样有助于让战略选择和行动举措更清晰。事实上，要解决的关键问题很简单：企业要得到谁的尊重？要凭借什

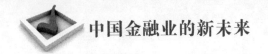

么来受到尊重?

赢得谁的尊重

很多个人和机构对企业的印象均来自与它的直接接触。这些个人和机构包括:客户、雇员、股东、竞争对手、监管机构、国内外的政府组织以及非政府组织和利益团体。获得各方的尊重是企业的目标,获得某些利益相关方的尊重,将会加强来自其他相关方的尊重。比如那些吸引客户的良好业绩和特点同样可以吸引员工。

然而,企业会面对来自不同利益相关方的不同期望以及内部资源的限制,因此设置"获得尊重"的优先顺序是比较实际的做法:即赢得一方的尊重将如何强化企业在其他方心中的地位?某些利益相关者(比如某些监管者或股东)对企业的看法就特别有影响力。不同细分市场的客户可能会关注企业的不同层面,一些客户会关注企业是否注重合乎道德规范的投资行为以及是否承担社会责任,另一些客户则最在意是否能在最近的分公司获得面对面的客户服务。同样的,有些员工最看重个人能否获得快速发展,而其他员工则更加注重工作的灵活性。

凭借什么赢得尊重

那些受人尊重的公司的成功建立在如何取得独特的成绩以及如何对想要获得尊重的对象施加影响之上。他们赢得尊重的原因多种多样,并且不易被其他企业复制。人们对通用电气的尊重来自于其管理流程,包括六西格玛,首席执行官的职位交替流程——从杰克·韦尔奇(Jack Welch)到杰夫·伊梅尔特(Jeff Immelt);苹果很大程度上则是因为其产品有机地融合了流畅的设计和简便的功能(特别是用户界面的创新)而受人追捧。

在决定希望得到哪方面的尊重时,可以参考其他企业的经验,以及其他企业如何根据商业和社会环境的改变进行方向性的调整。根据我们为全球大企业提供咨询服务的经验,我们总结出企业赢得尊重的四个主要方面。实际上,许多全球领先企业的战略都有这四个方面的因素,他们不会做出非此即彼的选择。相反,他们的战略融合了四个方面的要素,并突出各自的鲜明特点。

　　首先是管理手段和领导力的创新。尤为突出的例子是通用电气和丰田。宝洁（P&G）和花旗（Citi Group）在业界被视为"人才工厂"，企业的声誉吸引了最优秀人才，企业充分利用这些人才并且为那些寻求新机会的离任员工建立"校友"人脉网络。目前，受中国和其他新兴市场持续增长的推动，对人才的需求不断增加。中国企业应该抓住机遇以确定如何成为人才培养和领导力创新方面的领头羊。

　　其次是与消费者关系和取得消费者信任。有的优秀企业已与客户之间建立信任，他们在业内成为众所周知的消费者利益的拥护者，提供物有所值的产品或者高品质服务。比如，以平价推出知名设计师设计商品的美国高级折扣零售店塔吉特百货（Target），以及商品定价透明和服务迅速的亚马逊（Amazon.com）。在金融服务业，网上银行Egg（由英国保诚创建，现在为花旗集团所拥有）已经增加了产品价格的透明度并且有别于传统银行而将自身定位为客户利益的拥护者。随着博客和社交网站（如Facebook）的兴起，通过客户关系赢取客户尊敬的方式也在发生变化。互联网企业逐渐将自身定位为社交网站，帮助网民在社区彼此联络。中国企业此时应当把握时机，进一步巩固目前的客户关系，清晰地表达向客户承诺的意愿，成功的核心是员工应该如何处理棘手问题。例如，由于出发点不同，注重短期收益或注重建立企业信誉可能会导致截然不同的解决方案。这就需要方案选择的明确性、员工培训的系统性以及绩效目标和服务流程的落实。

　　第三个方面是业务和技术的创新。如能独辟蹊径，将创新转变成现实是建立声誉的有效途径。消费品公司，如吉列（Gillette）和其母公司宝洁，通过不断创新以及为消费者着想来树立声誉。印度ICICI银行因其创新能力赢得了尊重，该行引领了印度的信用卡业务发展，并且将消费信贷推广至印度的普通消费者，目前力求制定可持续的农村银行成功战略，将其与城市地区业务进行互补。企业应该把握住机会，并确定业务的优先次序，从而成为产品的创新者，满足客户需求和达到财务目标。对中国企业来讲，目前可以把握的机会是根据客户的具体需求和行业制约因素以及自身实力，发展客户关系并提供产品服务。

　　第四个方面是负责任的企业公民。每个国家的社会、政治以及经济环境各不相同，对负责任的企业公民的要求也不尽相同。有些企业，例如雀巢（Nestle）、汇丰银行（HSBC）和塔塔集团（Tata Group）的高层管理人员投入大量时间、精力以及资源来了解相关背景，他们通过协调企业目标和关键利益相关者（如监管机构、政府部门及非政府组织）的目标来决定采取哪些措施。许多外资金融机构在中国、印度以及其他地方积极开展农村金融服务就是佐证。了解背景环境以及实施多样化的举措将日益发挥重要的作用。只要实施得当，这将比公共关系和慈善活动更加有效。比如，丰田最初以普瑞斯（Prius）进军混合动力汽车市场，此举不仅开创了一条盈利颇丰的生产线，而且大幅提升了丰田在消费者心中的品牌地位。通用电气则利用"绿色创想"计划来把握环保方面的新商机，并通过提升生产流程中的环境效益来提高生产力。

总而言之，和拓展各项业务、财务业绩多种多样的机会类似，企业也有很多举措能够赢得尊重。

企业在这个阶段的规划过程中，思考和回答以下一系列问题不无裨益：

我们希望在哪方面能够得到尊重？

我们需要做什么与众不同的事情以赢得这种尊重呢？尤其是如何设置业务优先次序，进行完整的财务评估，从而决定如何进行调整？

在利益相关团体中，哪些最为关键？我们最希望赢得谁的尊重？他们最关注什么？我们需要如何赢得他们的尊重？两者间是否存在差距？

我们如何保证从获得尊重中得到最大的价值？

把"获得尊重"融入业务之中。

俗语说，"没有规矩，不成方圆"。财务指标就其性质而言比较容易转化为可量化的指标，便于责任人执行。而"获得尊重"则较为抽象，难以量化执行。员工的注意力很容易转向执行其他一些既定目标。这就是为什么将"获得尊重"的目标与日常业务所传达的价值观紧密联系在一起至关重要的缘由，因为它将成为企业的行动纲领。

在"获得尊重"方面，不是所有的业务部门都需要发挥同样的作用。举例来说，管理手段创新可以着重于客户分析，例如美国第一资本金融公司（Capital One）；着重于后台办公室运营，例如约翰·里德（John Reed）任期内的花旗集团。从公司全局考虑，所进行的投资相对于"获得尊重"的结果就显得微不足道了。比如，相对于汇丰全球业务来说，其在中国开展的农村金融业务只是很小的一部分。虽然汇丰能否取得中国农村金融业务的全面成功还不确定，但是一旦成功，将能够使得中国、其他新兴市场和发达市场认可其管理手段创新的成功，以及其作为企业公民推进农村市场的贡献。毫无疑问，这是汇丰银行设定的除了财务业绩以外的目标。

每个事业部门为企业赢得尊重的各自职责一旦确定，将企业"获得尊重"纳入业务操作有两种途径。首先是有选择性地跟踪和评估一些定量措施的实施情况。举例来说，可以每季度或者每年进行顾客和雇员调查，询问他们是如何看待公司的，或者通过大量正面媒体报道和分析报告等来反映。每项措施都有它的局限性，但这有助于了解人们如何看待公司。其次是要确保在运营绩效评估例会上追踪"获得尊重"的进展（也许这是更重要的一个方面）："没有规矩，不成方圆"。通过明确"获得尊重"的重要性和敦促管理层积极落实，"获得尊重"将融入到企业的文化与价值观中。

因此，在此阶段的规划过程也会涉及若干问题：

哪些举措投资小但"获得尊重"的收益大？我们应该如何加以管理？

我们需要如何调整建立企业适当的价值观和文化？

在每个业务领域，有哪些举措（2—3项）将有助于了解企业是如何获得尊重的？最适当的目标是什么？

如何调整业绩评估的方法和指标，从而追踪企业是如何获得尊重以及需要采用哪些措施可以改善业绩？

促进各方对企业的尊重

企业能否获得尊重并不仅仅是一项简单的公关工作,但主动而细致的战略沟通计划会使得利益相关者能够尽快地了解企业的业绩。在你的企业需要赢得尊重的利益相关者中,有多少已经完全了解企业迄今为止所取得的成绩呢?

全球许多最受尊重的公司善于向特定的利益相关者传达信息,以促使他们对其产生尊重。比如我们通过商学院案例分析、会议陈述和新闻报道,了解到了韦尔奇独特的管理风格或者丰田的质量流程,还包括某些银行会发放不以赢利为目的、有针对性的小额投资,例如花旗集团资助非政府组织从事小额贷款等。

对此,企业在规划过程中需要考虑另外三个问题:

迄今为止我们最显著的成绩是什么? 这些成绩与哪些利益相关者最相关?

我们如何能够更好地宣扬这些成绩?

未来三年以后,我们如何能更好地沟通并且为未来的沟通奠定基础?

持续地"获得尊重"

每年"最受尊重公司"的头衔似乎总在不同公司之间过于频繁地转换。例如英国石油(BP)公司是提出绿色能源的先行者。在布朗勋爵(Lord Browne)任职 CEO 期间,其管理团队和管理流程获得广泛的尊重。然而,BP 在美国发生的接二连三的安全事故使其声誉随即遭到玷污。事实上,直到不久以前,雷曼兄弟(Lehman)和瑞银(UBS)因其投资银行业务至少在表面上还备受尊重。

那么,企业能否避免声誉扫地呢? 如果可以,又该如何避免呢? 对于成熟企业来说,重要的是,企业应当决定其业务组合中能够承担多大程度的风险。BP 就是因为过度削减成本以及它由上而下推行政策的方式,最终导致维修支出削减而使安全水准大打折扣。同样,许多投资银行的业务组合自营买卖风险过大，他们选取了风险性较高的途径来获得商业成功。而侧重于其他领域的银行，如美国银行（Bank of America）和渣打银行（Standard Charterd Bank）则巩固了他们在业界的地位。

商业社会始终存在着风险和变化。那些曾经备受尊重的企业往往因为脱离了客户的基本需求，或者无视新的竞争对手而最终声誉扫地。要想防止突发事件并确保继续取得成功其实没有万灵药。然而，我们认为在企业规划和日常业务中使"企业监管"制度化至少可以提供一些保证。各级企业主管必须不断提高警惕，及时发现客户和竞争对手的动向并关注业务大环境是如何不断变化的。领先的私募股权公司 Apax 的创始人罗纳德·科恩爵士（Sir Ronald Cohen）称之为"注意球如何反弹"。简单地说，要关注未来行动的后续影响而不仅是直接影响。这需要企业拥有开放和自我挑战的心态。而日常运营压力有可能迫使企业无法保持这种心态。值得鼓励的是企业想方设法聘请最有经验的管理人员，及感觉敏锐的前线人员，他们可以从不同角度思考未来企业应该如何发展，企业的挑战和机会是什么。我们还应当与客户合作，制定未来的各种替代方案以及进行与各类商业对手的竞争预演。

因此，企业在规划过程中需要考虑的最后几个问题：

什么样的风险组合是企业能够接受的？是什么会对企业的声誉造成最大的损害以及企业如何减轻这些损害？

企业的"企业监管流程"是什么？应该如何保持员工头脑清醒？如何使他们能从所有的利益相关者中察觉出企业面临的威胁和业绩下滑的风险？

企业要想赢得尊重，不是一朝一夕就能实现的。唯有对自身进行审视并制定一个合理的"获得尊重"的规划，方能达成目标。中国企业在这个问题上还处于较初级的阶段，对问题的理解和如何能做到受人尊重，还需做出较深层次的思考并采取行动。但我们深信中国企业要在国际舞台上脱颖而出，建立成为受人尊重的企业是必经之路。

销售与分销

追求卓越——
零售银行销售和服务渠道的典范

　　全球各大银行都在采取行动，积极完善其经营和管理，以应对全球市场的变化。博斯公司对全球 17 个国家 100 多家银行作了一项全面的调研，结果发现：为了满足顾客日益多样化的需求，零售银行正不断改进、完善其经营渠道；由于银行想方设法优化支行的设计和布局，支行变得越来越富有吸引力；网上银行的安全性得到显著提高；电话银行回应客户问题的时间也大大缩短了。这其中，个别的银行在一些关键领域已经做得非常出色——汇丰银行为支行的服务水平树立了良好的榜样；而韩国的友利（Woori）银行则凭借其优秀的网站，为网上银行的设计、用户界面和功能确立了典范。

　　然而，需要加以完善的地方还有很多。尽管实施了效率改进项目，大多数银行并未显著改善其成本收入比。由于激烈的竞争和利差减少，即使成本降低了，收入同时也在下降。

　　扩张的机遇始终存在，但许多银行虽然在主要增长渠道（电话银行、网络和流动性销售人员）方面潜力巨大，却无法实现这种机遇，原因在于，这些渠道的经营方式和业绩并不符合消费者的需求和期望。此外，银行必须加倍关注渠道整合，虽然这一新的动向与消费者息息相关，但很少有银行真正取得了实质性的成果。

虽然个别的银行已经非常出色，但行业典范和行业平均水平之间依然有相当大的差距，在电话银行和流动性销售人员领域尤为明显。这表明，大多数银行依然有机会大幅提升经营业绩，实现营业收入的跨越式增长。

为了明确银行已有的成就和未来努力的方向，博斯公司进行了深入的研究。首先，通过一项大规模的调研，对欧洲、北美、中东、拉美和亚洲的消费者进行了访谈，并从中得出了重要的结论；其次，通过广泛的暗访，对银行各种营销渠道的服务水平和顾客体验进行分析。在这项研究的基础上，博斯公司制定了一套"博斯公司收入促进力指数"（BRE）——它包括了四大主要渠道（支行网点、电话银行、网上银行和流动性销售团队）的绩效指标和一项多渠道综合指标。

消费者需要什么？

博斯公司消费者研究表明，虽然新的渠道不断涌现，但消费者依然最喜欢在银行的支行网点完成交易。与此同时，新兴的大众富裕阶层（中产阶级）越来越青睐流动性销售团队和网上银行，使支行网点的重要性降低。在新兴的渠道方面，消费者喜欢网上银行服务更甚于电话银行，在交易本身比较简单的情况下，这一现象尤为明显。流动性销售团队亟须得到发展，目前，流动性销售仅仅存在于少数国家。

在这些大趋势之下，由于业务和产品的复杂性不同、富裕程度各异，加上个别因素的影响，因此各个渠道的业绩大相径庭。

虽然消费者非常乐意在网上选购简单信贷产品（如：信用卡和个人贷款），但愿意在线购买养老金产品和投资理财产品的客户却微乎其微。此外，消费者利用电话进行简单交易的可能性比用电话购买金融产品的可能性多2.5倍。

较为富裕的客户时间有限，需要更为专业的服务，他们中有比其他客户群多30%的比例更愿意选择在线网上银行服务。

区域性的偏好非常明显，例如：北美客户更喜欢用网上银行来购买产品。

支行网点	• 隐私保护
	• 对产品的了解
	• 当场解答疑问
	• 处于中心位置
	• 等候时间短
	• 员工对客户了解
网上银行	• 安全措施完善
	• 登陆快捷
	• 网站便于访问
	• 一站式提供各种服务
	• 页面设计简洁直观
	• 信息全面
电话银行	• 能够选择人工服务
	• 安全认证快速便捷
	• 询问能够在电话银行得到解答
	• 电话银行可解答多种询问
	• 等候时间短
	• 不需要被多次转接
流动性	• 与同一个销售顾问再次会面
销售团队	• 当场解答疑问
	• 由销售顾问帮助完成业务申请
	• 所有系统更新及时
	• 顾问熟悉产品知识
	• 时间灵活

图 4.0　渠道对客户最为重要的因素顺序排列

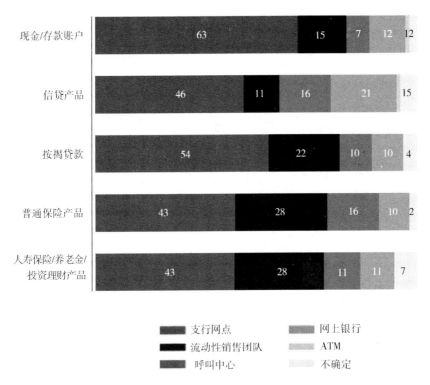

信息来源：博斯公司收入促进力研究 2007

图表 4.1　全球客户对购买渠道的偏好

哪些国家正在实现卓越?

　　发达国家并不一定就能提供一流的银行服务；某些新兴工业化国家的银行，如中国和韩国的银行，经常成为其他国家银行效仿的楷模。香港的银行是所有国家和地区中最优秀的，在五大领域中有三大领域居于领先地位；这部分归功于香港银行的细分方法比较先进。瑞士和美国的银行表现也比较出色。各个地区都有自己的优势，比如，瑞士和美国就以银行网点表现优异而著称；而韩国银行在网上银行服务方面领先的优势明显。差异最大的领域是流动性销售团队，仅有少数国家和地区（澳大利亚和香港）大规模提供这种服务。

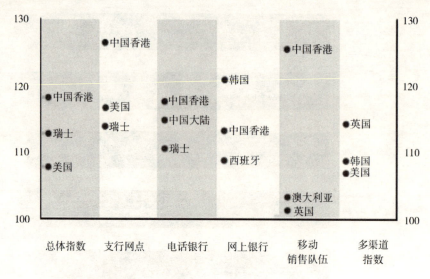

信息来源：博斯公司收入促进力研究 2007

图表 4.2　多种销售渠道排名前三的国家/地区

哪些银行正在实现卓越？

在银行整体层面，不同银行的业绩表现有很大的差异，总体上表现最优秀的银行是香港的汇丰银行、瑞士的瑞弗森（Raiffeisen）银行和瑞士银行。此外，香港汇丰银行在支行网点和流动性销售团队方面也做得最好。花旗银行英国分行的电话银行服务在行业内傲视群雄。两家位于韩国的银行——友利银行和花旗银行韩国分行的网上银行服务在网上银行前三名中占有两席。而英国的 HBOS 银行在多渠道整合领域里最为出色。

总体而言，银行在支行网点和网上银行方面表现最为出色。电话银行处理基本交易绰绰有余，但对复杂的产品和交易力不从心。虽然不同渠道的界面和用户体验可能已经统一，但跨渠道的功能则受到很大的限制；在一次交易过程中，如果不重复所有的申请步骤和相关信息，消费者很难从一种销售渠道转向另一种。

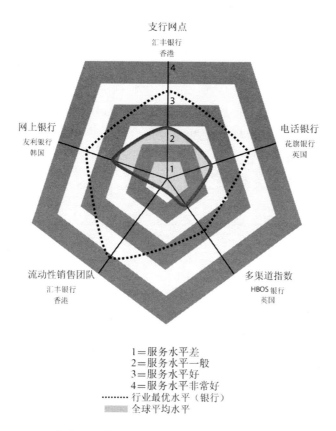

支行网点
汇丰银行
香港

电话银行
花旗银行
英国

网上银行
友利银行
韩国

流动性销售团队
汇丰银行
香港

多渠道指数
HBOS 银行
英国

1＝服务水平差
2＝服务水平一般
3＝服务水平好
4＝服务水平非常好
‧‧‧‧‧‧‧‧‧ 行业最优水平（银行）
▓▓▓▓ 全球平均水平

信息来源：博斯公司收入促进力研究 2007

图表4.3　各购买渠道中的行业最优银行

银行业的典范

　　银行无法实现卓越的道理很明显；而要想实现卓越，每种销售渠道都有各自的目标——最出色的支行网点应给顾客酒店大堂般的感觉；在最出色的电话银行，顾客等待的时间很短，而且马上就能和服务人员而不是人工合成的电话录音通话；最出色的网站拥有无懈可击的安全措施（包括安全证书、个人识别密码、随机认证码等等）。为了在各个渠道实现卓越，银行应该实现下列目标：

> 　　销售顾问能够随时了解客户的信息，根据客户所处的环境及其偏好为其推荐各种产品方案
>
> 　　专属会议室
>
> 　　在电话银行和支行网点随时解答客户疑问的专业销售顾问
>
> 　　电话银行电话转接次数最少
>
> 　　全面的解决方案
>
> 　　为富裕阶层的客户配备专门的员工、办公地点、网站和电话银行

重视基础服务，巩固支行网点

虽然技术在不断进步，同时许多国家的银行网点不断萎缩，但许多消费者依然希望在支行网点完成大部分的交易业务。支行网点是消费者处理各种银行业务的首选，这一点在现金、存款管理和抵押贷款方面表现得尤为突出。目前，很明显的趋势是，越来越多的消费者从支行网点转向流动性销售人员；这一现象表明，消费者正期望获得新的面对面服务模式，这也体现了银行在分支行服务方面还需要不断完善。

目标：管理支行网点的成功秘诀很简单，银行必须保证最基本的问题永远不出差错。应该让消费者感觉到宾至如归；预约排号系统和销售流程应该井井有条，善于应变；销售顾问应通过文本或电子邮件的形式确定预约的时间和地点，并且有能力在一次会面中销售一件以上的金融产品。银行应为中产阶级客户提供差异化的服务，并尽力为客户营造私有、专属的环境，使客户感受到尊贵的礼遇。

绩效：虽然支行网点的平均服务水平比其他渠道更高，但普通银行与业内最佳银行（后者几乎或已经实现了卓越）之间的服务水平差异巨大。在对产品的熟悉程度和交易能力方面，绩效很高；但在产品和服务差别化、对消费者了解程度等方面，绩效得分较低。业内最佳的零售银行支行网点拥有酒店式的大堂、门卫和服务员，配备电脑和触摸屏及时进行信息交互，银行员工即时为客户提供服务和产品信息，可以预约专家服务时间。

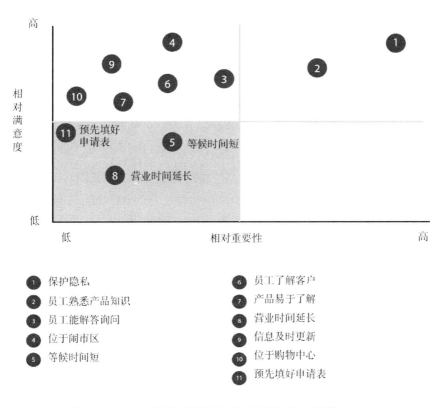

- ① 保护隐私
- ② 员工熟悉产品知识
- ③ 员工能解答询问
- ④ 位于闹市区
- ⑤ 等候时间短
- ⑥ 员工了解客户
- ⑦ 产品易于了解
- ⑧ 营业时间延长
- ⑨ 信息及时更新
- ⑩ 位于购物中心
- ⑪ 预先填好申请表

▨▨▨▨ 满意度和重要性都较低的领域是重要性位居其次的改进领域

信息来源：博斯公司收入促进力研究 2007

图表 4.4 支行网点的重要属性——相对重要性和满意度分析

缩短等待时间、改善用户体验

对消费者而言，电话银行的吸引力日益减弱，只有约7%的人愿意使用电话来开设现金账户，10%的人愿意用电话银行来申请按揭贷款。电话销售在信贷和普通保险产品领域还比较流行，但总体而言，由于将电话接通给真正能处理问题的人需要的时间太长，电话银行正开始让位于网上银行。因此，银行必须重新审视其电话银行战略：一方面，银行应提升电话银行的业绩；另一方面，可以考虑用其他手段来弥补电话银行的不足。

目标：如果银行期望其电话银行为客户创造卓越的消费者体验，并推动利润的增长，就必须对电话银行业务改弦更张。由于为客户提供人工服务是最重要的因素，因此改进客户体验的关键是减少电话的转接次数，从而使电话银行服务流程得以简化。除了培训员工应付各种普通业务请求外，每名员工至少熟悉一种以上的专业化产品；同时，必须培养一些通晓多个产品领域的专家。此外，应使销售代表有权自由查阅某个特定客户先前的通话记录；这样，如果万不得已必须移交给其他人，客户也不必将遇到的问题重复一遍。应将客户打来的电话视作增进客户了解、推销相关产品的绝好机遇；当然，这取决于客户所提出的要求和其所处的具体环境。

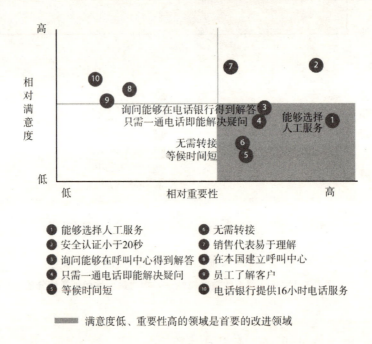

● 能够选择人工服务　　　　　　❻ 无需转接
● 安全认证小于20秒　　　　　　❼ 销售代表易于理解
● 询问能够在呼叫中心得到解答　❽ 在本国建立呼叫中心
● 只需一通电话即能解决疑问　　❾ 员工了解客户
● 等候时间短　　　　　　　　　❿ 电话银行提供16小时电话服务

▬▬ 满意度低、重要性高的领域是首要的改进领域

信息来源：博斯公司收入促进力研究2007

图表4.5　电话银行的重要属性——相对重要性和满意度分析

绩效：中国内地和香港的银行为电话银行的服务水平树立了典范，这些银行为客户提供即时连接、24小时服务、多种语言服务，并为中产阶级客户提供差异化的电话银行服务。

差别化：网上银行制胜之道

客户——尤其是富裕的客户正越来越渴望通过互联网和网上银行来购买金融产品。随着宽带的家庭普及率越来越高，这种趋势将越发明显。

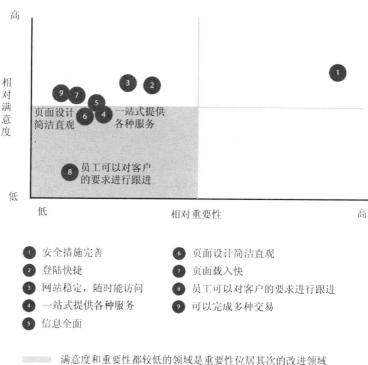

① 安全措施完善   ⑥ 页面设计简洁直观
② 登陆快捷   ⑦ 页面载入快
③ 网站稳定，随时能访问 ⑧ 员工可以对客户的要求进行跟进
④ 一站式提供各种服务 ⑨ 可以完成多种交易
⑤ 信息全面

满意度和重要性都较低的领域是重要性位居其次的改进领域

信息来源：博斯公司收入促进力研究 2007

图表 4.6　网上银行的重要属性——相对重要性和满意度分析

目标：在网上银行中，安全无疑是最为重要的因素。银行必须设计出既能提供多重防护（如多重密码、虚拟软键盘等等）、又易于登陆的系统。安全的网站是理想的销售渠道，它给予客户根据自身需求定制产品的能力。由于不是所有人都能熟练地使用网络，因此银行应该为需要帮助的客户提供在线技术支持和在线产品信息问讯。对于时间很宝贵的客户而言，互联网的重要性不言而喻。如果银行希望牢牢抓住这部分客户，就应该为这一群体设计专门的网站。

绩效：在业内最为优秀的银行，网上银行的绩效在各个方面都堪称完美。但如果放眼全球，情况就不那么乐观了。虽然大多数银行的网站都达到了平均水平，但在产品细分和差异化方面的得分却较低。韩国的银行是网上银行领域的领导者，这些银行为客户提供安全的个性化银行、外部设备安全代码和专门为富裕阶层设计的网上银行等创新产品。

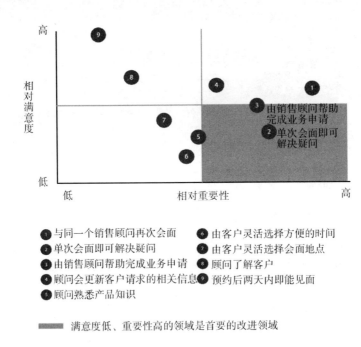

① 与同一个销售顾问再次会面　　⑥ 由客户灵活选择方便的时间
② 单次会面即可解决疑问　　　　⑦ 由客户灵活选择会面地点
③ 由销售顾问帮助完成业务申请　⑧ 顾问了解客户
④ 顾问会更新客户请求的相关信息⑨ 预约后两天内即能见面
⑤ 顾问熟悉产品知识

　　　　满意度低、重要性高的领域是首要的改进领域

信息来源：博斯公司收入促进力研究2007

表4.7　流动性销售团队的重要属性——相对重要性和满意度分析

应建立更多的流动性销售团队

虽然在推销产品、尤其是推销复杂的金融产品（如养老金产品和投资理财产品）的过程中，流动性销售团队是非常受欢迎的渠道——但它们在许多国家还没有普及。巴西、香港、英国和澳大利亚是为数不多的几个销售团队运作成功、分布广泛的国家和地区。

　　目标：流动性销售团队应成为银行贵宾服务不可或缺的一部分。由于目标客户的要求不断提高、时间非常宝贵，因此非常有必要开发完善的客户预约系统。最重要的是赋予流动性销售团队完成业务请求的能力——在这一领域,网络连接是否通畅和是否有明确的授权是成功的关键。客户既可以选择针对特定产品的专门销售顾问,也可以选择普通的销售顾问;会面的时间和地点也可以相当灵活;还可以通过文本信息提醒客户参加会面的时间地点。同时,跟进工作至关重要;银行应该通过信件或邮件向客户发送会谈纪要,如果条件许可的话,顾客可以多次与同一个销售顾问会面。

绩效:能提供流动性销售团队的银行目前凤毛麟角,总体业绩也相对较差。这项服务以富裕阶层的客户为目标,只有那些希望购买复杂金融产品(如投资理财产品和按揭贷款)的顾客才能享受。即便如此,仍有为数不多的几家银行在这一领域表现出色。这些银行能为客户灵活地安排会面时间和地点,其销售顾问对产品非常熟悉,有些情况下甚至还派客户经理随销售顾问一同为客户服务,以便巩固客户关系,增进对顾客的了解。

渠道整合根据客户需求展开

消费者并不认为整合所有渠道和各种产品是目前的当务之急。但是,由于消费者是从全局角度选择交易渠道,因此他们希望能在某几种渠道中随意切换,其间不希望多次重复同样的话。现在,摆在银行面前的当务之急是了解消费者对哪些产品和渠道的整合最为关注和期待。

目标:整合绝不仅仅意味着统一的外观和用户体验:银行将注意力放在与消费者息息相关的渠道上,对其加以整合——在特定的渠道和产品领域为消费者提供全面的服务和价值主张是取得成功的关键。例如,消费者可以先在网上填写按揭贷款的申请表,然后在支行网点或电话中完成整个申请流程。各种销售渠道都应为富裕阶层的客户度身定制差异化的产品。此外,银行还应广泛采用新技术(如 Skype),并充分开拓网络和数字空间,例如在虚拟生活(Second Life)中扩大影响力。

绩效:只有一小部分银行在各种主要销售渠道之外还提供其他新兴的销售方式(如:Skype、短信、手机和为聋哑人士设计的销售渠道)。但总体绩效依然较差,即便是行业内最出色的企业离优秀都有不小的差距。

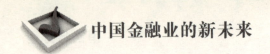

零售银行领域的革新

博斯公司的研究表明，零售银行其实有很多增加收入的机遇和方法：

为富裕的中高收入阶层提供专门的销售渠道（网上银行、电话银行、流动性销售团队以及支行网点的贵宾区）

运用大堂服务台和提前预约服务来减少支行网点的排队等候时间

改善电话银行的菜单设计和人员配置，使消费者尽快与能够解决问题的客服人员通话

让消费者自己定制网上银行功能，并提供强大的安全保障（如随机验证码生成器）

为特定的客户群提供专门的流动销售代表，并授权这些代表能直接在客户会议上完成交易

完善跨渠道整合，使客户能在一个销售渠道开始交易，随后在另一个渠道完成交易

在本研究中，除了包括一些全球性的见解以外，我们还形成了一套针对具体国家的见解，以协助银行改善当地各种渠道的业绩。研究所涉及的国家和地区包括：奥地利、澳大利亚、巴西、加拿大、中国大陆、德国、中国香港、韩国、科威特、荷兰、沙特阿拉伯、西班牙、瑞士、泰国、阿联酋、英国和美国。

研究方法

在全世界，零售银行通过削减成本来提高效率的努力被收入的不断下降所抵消。正是在这一背景下，博斯公司的"2007收入促进力研究"希望能分析销售渠道对银行收入创造的作用。

这项研究采取了双管齐下的方法：

1. 独立的消费者研究机构 MORI Ipsos 在欧洲、北美、亚洲、拉美和中

东等地对银行客户进行访谈。研究涉及 17 个国家，对每种销售渠道的消费者偏好和总体满意度水平进行了评估。

2. 博斯公司对 100 家银行进行了广泛的暗访，重点是分析消费者的体验。这项研究包括：对每家银行的数家支行进行交易和服务问卷调查、登陆网上银行进行评估、呼叫电话银行进行评估以及与流动性销售团队进行面对面的沟通。

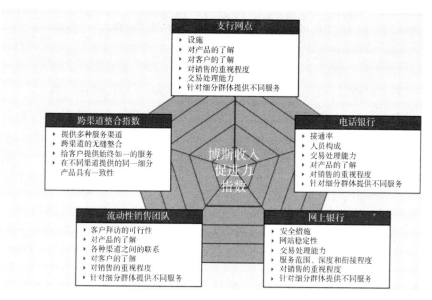

信息来源：博斯公司收入促进力研究 2007

图表4.8 博斯艾伦收入促进力指数

在消费者研究和暗访的基础上，博斯公司编制了衡量银行绩效的五大指数（即支行网点指数、电话银行指数、网上银行指数、流动性销售团队指数和多渠道指数）。利用消费者重要性进行加权之后，就能得到"博斯公司收入促进力指数"（Booz Revenue Enhancement Index Score），并用它来对银行各种渠道的绩效水平进行排名。

银行支行网点的价值最大化

不同渠道选择，不同顾客价值主张（Customer Value Proposition）。

中国有近 15000 家银行支行，但支行的数量现在增长得十分缓慢，有些银行甚至在减少分支行的数量。与此同时，ATM 机的数量从 2000 年的 37000 台增加到 2008 年的 1670000 台。比如说像中国工商银行和中国建设银行这样的大型银行，每家银行拥有约 1200 万的顾客，使用支行网点外的零售渠道，比如电话银行或网上银行。同每次亲自去分支行零售点相比，顾客往往更喜欢使用一些新的银行渠道。这种银行远程化和电子化的发展趋势，与美国和欧洲过去的发展历程非常一致。支行网点对于任何银行而言，都是一个巨大的成本负担，更有人认为在现今的科技时代，大部分支行是多余的。那么，支行网点在未来会扮演怎样的角色呢？我们如何才能使支行这种基础设施的价值最大化呢？

有一点是确定无疑的。新兴的零售渠道并不会导致支行网点这一传统渠道的"灭亡"。即便是在最发达的国家，不管是在向顾客传播信息还是在向零售顾客销售产品，支行仍然是一种极为重要的渠道。绝大多数顾客仍然使用多种渠道。比如，博斯公司的调查显示，在德国和英国，大多数的顾客至少一个月会亲自去银行支行一次，而且让顾客增加访问支行的次数能在很大程度上促进产品的销售（见图 4.9）。英国的一间银行 HBOS 最近宣布，将大量建立支行，以巩固自己在英国东南部的地位。

多年来，美国、欧洲以及亚洲的银行一直在重整其支行网点，并且寻求价值最大化。中国所面临的挑战将更大，因此作出正确的选择而所得到的回报也将更大。

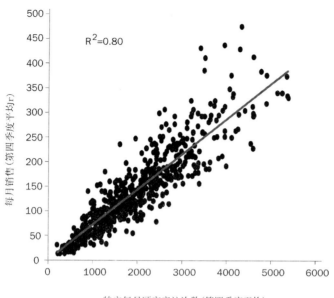

信息来源：博斯公司

图4.9 顾客亲访支行以及销售额的关系

与欧洲以及美国的银行一样，中国的银行必须顺应电话以及网上银行的发展所带来的新的机遇和趋势，重新思考支行分布的战略。必须掌握顾客的生活习性以及喜好，特别是那些比较年轻、时间压力大和比较富裕的顾客群。他们往往更注重方便性和使用多种渠道来使用银行服务。中国的银行必须认识到零售银行业务事实上是"金钱零售"业务——所以可以针对不同的客户群体，向相应的成功商品零售业公司（如"家乐福"）和高档零售商品公司（如"路易·威登"），学习成功经验。中国的银行业必须同20世纪80年代和90年代时的国际银行一样，针对不同的顾客群体需求，让支行扮演更具有针对性的角色。这意味着在支行网点的最基层，将大企业客户中层市场客户以及普通个人消费者客户划分入不同的支行网络，然后快速反应以便提供具有针对性的增值服务，例如针对不同的消费者顾客群体，分别提供大众、财富管理/贵宾优先服务以及私人银行服务等业务。

那么如何在实践中变革支行网点呢？我们认为发展有效的支行网点有两个关键：

> 定义清晰的支行运营模式（Branch Operating Model）
>
> 有效的变化管理方案（Change Management Plan）

定义支行运营模式

一共包含四个关键要素：

支行网点的形式和不同的选择（比如说外观设计等）：这是哪一种类型的支行？采用哪一种空间设计规划？有多少人？提供哪一种服务/产品/营业时间？

支行地点模式：最有吸引力的"微观市场"（Micro - markets）是什么？我们要在什么地点选择哪一种支行形式？

支行目标—设定模式：我们需要每一间支行达到什么目标？（服务、利润、营业额…?）如何决定支行之间的竞争与合作？支行与其他渠道如何合作？每一间支行的表现如何？

循环学习：我们要如何学习？什么有用，什么没有用？我们要如何不断地改进？我们要如何领先竞争对手？

针对这四个关键要素，中国的银行的最佳学习对象是：

就分支网络的形式设计而言，越来越多银行在向零售产业的超级市场以及服装店学习，找寻灵感，学会如何取悦顾客，并且刺激顾客购买支行的产品。传统银行的支行形式与顾客满意度或向顾客展现吸引力的形象无关：过去的支行形式/设计重点在于安全性（保障金钱以及员工），它们通常灰暗而且单调，大部分的空间都预留给银行的内部运营。相较之下，新的支行形式，大部分的空间留给顾客，整体气氛比较舒适。银行正在学习成为真正的"金钱零售商"。

在一个具有世界水准的银行中，支行网点的形式数量正在增长：从简单的、只提供柜台服务的"现金商店"，到提供全方位服务的零售性支行，不仅提供咨询服务，并且销售抵押贷款这类的产品，有时候还包含增值功能——例如，与超级市场与咖啡店的结合。成功开发支行形式的关键在于银行针对不同顾客群体提供具有针对性的价值主张。举例而言，消费者的价值主张有可能是所提供的咨询服务或便利性或地位/独特性。

针对商业客户，建立特定的中层市场商业中心以及企业银行中心，在商业客户需要每日现金交易的地理便利性时，才让商业柜台服务与零售银行业务并存。这些特定的形式以及所提供的价值促使银行工作人员满足目标顾客群的需求，并且销售产品，同时让高利润的个人以及中层市场顾客得到应该得到的重视。

在决定了分支银行的设计后，就必须决定最理想的支行地点。一旦确定了支行位置，如果改变不仅困难而且昂贵：基本建设的成本很高，而且顾客的抗拒性也可能很强。经济在变化，人们的工作和生活方式也在改变，于是那些善于抓住新的机会设立新的分支网络的银行将取得竞争优势。许多支行地点往往反映人们20年前居住以及工作的地点；而不是五年以后会在哪里工作或居住。当然，引进新的、往往更简单而且低成本的支行形式，可以在以往经济比较不发达的地区巩固自己的地位，同时比提款机提供更多的功能以及人性化的服务。

信息来源：博斯公司

图4.10　详细的微市场分析

　　博斯公司所开发的地点定位模型工具（Geo - Mapping Tool），方便在特定微小市场中基于顾客所在位置，以及竞争对手支行地点的考量，提供最佳支行地点选择的分析。中国零售银行业务的竞争越来越激烈（特别是在那些较富裕的大城市），商业上的成功关键，会取决于在每一个微观市场中，掌握每一个地区的竞争定位以及特定的顾客需求（见图4.10）。

　　有效的支行网点管理需要清晰的业绩指标以及目标。目标是否恰当取决于支行所扮演的角色、支行工作人员的能力以及组织整体的宗旨。有些银行认为支行要对销售以及服务负责，换言之，必须达到销售目标（通常是某种产品）以及达到某种程度的顾客满意度（由"神秘顾客"以及整体回客率等顾客调查指标衡量）而不负责销售的支行，衡量标准只有服务以及回客率。采取这种模式使得支行无法雇用更多的人手，或是更频繁地调整成本：需要的雇员数量应该由银行统一规划，基于其支行形式以及地点特性来决定。

　　另一种模式是让个别的支行设定自己的盈利目标。这种方式可以给支行更多的自主性。这种模式对支行管理层的素质要求更高，同时它也给予支行管理层更多的灵活性去开发针对自己地区需求的商业模式。因此这种模式适合大规模的、支行行长经验丰富的，而且地域性差距较大的银行。支行管理层可以依据利润最大化的需要来决定人力资源的增加或减少。因为区域性的差别，整体销售中的产品组合也会有所调整。这种形式也是借鉴零售业界的经验，欧洲的零售产业一开始都是由总部决定产品组合，后来的发展是给予店经理更多的自主权，针对地域性的差异，善加利用自己的当地专业知识。

　　这些指标有利于针对个别支行的管理以及经营业绩的最优化。而下一个目标是把支行网点以及其他银行渠道，包括电话以及网络渠道，整合在一起，使其整体价值比所有部分加起来的总和要高。个人顾客往往不只是用一个支行，例如人们会选择一个离家近的支行，也使用一个离工作单位近的支行。商业客户需要向中层市场银行中心咨询意见，但是在最近的支行存入现金。行业领先的银行能够追踪这些活动，并使各分支机构和部门的利益达成一致，向客户提供天衣无缝的服务。银行支行也可以因为增加电话或网上客户记功，而不是将这些渠道视为抢夺支行客户的竞争对手。

无论选择哪一种形式，需要定出可以实现的但是需要努力才能达到的业绩指标，这样才能促使业绩不断进步。内部的最佳实践指标制度（Internal Best Practice Benchmarking, IBPB）可以将对各个分支行的评价标准化，这样的评估可以用于在不同地理位置的分支行，并考虑到分支行的正式营运时间。这种分析可以找出表现不佳者以及表现优异者，所得可以用于设定改进目标（例如所有支行都必须达到前四分之一的业绩指标），或者可以用于在表现优异者身上找出学习机会。值得注意的是，如果每一间支行都在竞争成为最佳表现者，很难去促进相互间分享和学习经验。因此高层管理阶层必须平衡支行网点之间的竞争与合作。

最后，每一间支行的运营模式都需要不断地改进与改变，因此需要循环学习。资深管理层需要定期审核运营模式——虽然不一定会每年都有改变，但是一年一度的审核是最基本的。审核必须包括顾客需求的改变、市场上竞争对手的形式、银行网点的分布趋势以及各支行的经营表现。时尚的改变越来越快，银行零售形式的生命周期也变得越来越短，一些零售形式也许很快就变得陈旧不堪。同样，每一套指标或是目标都会有缺点。以销售为中心的系统会促使销售人员为了达到销售指标而将注意力放在最容易销售之处，这也许无法反映顾客的需求，或是满足银行本身的获利需求。审核业绩指标以及目标可以避免指标目标的"官僚"化，确保业绩指标与目标是促进商业成功的，而不是变成公司管理的最终目的。

促进改变

我们已经见到，定义清晰的支行运营模式包含了重要的而且十分具体的选择。不管多么特别，除非能够有效地实现，否则它们只是重要的蓝图或"模式"。在支行数量庞大的银行里，有效的实施变化总是困难的，充满着个人情绪性化的过程。这个过程需要有清晰的远见，能够坚持不断，而且必须适度地反映区域性的特性。

对针对当今需求、相互类似、位于传统地点的支行进行变革，使其成为应对未来市场需求、具备全方位功能的新支行形式，是非常复杂和令人疲惫不堪的。这个过程需要细心的计划、有创意的思考，以及严格的"变化"管理。例如，如何利用多余的空置的支行，如何在新的地点与非银行零售商结合等。

通常人为因素的挑战比结构性挑战更艰难。面对任何改变时，人们会问："这对我有什么好处？"引进新的支行形式，将零售支行与商业客户区隔，或是将富裕与大众客户区隔，通常代表人们角色的改变，特别是支行经理人的角色改变。在许多国家，零售银行业务的地位比企业银行业务低。许多人加入银行是希望能够负责重大的公司贷款。有些员工憎恨担负简单产品，如信用卡或抵押贷款产品的销售员，他们也许更抗拒销售目标性的管理，支行的重整会改变支行经理人的角色。一间支行也许同时提供企业以及零售业务，而经理人底下的部属人数会因此减少。也许有些属下会在他视线以外的"现金商店"工作，有些获利最高的客户也许会转往新的贵宾支行。名片上的头衔也许会改变，所带来的在当地的地位也会有所改变。有时候，许多人会得到挑战性高的新角色、新的升迁机会、新的地位，但是输家的感受永远比赢家深，因此对于改变的抗拒会更加激烈。

同时，支行经理人往往会基于地区性的差别，对新的运营模式提出合理的反对。毫无疑问，支行行长的意见对于运营模式的实现性与可行性极其重要，每个人都相信自己的情况特殊是人类的天性，总是会有中层市场的客户想要保持和特定支行的长期支行经理人的往来关系。博斯公司的经验所得是：这些客户一旦接触了专业中层市场商业中心更优秀、更专业的服务，观点会立刻改变。

这些挑战没有简单的解决方案。要取得成功必须理解其中的人为变数，并且将注意力放在这些改变背后的商业原因。要取得支行网点的支持——特别是支行经理人的支持——必须透过三个层面，也就是我们所谓的心、智与肌肉。一个组织要进行改变，最理想的就是三者兼顾：

心：银行是否鼓励员工改变？是否让他们感到激励？能够自己掌握新的机会？这样他们至少不会努力地抗拒改变。

智：员工是否理解为什么要进行改变？顾客以及业务会得到哪些好处？大家需要做些什么？

肌肉：员工在新的组织里是否具备扮演新角色的能力？抗拒是否基于能力而不是基于意愿？

一般而言，因为改变会产生赢家与输家，所以这个过程很难达成共识。改变不能配合落后者的步调。所需要的是总部严格而坚决的项目经理要确保支行网点新设计的目标一定会实现——不管各地的环境差异，不会因为支行的讨价还价以及调整而妥协。

支行网点价值最大化的回报会很大——而且这样的回报是来自于满足各个市场不同的需求后营业额的增加和客户满意度的上升，而不是来自于简单的降低内部成本。客户需求改变的速度越来越快，竞争越来越激烈，科技提供越来越多的选择，银行不能等待慢慢开发现在以及五年后所适用的运营模式。银行必须根据针对不同客户群体所提供的价值主张，来规划相应的银行分支机构形式，定下适合的目标以及指标。必须现在就开始实施，同时了解变迁所带来的人为变数，保持清晰的方向，将注意力与步调放在可以获得的好处上。在中国日益竞争激烈的银行业，赢家是那些在开发支行网点方面思考更详细、执行更有力，能够在个别微市场中满足不同客户群体需求的银行。

重新界定银行呼叫中心的使命——
削减成本、提高销售额，或两者兼备

金融服务机构曾将呼叫中心视为削减成本或提高客户满意度的一种方式。然而在欧美，呼叫中心却未能实现以上任何一个目标。在一个收入和利润均不断下降的大环境下，西方银行希望重新界定呼叫中心的使命：部分银行希望通过将更多的交易转为自助模式从而进一步削减成本；部分银行旨在将其转变为推动销售增长的利润中心；而一些银行则二者兼顾。无论采取哪种方式，都需要对客户需求有着深入的理解，并具备一套致力于满足客户需求的战略。

重回设计阶段

在 20 世纪 80 年代早期，为了削减整体的服务成本，银行引入了呼叫中心这一渠道。当初的设想是从高接触频率、高成本的传统网点银行服务渠道中将低价值的基本交易加以分离。理论上，这将使得网点的员工们能将精力集中于那些产生收入的活动中。

然而，银行并没有取得所预期的成果。尽管大量交易转移至呼叫中心，但是银行的交易成本或交易总量并没有因此全面下降。事实上，由于客户能轻易地访问呼叫中心，银行发现交易总量呈上升趋势。因此，他们只是建立了另一个需要持续成本管理的渠道。

多年来，银行一直尝试通过多种措施解决这一麻烦的问题。这些措施主要关注于提高话务员的工作效率、更好的程序及信息工具、通过提供杰出的服务提高客户满意度。成果固然喜人，但同时也默认了这样一个事实：需要通过结构化且有序的方式采取额外的行动。

金融服务机构现在重回设计阶段。在这样一个困难的市场中，他们正在重新界定呼叫中心渠道的核心使命：部分银行正尝试削减呼叫中心的运营成本；而另一部分则着手将该渠道从成本中心转变为利润中心。

我们的看法是，上述两种方案并不互相排斥。"以客户为中心的优化"是一种通过满足客户需求从而实现削减成本和推动收入这两大目标的方式。

在成本方面，可以通过三种措施加以改善：

1. 通过更有效地解决客户需求从而避免不必要的呼叫。
2. 通过改善自助服务体验从而减少人工服务。
3. 通过第一时间解决问题从而减少电话转接。

在收入方面，也可以通过三种措施加以改善：

1. 对每个客户的资料进行全面分析，以了解其需求。
2. 将销售流程标准化，以最大范围地在销售中利用客户信息。
3. 提高话务员的技能，使其能提供正确的产品及服务以满足客户。

最终，通过围绕取悦客户这一目标制定呼叫中心的使命，银行将能在成本和收入两方面均不断获益。

削减运营成本

削减呼叫中心运营成本的契机在于减少呼叫总量，这需要理解客户为何会呼入。根据我们的经验，金融服务企业中，50%至60%的呼入主要是由于银行自身的失误所造成的：内部政策及以客户为中心的流程设立欠佳、有限的渠道整合阻碍数据的共享、缺乏自助服务选择、沟通不畅。大部分此类呼叫可以预防。第一类可避免典型的呼叫是有关对账单何时送达、还款情况或交易款项何时到账的询问。第二类可避免呼叫是当客户感到首次服务并不充分或询问所需服务的进展时而进行的重复呼叫。这两类占到呼叫总量的20%。通过采取就相关政策对客户开展更深入的教育、主动发送通知及情况提醒、强化话务员解决问题能力的培训等方式相结合，可以减少这两类呼叫。在美国，削减5%—10%的呼叫量将每年带来1000万美元的节省。

其次，呼叫中心应该努力利用语音应答系统及网上渠道等自助服务来处理更多的客户服务请求。由此带来的经济效应十分明显：在美国，通常由话务员处理的呼叫成本每次约为4美元，而网上处理的单笔成本低得令人惊讶：仅为10—15美分。最终，那些能将5%—20%的呼叫业务从话务员处转移至网上或语音应答系统的银行，每年将能节省2500万美元。鼓励使用自助服务的第一步是简化这些替代渠道。通常，这些渠道过于复杂，客户在寻求解决问题时会觉得茫然。从另一方面看来，渠道的功能有限，导致历史交易记录或争议处理等相关呼叫经常被转至人工服务。增加自助服务的功能将使得客户在网上完成更多的工作，从而让更多的客户使用该渠道。

最后，呼叫中心应该尽量减少呼叫转移——无论是从语音应答系统转至人工服务还是从某话务员转至另一话务员（包括问题升级）。在美国一家银行中，每年有500万次的内部呼叫转移其实可以由最初的话务员解决。在某些情况下，语音应答系统会将呼叫转至错误的话务员中心。而在另一些情况下，由于对客户的呼叫请求不甚了解，话务员之间的呼叫转移也会出现失误。改善语音应答系统、强化话务员培训以在第一时间解决问题、赋予话务员更多权限以减少问题升级，将有助于解决上述问题。每年削减20%—40%的呼叫转移失误和问题升级将带来1000万美元的成本节省。

减少可预防的呼叫、将更多呼叫转至自助服务、减少呼叫转移，将是削减运营成本的三大利器（见图4.11）。同时，它们还有助于改善客户体验，大幅提高客户忠诚度，并能为将来的交叉销售提供更多

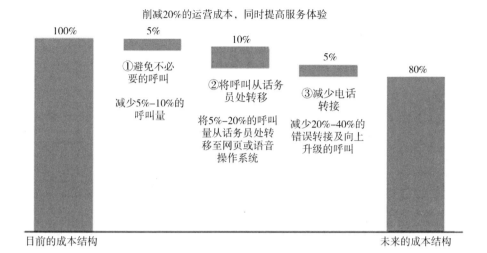

信息来源：博斯公司

图4.11　削减成本的三种方式

的机会。

　　银行必须意识到，当他们削减成本时，需要对收入进行权衡取舍。为客户制定自动提醒服务，不仅可以使他们能更好地管理其账户活动并减少呼叫需求，还可以降低他们的费用——如可以帮助客户避免支票退票。而且，随之带来的客户忠诚度更高、购买意愿更强、成本削减幅度更大，其价值远远超过所舍弃的利益。

转变为销售中心

　　目前美国的行业动向是将呼叫中心从交易渠道转变为交叉销售和向上销售渠道。最终，呼叫中心的服务人员们经常听到的指导将是"你必须从银行家的角度考虑问题；你不是客服代表，也不是话务员，你是银行家"。

　　然而对大多数银行而言，在现有呼叫中心的基础上将其转变为新型的销售渠道并不可行，原因如下：

对银行产品的需求频率并不高。当客户呼叫银行时，他们通常旨在解决问题或获得现有产品的相关信息，却很少购买新产品。因此，通过呼叫中心进行销售将是一项困难的价值主张。银行难以适时地满足客户的需求。尽管银行正不断地利用技术以求更好地理解客户的需求和意图，但这些金融服务机构仍发现难以寻找契机并适时地提供服务。

员工缺乏销售技巧。现有话务员中，具备销售技巧的不足10%。此外，这些话务员很少主动与客户沟通，以真正理解他们的需求。这表明：一线人员缺乏明确的流程或信息，难以提出正确的问题。

将呼叫中心成功地转变为销售中心，需要本着三大准则以便对目前的运营模式进行大量的重组工作，这三大准则为：对客户明确且全面的了解、精炼且标准化的销售流程以及话务员技能完善的战略。

少数成功地将其呼叫中心转变为销售中心的机构，高度致力于确定销售机遇以及适时地向客户进行销售。为了完成这一目标，他们以各种方式收集客户资料并建立数据库，使话务员能够迅速地查询每个客户偏好及购买行为。此外，还需要仔细地计算经济效益，以管理收益并确保话务员通过交叉销售或向上销售产品及服务能带来边际收益。自动化的系统可以智能地将呼叫转至适合的话务团队，而该团队的专业销售人员应该掌握各种所需的信息，并能根据这些信息理解客户的需求，知晓哪些情况下可以促成这种需求，并且明白客户实际上会对哪些产品感兴趣。数据库及客户关系管理工具能收集客户数据，将呼叫转接至适合的话务团队，并在第一时间将正确的产品提供给话务员。

此外，呼叫中心需要建立标准化的交叉销售及向上销售流程。客户希望在销售互动过程中得到正确的产品。然而，由于产品开发团队和销售运作团队间的信息差异，客户事实上很少能得到正确的产品。更为重要的是，大多数呼叫中心缺乏正确划分客户并理解其销售需求的能力。一套标准化的销售流程包括以结构化的方式提供正确的产品及服务。毫无疑问，收集更多的客户销售资料至关重要。

更重要的是，需要重新确定呼叫中心的人力资本战略。银行需要非常仔细地挑选话务员，重新界定所需的技能，并且在市场上争夺具备这些技能的人才。对现有的激励政策也需要相应地做出调整：一套以绩效为基础、辅以销售及服务考核指标的薪酬模式是确保正确行为得以鼓励的关键。这种薪酬模式应该连同销售代表的职业整体发展计划共同制定。而组织文化也需要从服务型思维转变为以销售为重心。通过这些方式，组织在其销售渠道中能更注重销售。这一切并不容易，这将需要长期努力，需要逐步实现。

前路

释放呼叫中心的内在价值需要对运营模式的关键部分进行彻底的检查并重新予以界定。在这样一个竞争激烈的环境下，实现运营成本的削减或成为销售中心的难度日益加大。在这样一个充满挑战的环境中，那些针对客户采取优化措施的机构将能获得显著的收益，并建立重要的竞争优势。

高效率的销售中心

　　面对经济低迷，银行将比以往任何时候都更加重视增加收入和收益。在这种环境下，银行本身的独立性受到威胁。在银行业务中，客户服务中心是最具有增长潜力的方式之一。客户服务中心一向致力于回应客户的问题，并帮助解决问题，但很多银行现在希望客户服务中心除了实现其传统的服务功能，还要承担更大的销售职能。

　　但是，大多数银行还没有充分利用客户服务中心的盈利潜力。相反，他们已经开始尝试培训现有服务中心的工作人员来销售产品。客户服务中心的员工本来是无需承担增加收入的职能，即使是最好的客户服务专业人士也需要通过努力才能够成为成功的推销员。更糟糕的是，由于这些员工的职能不断扩大，因此士气有所下降，销售业绩的提升也很有限。

　　银行可以而且应该将客服人员培训成能够创收的销售队伍。同时，他们还必须确保不影响服务质量。所以，银行应该重新思考整个客户服务中心的业务模式，以便将其转型成为一项全面的服务与销售业务。另外，银行还应该重新思考如何招聘、如何保留人才以及如何奖励销售业绩突出的客服人员。为此，银行需要制定一个经过深思熟虑的计划，这将带来丰硕的成果。

销售和客户服务存在的差异

　　最近，一家大型银行提出了一项战略决策，即将其客户服务呼叫中心转型成为一个销售和客服业务中心。银行开始把呼叫中心的工作人员分流成两组，一组主要集中于销售，另一组则主要集中在服务。其中，银行从自愿报名的候选人中甄选出销售人员。员工的薪酬是底薪加佣金，佣金支付与否取决于销售人员是否达到规定的最低销售目标。那些职能主要集中在服务业务的工作人员也可以进行销售，但是他们的销售目标较低，他们的薪酬中不包括佣金。作为一个试验，该银行还聘请了一批非金融业出身的销售专业人员。

其结果是：虽然这项转型提高了销售业绩，但是银行的利润仍然低于其目标。大多数非金融业出身的销售人员的业绩则相当亮丽，其中一些销售人员成为销售冠军。然而，由于那些从服务业务转岗到销售的工作人员缺乏经验，所以业绩不尽如人意。

在评估了银行的新操作之后，博斯公司发现：银行根本不了解销售和服务员工之间的关键差异。事实证明，成功的销售代表具有很高的积极性，竞争力强，希望赚更多的钱。他们非常迅速地与客户建立良好的客情关系，侧重于了解客户，善于将客户需求与具体银行产品相匹配。

另一方面，虽然原先从事服务业务的工作人员进行了大量销售培训，但是他们在销售时无法做到得心应手。一般来说，他们的动机不是出于金钱，也很难适应销售目标为导向的高度竞争的销售环境。他们更加看重一个合作的团队环境。这些员工缺乏成为顶级推销员的个人特质，所以销售培训、管理层压力、销售目标或者薪酬提高都无法从实质上提高他们的业绩。

成为销售和服务中心的四个步骤

我们认为：如果银行希望将以服务为导向的呼叫中心转型成为综合型的客服与销售中心，银行必须侧重于四个关键问题：保持高水平的服务水准，雇佣优秀的销售人员，合理激励销售人员，以及重新思考目前的呼叫中心模式。

保持高水平的服务水准

当消费者在给呼叫中心（无论是银行、航空公司或其网上零售商）打电话时，他们都有很高的期望值。他们希望银行提供高水平的服务，正如

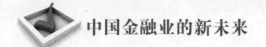

他们从美国运通、富达、亚马逊以及联邦快递这些领先企业所享受到的服务一样。

但是，我们看到一种趋势：银行急于提高销售而忽视了保持高水平客户服务的重要性。因此，消费者会转而投向能够提供更好服务的竞争对手。有效的服务与销售战略的第一步是确保呼叫中心继续满足客户的服务需求和期望。在这方面获得成功的金融机构往往重新制定了一套全面的业绩指标、服务标准（例如回答客户问题的平均速度、回答问题质量的评分和客户满意度）以及销售业绩标准（例如成交率等），然后按照这些标准进行管理。对于制定了这一套标准的银行而言，重要的是根据服务业务的整体战略来确立各个细分市场的目标。

服务与销售人员

通过适当的培训和经验，服务人员就可以转型成为销售人员。这听上去像是个神话。除少数例外情况之外，服务人员和销售人员在性格特质和专业技能方面完全不同。无数的研究已经证实：优秀销售人员拥有共同的性格特质，他们充满自信、善于交际并愿意承担风险。在与陌生人交谈或者在与别人交往时，他们驾轻就熟。优秀的销售人员往往不怕别人拒绝，并且愿意尝试多种策略，从而完成销售目标。

而优秀的客户服务人员则小心谨慎、有条不紊而且善于倾听。他们可以冷静地化解压力，但是害怕犯错。对于客户拒绝的承受能力，他们往往不如销售人员。

为了提高销售业绩，银行会向销售人员施压，而银行的挑战是充分理解一个成功的销售人员应该具备的素质，在哪里可以寻找到销售人才以及如何保留住销售人才。强迫将客户服务人员转型成为销售人才将事与愿违。

激励销售人员

如果银行呼叫中心聘请了顶级销售人员，最大的挑战是如何保留住这些人才，特别是鉴于目前银行面临强大的增加存款的压力。银行永远需要优秀的销售人才，所以银行必须制定出与众不同的价值主张。

为了更加合理地激励销售人员，银行往往需要大幅转变对于呼叫中心服务人员的固有思维。目前，许多银行并不鼓励呼叫中心的销售人员冒险；相反，他们要求这些销售人员在满足客户需求方面遵循严格的规范。销售人员往往需要请示上级，而不是独立解决问题。从合规的要求来看，这些制度都是必要的。但是银行应该创造一种氛围来鼓励销售人才灵活应变以及承担风险，从而充分发挥其潜力。

以销售人员是否严格地遵守制度来评估他们的业绩是不能够激励销售人员的。优秀的销售人员应该能够从交谈中发现客户的需求，然后说服客户。当然，前提是他们的方法符合法律规定和银行制度。如果销售人员的业绩完全取决于是否合规则，就会适得其反。如果银行不能够给优秀的销售人员提供优越的工作环境、具有竞争力的薪酬和职业发展空间，那么银行将面临人才流失。

呼叫中心模型

那些在客户服务中心引入销售人员的银行中，大多数的银行则遵循传统模式——客服代表接听电话，回答客户提出来的问题，随后向客户推销产品或者将电话转接至销售代表。在这一过程中，客服代表将根据特定客户或客户所在细分市场，初步确定客户所需要的产品。定制产品或者细分市场所需的信息分散在多个系统，而且彼此缺乏联系。该模型的假设是建立在每一位顾客具有相同的价值和忠诚度，而每一位银行工作人员具有相同的知识和技能。那些衡量客服和销售业绩的标准往往侧重于效率（例如申请流程）和成本（例如平均处理时间），而不是效力和价值。

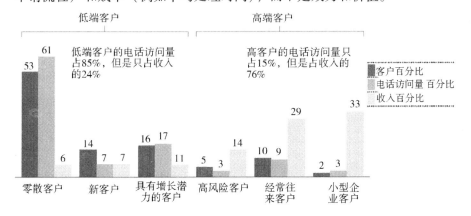

图4.12 各个细分市场的客户电话数量与收入

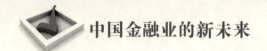

这种模式必须改变。首先，银行必须根据客户价值来培养呼叫中心工作人员的技能和知识。当客户致电呼叫中心，工作人员应迅速地从来电显示或者客户编号认出客户。对于银行而言，客户的现有的和潜在的价值是什么？客户应该接受什么级别的服务？目前向客户推出的产品和服务是否适当？哪些银行的服务或销售资源最能够满足客户的需求？如果银行呼叫中心以这种方式操作，那么银行将确保其高端客户得到无微不至的服务，而不是将资源过多地花费在低端客户上。（见图4.12）

其次，银行必须明确向什么客户提供什么具体的产品。同时银行还需要分析客户当前的银行业务关系、产品和价值，客户历史交易记录，当前客户呼叫客服的目的，从而决定客户需要什么产品。有些客户需要网上银行之类的产品，而有些客户需要存款或贷款产品。如果不是针对性地提供产品，那么即使是最优秀的销售代理也不能将产品推销出去。

第三，银行必须认真探讨客服和销售的分工问题。如何确定销售负责人？谁负责申请和执行？如何根据产品或者客户细分（大学生还是退休人员，高端市场还是大众市场）来调整业务分工？呼叫中心的客服人员在什么情况下将客户电话转接至其他同事？这些问题都可以一一正确解答。但是，客户需要的是服务周到的电话转接，即最开始接听电话的客户人员一直等到其他同事接起电话才挂断电话。而冷冰冰地电话转接会招致客户的反感。

按照这些标准去改造呼叫中心将需要升级IT系统，以便收集客户信息并为他们提供最好的服务。这些系统还必须能够制定出业绩标准，这些标准远远高于呼叫等待和电话接听的传统标准。

正确提出问题

许多银行都希望通过将客户服务中心转型成为服务销售中心来增加收入。为了实现这一点，银行需要权衡其服务职能和销售职能，即在保持服务高标准的前提下，提高销售业绩。这将需要打破传统服务模式，重新确立销售和服务相结合的模式。

为此，我们建议银行考虑将客户服务中心转型成为服务销售中心。而对于那些正在实施这一转型的银行，我们建议银行考虑三个关键问题，这将直接影响到未来的成功。

业绩优秀的销售员工是哪些？以及他们保持良好业绩的驱动因素是什么？

银行的技术和流程是否能够挖掘现有客户和潜在客户，是否能够确保这些客户得到针对性的客服或者销售服务？

银行应该如何调整经营模式、工作环境和员工价值主张，从而确保在短期内以及在长期内提升销售业绩？

这些问题的解答，将帮助银行了解到需要做些什么才能取得客服销售业务的成功，从而达到最终取得成功的目的。

风　险

风险管理：应用三道有效的防线，重振行业典范

过去 18 个月中，许多西方金融机构损失惨重。人们将这种损失归咎于多种外因：如所有权结构及激励政策、评级机构、对某些产品缺乏有效的市场定价等等。但事实上，我们认为如果银行能够回归对一些基本环节的关注，特别是如果将有力的风险文化与三道有效防线进行结合，可以规避损失，事实上这已经在部分银行得到验证。这三道防线由对风险具有敏锐判断力的人才所组成，是有效风险管理的核心。

绪论

当前的衰退主要源于美国金融市场：美联储的低息政策使整个美国经济充斥着杠杆行为，尤其在消费贷款（特别是房贷）领域中。祸因并非出于（缺乏）监管，而是出于次级信贷的过度扩张：如银行发放贷款额为抵押物价值 105% 的贷款却未经信用审核。通过将这些债务打包（如"担保债务凭证"或"按揭/资产担保证券"）并转售给包括其他银行在内的投资者，各种规模的银行均能因此解放其资产负债表，并再次投入此项业务。

这项举措得以持续进行的假设是：这种"安全的"抵押债务能带来持久的还款收益，换句话说，房地产市场会持续上扬。通过评级机构的结果，许多（全球性的）机构也对此予以采信。

低息政策的第二个后果是银行的资产负债表呈现爆炸式增长。而大量的资产收购也导致了不顾后果的杠杆行为：某些银行的债务资产比达到30：1、40：1甚至是100：1。根据近期对一些著名金融机构的访谈，我们得出这样的假设：造成这一切的元凶并非是央行的低息资金、缺乏监管，或者是风险的"复杂性"。金融机构的职责本身就是对风险进行收集、定价、分解、去除关联、再次整合并进行定价。因此，将这一切归咎于风险复杂性等于倒退到易货贸易的时代。罪魁祸首实际上是一些大银行中混乱的治理结构、不良的激励体系以及糟糕透顶的风险管理。

随着美国房地产市场进入不可避免的萧条时期，以举债经营推动的增长开始转向下行。对初始债务发行者（或转售债务所有者）而言，资产价值已跌至贷款价值以下。此外，"整合打包"的主要目的之一就是建立一个低风险或风险分散化的资产包。然而，这是建立在主要资产并非相互关联的前提下，而绝非把"赌注"都压在一个"超级赌注"上——即美国房产市场。

我们现在所看到的几乎完全顺应了达尔文的理论：物竞天择，适者生存。随着增长的压力在过去数年中越来越大，几乎所有的银行都更关注于绝对或相对收益，而对风险本身则越来越疏忽。然而，由于银行在基础能力上（特别是在融资、人力资本及能力方面）水平参差不齐，我们目睹了一些相对脆弱的业务模式（如独立的综合性投资银行）正濒临消亡。当然，我们还会看到对增长和风险的追逐超过其自身掌控能力范围之外的银行陷入困境，如那些德国中型银行。未来发展的事态可能是：包括中型保险公司在内的其他从业公司的亏损也会逐渐浮现。

风险治理的失败

巨额的亏损使许多高管人员成为受害者。尽管首席执行官们和投资银行部门的负责人们已经纷纷引咎辞职，但事后评估和行业评论家们却将矛头指向事件背后的多种外部原因：公共所有权及薪酬结构所引起的道德风险效应、整个行业内的"从众"心理、评级机构的薪酬计划及模式、不透明的汇报体系及虚假的表外转移以及某些产品缺失充分的市场定价基础等。毫无疑问，这些因素确实起有一定作用。然而在许多方面，这是由于风险管理这一银行的核心职能的失误所引起的。我们所谈论的并不仅仅是风险管理这一单一的"部门"，而是全局意义上的风险管理。

不可否认，在过去，银行在风险管理工具及流程上曾进行过大量的投入，并进行了一系列复杂的大型项目。尽管这些努力通常都符合有关的监管规定，但是却未能解决根本的问题。例如，很少有银行充分致力于解决造成数据不完整和数据质量低的根本原因，从而导致系统不能有效地生成及时、相关且以决策为导向的信息。而一旦拥有这些信息时，却极少有管理人员具备能做出可行性决策所需的经验、权威及全局观。此外，尽管在银行内很少有人理解（更不用说监管者了）复杂的风险模型，但对风险模型的过度依赖造成了一种虚假的安慰。

然而，与科技和模式相比，更为严重的差距在于每个人的职责定义以及决策流程。尽管好的方法和流程能为可靠的风险管理框架打下基础，但绝不能轻视人在决策中所扮演的角色。对许多机构而言，在危机发生前那种看似良好的环境下，企业强烈追逐利润的压力导致风险控制部门去批准风险更大的交易。反过来，对企业风险文化的侵蚀也削弱了风险纪律的地位。有意思的是，在动荡的市场中成功地实行风险管理的关键是：在贯彻风险文化的情况下，重振有效防线这一基本理念（见图 5.1）。

建立有力的风险文化

企业的风险文化源自其领导层。如果董事会希望能理解、定义并积极管理其企业的风险承受力，那么就必须具备一个在业务及风险方面拥有深厚专业经验的高级领导核心。董事会需要认识到所管理的风险：实际上，这就意味着董事们不仅仅需要知道相关情况，而且还需要理解蕴涵在主要的产品创新和产品集中内的风险收益因素。此外，他们还必须知晓并接受主要实施决策所带来的后果：举例而言，大多数（投资）银行的董事会并

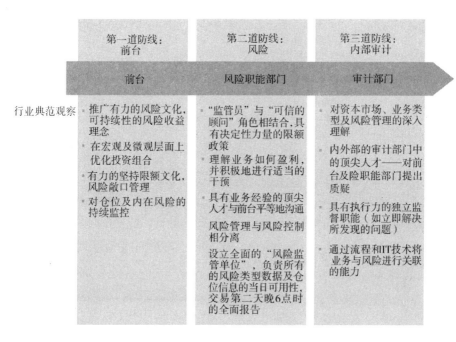

第一道防线： 前台	第二道防线： 风险	第三道防线： 内部审计
前台	风险职能部门	审计部门
• 推广有力的风险文化，可持续性的风险收益理念 • 在宏观及微观层面上优化投资组合 • 有力的坚持限额文化，风险敞口管理 • 对仓位及内在风险的持续监控	• "监管员"与"可信的顾问"角色相结合，具有决定性力量的限额政策 • 理解业务如何盈利，并积极地进行适当的干预 • 具有业务经验的顶尖人才与前台平等地沟通 • 风险管理与风险控制相分离 • 设立全面的"风险监管单位"，负责所有的风险类型数据及仓位信息的当日可用性，交易第二天晚6点时的全面报告	• 对资本市场、业务类型及风险管理的深入理解 • 内外部的审计部门中的顶尖人才——对前台及险职能部门提出质疑 • 具有执行力的独立监督职能（如立即解决所发现的问题） • 通过流程和IT技术将业务与风险进行关联的能力

行业典范观察

信息来源：博斯公司

图5.1　对于风险管理治理结构的行业典范观察

不讨论绝对杠杆效应剧增所带来的后果，或银行家们在某些范围内几乎毫无限制的盈利能力所带来的意料之外的后果。积极地调整风险预测并就其达成一致是建立风险管理文化的第一步。在这种风险管理文化下，风险管理被视为前台业务的基础而非需要规避的障碍。

建立适当的风险文化的第二步是鼓励持续性的沟通，一种对潜在的风险问题进行正确干预的文化。这是对个人责任制这一合理原则的有利补充。换而言之，正因为有明确的责任制，"事不关己"这种现象才不会随之发生。现代投资银行产品涉及包含更高风险的多种资产类别。在投资组合层面，危险的相关性不仅存在于公司的仓位间，而且还存在于公司的仓位及竞争对手的仓位间。不论是产品、职能部门还是在特定资产类别中具有专家经验的那些个人，都无力独自承担起职责来确定并减少那些可能造成大量损失的原因。鼓励沟通的方式很简单：风险管理人员坐镇交易厅，鼓励而非打压对投资组合的不同观点。

强化风险文化的第三步是扩大风险团队的人员组成，特别是在前台人员这一层面上，并且切实地将范围扩大，使得风险专业人士能参与执行委员会或董事会。尽管风险管理组织的规模与日俱增，但是通常都缺乏顶尖的人才。有多少前交易员实际参与过风险团队的工作？有多少风险管理人员具备了娴熟的定量技巧和对业务的深入理解？有多少董事曾坐镇交易大厅？通过对业务及其不断发展的产品要求的深入理解，树立风险职能部门的权威性将对牢固建立风险文化大有裨益，在这种文化中，风险专业人士被认为与决策人员具有同等地位，而非仅是"支持性"人员。风险管理不应仅是风险职能部门的责任，而应是整个企业的责任。

回到基础——三道防线

高级管理层及决策人员——第一道防线

足球经理们曾说过，当守门员未能扑出进球时，在他之前，其他十名队友也一定漏过了该球。这些银行中从事固定收益业务的交易员和部门领导显然也未能把好关。他们通常只是去赢得一场比赛，借此建立各自的个人名声，而不是寻求与整个团队通力合作去赢得整个联赛。

许多机构（特别是评级机构）在信贷危机后成为了替罪羊。诚然，投资者们认为可以依赖于评级机构为他们提供可靠的评级信息的这一想法是无可厚非的，然而，我们必须指出，如果买卖双方的高级管理层能够进行更为详细的审查将会极大地有助防止某些问题的发生。例如，高盛的二次抵押证券产品之一——高盛可选式抵押产品信托 2006 - S3（GSAMP Trust 2006 - S3）是经过公共审查的产品，这些二手资产的平均贷款价值比为99.29%，其中58%为 GSAMP 未能有效撤销回购权[①]的无凭贷款或低凭贷款。这批证券中有93%被评为投资级。事实上，不需要很复杂的模型就能对这些证券的买卖合理性提出质疑。

前台人员和（或）高级管理人员所负责的第一道防线具有以下三个特点：可持续性的风险收益理念、可用且最新的风险相关信息、对限额及其他基本控制手段的遵守。

可持续性风险收益理念是沟通型风险文化的必然结果。首先，应该对新产品的现有仓位及新仓位等进行广泛的探讨，而非仅仅是满足季度目标或其他短期目标。其次，前台人员和高级管理人员应该对仓位及其所承担的风险具备可靠且一致的信息。接下来，必须遵守限额及其他基本控制手段：例如，限额设定及限额监控必须由有力的机制来完成，必须强制交易员休假，职责划分必须明确且强制执行。

风险管理——第二道防线

除了慎重且负责的前台人员之外，银行还需要一个有效并受到尊重的风险管理职能部门。风险管理人员需要跳出其传统的"限额巡警"这一角色：不仅需要理解前台人员并对其提出质疑，还需要完善对集中性、相关性和预警的深入理解。财务部门必须完善对收益率背后的风险收益因素的理解，使其更具判断力。

如果一流的风险管理的秘密在于某个企业的风险文化，那么这种文化一定建立在风险管理人员的能力之上。高素质的风险管理人员是风险管理部门平等地参与决策并让前台人员尊重风险纪律的保障。这些风险管理人员不仅要对业务及其所承担的风险有着清晰的理解，而且还要跟得上产品迅速发展且愈发复杂的步伐。

当然，这些经验丰富的风险管理人员仅靠自己是远远不够的。他们需要一套支持性的组织架构、基础设施及内部流程。为了强制执行并推行适当的快速批准机制，风险管理者需要及时且准确的数据以及相关的权力。此外，责权分配必须明晰。

在涉及结构性产品等跨类别产品或涉及跨风险级别的相关性或集中性评估时，传统的风险类别划分并不能起到很好的作用。我们越来越多地看到交易风险团队不仅要应对市场风险，还需要处理所交易产品引发的竞争对手和发行商风险。为了对各种风险类别有更广泛的了解，投资组合监督部门或战略风险管理部门正变得越来越普遍，这些部门在宏观层面上进行压力测试及集中性分析，并具备推行必要变革的权力。

然而，精细的风险分析需要针对非流动性资产进行可靠的市值计算。尽管整个体系中对市值计算的负面影响有些非议，但是，这种制度将会使

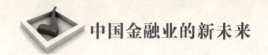

得市场机能可以（极大地）免遭如今信贷危机的破坏。此外，金融机构独立地确认"市场价值"这一职责也至关重要。

最后一点也非常重要：第二道防线效力的实现需要控制部门（财务部门、风险部门、合规部门）通力协作。例如，财务部门过去通常会在业绩不佳时批评性地进行质疑，而对绩效好的原因却缺乏足够的重视。致力于剖析正面或负面的利润动因将毫无疑问地成为未来流行的思路。

内部／外部审计——第三道防线

就目前情况看来，内部审计这一第三道防线也未能为前两道防线的有效性提供独立且客观的保证。

为了使第三道防线能有效地管理董事会所批准的政策及程序，不仅需要对前台如何盈利等业务问题有着良好的理解，而且需要对风险管理规定有着深入的理解。在一流的企业中，内部审计及金融团队具备将深厚的流程及 IT 知识与其对业务及风险的理解相结合的能力。例如，内部审计团队应该对市值计算的仓位进行调查和确认，确保在不同系统中传递时的信息完整性。

此外，第三道防线还应该对每个职能部门制定一套有力的评判方法，而不是仅仅对监管人员进行检查。这并非不可想象，例如，在评估证券化流程后，内部审计团队可能会向董事会提交他们的结论，提醒董事会注意诸如过度依赖评级机构等潜在的问题。而普遍的情况却是，内部审计团队仅以逐项核查的方式记录整个流程以确保合规，而对潜在的缺点缺少必要的评估。

最后，第三道防线必须得到授权以推行其研究结果。内部审计的条目通常日复一日地悬而未决，而那些未能履行的管理人员却不承担任何后果。因此，需要建立更为严格的步骤，由高级领导负责。

结论

"好了伤疤忘了痛"是金融市场一直存在的问题。自从 1995 年巴林银行倒闭和 1998 年长期资本管理公司被共同接管以来，对如何防止发生类似损失已经有了一系列的建议。回顾过去，风险管理在科学和技术方面都取得了长足的进步。但是在更为基础的层面上，即关于有效的管理、有力的第一道防线及健全的风险文化等方面，仍有很长的路要走。

当前台人员已经开始有了谦恭的姿态，而且在企业内部形成了强烈的共识时，银行管理者们应该充分认识到这一点，抓紧时机，马上行动起来，早日建立一套有力的风险管理文化。毕竟，美国总统奥巴马的首席幕僚伊曼纽尔·拉姆（Emmanuel Rahm）的一番话"不可浪费危机"，做出了最好的注解。

注释：

① 《难以下咽的次贷》，《华盛顿邮报》，2007 年 10 月 16 日。

有效的运营风险管理

什么是运营风险？

全世界的银行都在投入资源以及时间来开发其运营风险管理（Operational Risk Management，ORM）能力，这种现象主要是由两个因素推动的。首先，银行了解在日益复杂、涵盖面越来越广的商业环境中，自己面对许多不同种类的潜在风险，这些风险带来的损失可以高达数亿美元以上。其次，"新巴塞尔资本协定"（Basel II）关于资本金的要求，使银行可以通过建立成熟的风险管理能力而大幅减少其所需的最低资本要求。全球规模最大的一些银行在适应"新巴塞尔资本协定"方面的支出平均超过了1亿美元，中型规模的银行的投入也超过5000万美元。其中运营风险方面的支出占此总额的10%。

尽管如此，对于运营风险的定义还有一些值得争议之处。"新巴塞尔资本协定"对运营风险提出了一个兼具适用性与实用性的定义：

"由于内部流程、人员、制度上的不足或失误或由于外部事件而导致直接或间接损失的风险。"

因此，这个定义涵盖了人为、流程、制度以及外在因素所造成的损失。"新巴塞尔资本协定"列举了七种类型的运营风险事件：

内部欺诈

外部欺诈

雇员活动和工作场所安全问题

客户、产品、业务的安全

有形资产的毁损

业务中断以及系统故障

执行、递送以及流程管理

在这七种类型的范畴内，"新巴塞尔资本协定"也详细地给出了所谓的第三层定义，描述了每一种类所包括的主要风险。为了使银行能够依据高级衡量方法（Advanced Measurement Approach，AMA）最大程度地获取由降低资本要求所带来的好处，"新巴塞尔资本协定"规定了，七种风险管理必须在八个业务层面可以量化衡量。从而，这些关于运营风险（任何非市场风险或信用风险）的严格定义比起其他的定义更加实用。

在某些人看来，运用风险管理（ORM）很大程度上是一种相当稀罕的技术性学问，主要依赖"黑盒子"一样的数据工具以及数据库。虽然在实际执行中，数据库以及统计技术是很重要的，ORM更应该被视为一种需要在组织内部所有工作中嵌入的能力和原则。根据我们的经验，很多银行已经意识到：主动采纳运营风险管理可以在改善工作守则以及管理流程的过程中起到非常有价值的催化作用，并且所得到的好处远远超过数据本身。

为什么对于中国的银行来说，运营风险管理很重要？

所有的银行每一天都面对运营风险。报纸头条新闻中的运营风险灾难是众所皆知的，举例而言，1995年巴林银行（Barings Bank）因为金融衍生品交易（Derivatives Trading）而倒闭；2002年，爱尔兰联合银行（Allied Irish Bank）因为外汇交易亏损了6.9亿美元；2005年，万事达信用卡集团宣布大约4000万信用卡顾客账户被一名黑客利用电脑病毒侵入，因此造成的亏损相当可观；同样的，中国的银行业也面对了自己的问题，许多个人现在因为欺诈而被判刑。

许多中国的银行也雄心勃勃地志在达到"新巴塞尔资本协定"的世界级金融机构的标准。必须注意的是，"新巴塞尔资本协定"的具体条款以及实施时间还在议论当中。除此以外，全球一些最大规模的银行正在面临巨大的挑战和采纳"新巴塞尔资本协定"的方法所需的高额成本。因此，我们的观点是，最好把"新巴塞尔资本协定"要求视为行动的指导原则，把完全遵守协定的要求当作一个发展方向而非短期目标。切实的最低目标以及降低风险的目标可以通过系统性的努力在数年内实现。银行需要以"审计"为起点逐步建立公司治理、定性的和量化的评估机制。直到最后，最复杂的运用风险值（Operational Value - at - Risk，VaR）模型才被用于处理一直以来所累积的运营风险以及亏损事件数据库（见图5.2）：

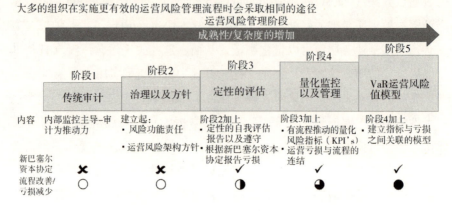

图 5.2　建立运营风险管理能力的五个阶段

　　中国经济以及金融系统的快速发展使得运营风险管理更加重要。中国市场的规模以及多元化增加了管理上的挑战，找出并处理潜在的巨大风险的任务越来越艰巨。整个组织体系内部新的业务流程、变化的业绩指标以及激励机制都增加了风险，需要有效的管理。新产品的问世（例如信用卡、各种形式的抵押贷款以及将贷款证券化的兴起）以及渠道的增加都带来了更大的复杂性。这些变化总体上是有益的，但对其风险透明化和管理的要求也更为迫切。金融机构不断进入新的业务领域，例如，基金管理以及保险业务。虽然不断努力建立信贷风险控制能力，流程再造时往往会发现重要的运营风险管理方面的缺失——举例而言，无论信贷风险的决定如何有效，只要抵押表格的签署不合规，将使得贷款银行对抵押品缺乏有效的控制。

　　为运营风险管理项目建立一个明确的商业目标，是成功实施运营风险管理的成功关键。它可以促使高级管理层把注意力放在管理实施上，确保及时获得成效，并且评价所需投资是否值得。

博斯运营风险管理金字塔

我们的运营风险管理一共有五个核心层面（见图5.3），共同确保运营风险管理措施获得实在的收效，而避免其成为纯粹的制度变化。更重要的是，运营风险管理由银行的战略所指导，而且是深植于组织整体的管理原则。运营风险管理绝对不可与变成高级以及中级主管都不理解其目的和含义的多余的技术性演练。

博斯的运营风险管理ORM金字塔包含管理战略、组织结构、流程、系统以及运营风险管理ORM文化

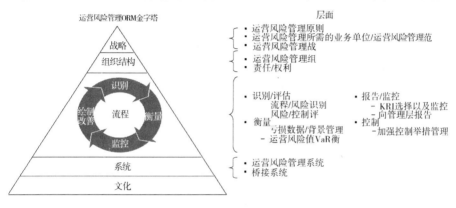

信息来源：博斯公司

图5.3　金字塔

金字塔最高的两个层面，战略以及组织结构定下了运营风险管理措施的方向，并且确定了组织体系内部的权责归属：

战略：银行减轻风险的方法是什么？有四种基本的减轻风险的战略，每一种适合不同的条件。

转移：小概率的大规模风险。例如购买保险或是在资本市场套头交易自然天灾这种风险。

避免：大概率的大规模风险。例如，某种特定的业务或国家的风险特别高，如在正处于战争中的地区开展业务。

接受：小概率的小规模风险。银行也许会计算运营风险的成本，并纳入产品价格的决定。也许包含在信用卡业务中处理作业失误的客户抱怨处理成本。

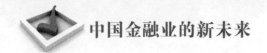

减少：大概率的小规模风险。例如重新设计信用卡递送的作业流程，来解决 PIN 密码被盗窃的问题。

组织结构：谁负责运营风险管理？员工直接从属关系是什么？虽然明确的组织机构会取决于银行整体的结构、银行的文化以及业务范畴与能力，我们发现每一间银行在运营风险管理方面都必须具备"三道防线"：

第一道防线：前线管理层必须积极监控并且管理其业务单位的所有运营风险。可能在企业内有一个运营风险团队在支持，向前线管理层以及第二道防线的管理团队负责。

第二道防线：总部的运营风险管理团队定出运营风险管理战略、政策以及流程。对整个组织的措施以及流程一致性负责，而且逐步建立运营风险管理能力（如图5.2所显示）。

第三道防线：高层管理阶层通常特别设立的一个运营风险管理委员会，委员会负责持续地监督、批准，以及设定运营风险管理的优先顺序、资源重整以及实施。

第三个层面，**运营风险管理流程**是有效运营风险管理关键的一系列举措。它是一个四阶段学习过程（见图5.3）：

识别/评估：第一个阶段需要透过详细的流程分析来识别风险。我们采用专有的 BoRN1 方法，并且结合现有的银行法规以及指导原则，在所有的银行流程中找出主要的潜在风险。我们发现密切参与某些特定流程的员工往往对于运营风险的知识最丰富。我们因此建立了结构化的、基于软件的博斯 CSA2 方法，来显示所有主要流程中的潜在风险。进行评估以及考核后，确定结果是显著的而且没有受到操纵。依据"新巴塞尔资本协定"的定义列出所有的风险，所得是三种可以用来找出风险的重要风险指标（KRI）（Key Risk Indicator）：

1. **事件性风险指标**：什么事件会导致亏损？
2. **因果性风险指标**：什么导致亏损？

运营风险管理ORM流程包含风险辨别/评估、衡量、监控/报告、以及加强控制的举措

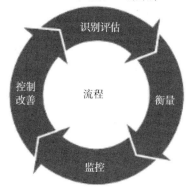

- 透过流程分析辨别风险
- CSA（控制自我评估）
- 重要风险指标KRI的辨别

- 加强内部控制制度的改善
- 加强控制的举措

- 亏损数据搜集/分析
- 情景分析
- 运营风险值OpVaR

- 重要风险指标KRI监控
- 流程性报告与计划举措

信息来源：博斯公司

图5.4　流程循环

3．流程性风险指标：哪一些流程以及附属流程受到影响？

评估可得最具风险的流程——修饰过的案例

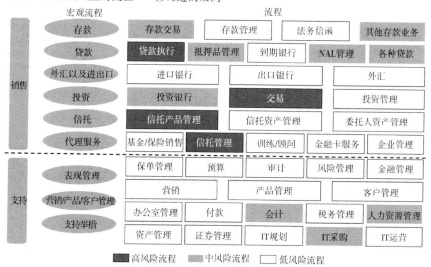

信息来源：博斯公司

图5.5　业务流程

这些工作会提供对整个组织内部那些风险最高的业务流程的全局认识。（见图5.5：经过修饰的博斯公司案例经验）

衡量指标：一旦定义出不同的风险块区并定出优先顺序，我们需要更加精准的衡量风险（或致亏事件）的规模。这会包含特定致亏事件的发生概率以及其发生的潜在损失。使得管理阶层将注意力放在价值最大的块区，建立日后在高级衡量方法（AMA）下，符合"新巴塞尔资本协定"的基础。

中国的银行和海外的机构同样面对取得衡量运营风险数据困难的问题。在大多数的案例中，无法取得足够的"新巴塞尔资本协定"所需要的数据，因此，我们采用了两个阶段的做法：

1. 利用现有的数据来预估并量化运营风险。虽然来自外界的数据也可以提供可借鉴的预估，但银行在收集到自身的数据后必须使用自身的数据。在技术层面，我们采用运营风险值 OpVaR 模型作为指导性框架，以及 Monte – Carlo 统计模型来获得在特定置信度上的亏损分布估计以及设定银行所需要的资本金。

2. 定义并且建立更加完善的致亏事件数据库以及数据收集流程。这可以提供一个基础，满足未来更加精准的运营风险值 OpVaR 模型计算的需要，引进更完善模型的需要，以及应用于通过"新巴塞尔资本协定"高级衡量方法评估的需要。

监控：在最初几年里，比精准衡量运营风险更加重要的是，经常并且积极采用运营风险报告来监控风险，并且采纳符合之前所拟定的运营风险管理战略的举措。我们建议针对组织体系内部每一个部门以及业务单位开发一个"风险指示板"，来显示并且总结所有相关的重要风险指标。这个风险体系有结构性，能显示全局性的运营风险情况，同时又可以细分成组织下一个层面上的易于理解的变量以及问题。举例而言，零售银行的"指示板"应该说明零售银行业务的整体情况。同时，更细一点，管理层可以评估各个省份和各种产品的运营风险。

改善控制：与所有的监控一样，造成差别的是行动。前线管理人员以及运营风险管理委员会需要依据风险指示板采取一些行动。所选择的风险战略会决定适当的行动，也许是继续改善流程来降低风险，或是决定购买保险。行动的成功与否也可以透过风险指示板来监控。

博斯架构的第四以及第五层面——系统以及文化——是实现有效运营风险管理的关键：

系统：在大规模、日益复杂的金融机构里，成功的运营风险管理需要技术上的支持来搜集并量化风险，并且提供管理阶层所需要的情报。举例而言，在一个博斯公司的案例中，我们找出了 1945 个风险以及 388 个重要风险指标 KRI（Key Risk Indicators）。然后，我们确定了功能系统所需要的持续数据搜集、衡量以及报告。在开发系统之前，必须先明确定义运营风险管理战略、组织和流程，而不是相反。如果不按照这个顺序，运营风险管理的实施会变成一个规模巨大的 IT 系统项目，所具备的功能无法有效支持辨识和管理运营风险的需要。

文化：不论多好的系统，其本身是无法解决运营风险方面的问题的。有人的使用，系统才能发挥作用。没有任何系统可以追踪组织体系内全部的风险。因此任何运营风险管理制的核心就是建立运营风险管理的文化。文化的改变从来都不容易，需要明确的领导以及持续多年的坚持。倡导新文化的先锋需要得到认同、提拔以及其他的奖励。那些举止与新文化不相符的，特别是阻碍和打击他人接受新文化的那些人必须面对后果。

通往成功的路线图

银行必须在运营风险管理金字塔的五个层面都有所改进，才能取得降低业务风险以及减少"新巴塞尔资本协定"所规定的最低资本要求的好处。虽然技术风险控制能力以及系统技术是不可或缺的要素，运营风险管理本质上是组织全面性的变革管理项目，需要改变人们的日常行为。这样的项目涉及许多不同层面（见图 5.6）。

有效的实施需要一个核心团队进行系统化的项目管理，并且与前线部

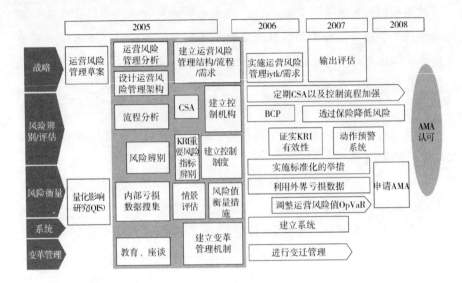

信息来源：博斯公司

图 5.6　通往 2008 年 AMA 认可的路线图

门密切的合作。项目必须从战略开始，确保所有的努力都集中在最能创造价值的举措上。这个项目需要深植到组织体系内部，成为前线管理层的责任的一部分——而不是独立的 IT 或风险专家的项目，并且必须得到专家以及员工的支持、辨识/衡量/监控/改善的循环过程会持续推动变革的实现。

最重要的是，因为从运营风险管理的进程到最终实现目标需要持续几年以上，高级管理层的坚定支持十分关键。将得到的成果是值得一切努力的。其中的一项回报就是获得"新巴塞尔资本协定"的 AMA 认可。可是更大的成果是业务上的收获，因为减少了内部以及外界欺诈、系统故障、自然灾害等各个方面带来的损失。

信息技术与运营

 绩效管理

"你能否告诉我这一贸易加权成本指数与我们的战略目标如何相关?"

"这50个指标中哪个指标说明了我们对所获服务的管理情况?"

"我们如何向客户保证我们的服务水平正不断改善?"

金融服务领域内,频繁提出上述问题的高管们可能正受困于一个日益重要的难题:如何衡量并评价整个组织内运营的绩效。随着复杂性的日益严峻以及对成本控制的不断重视,这一挑战已经摆在人们面前。

这些运营领域涵盖前台、中台及后台业务,是银行竞争差异化的来源。一直以来,运营和创收部门间所开展的对话主要集中在交付成本。不过,一些高瞻远瞩的金融服务机构已更关注如何制定衡量指标,以便在运营领域内获取所提供服务的价值。

这些指标明确地将运营绩效及个人绩效与企业战略联系在一起,使得运营管理人员能够准确地勾勒出他们对业务目标所作出的贡献。这种透明的指标使得运营官能更好地阐明自己作为高管的价值,或使得提供运营服务的企业更好地向客户阐明自身的价值。

作为回报,利益相关人能对关键运营的绩效有一个深入的认识。如果设立正确，那么这套全面的绩效衡量程序不仅能改善绩效，还能帮助运营管理人员更好地显示其价值（见图6.1）。

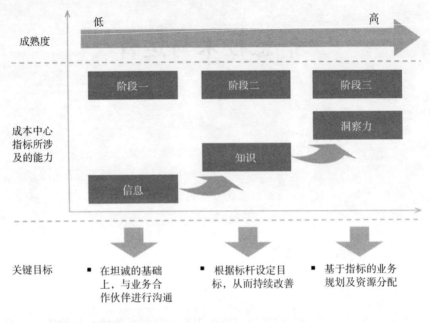

信息来源：博斯公司

图6.1　运营水平不断提高

历史背景

一直以来，金融服务机构将运营简单地视为对成本进行必要的分配，从而对其创收业务予以支持。企业通常将运营部门及 IT 部门纳入利润中心，并将成本视为其绩效的主要衡量指标。实际上，这种成本分配仅限于在创收业务的平衡计分卡或损益表中予以体现。因此，对运营部门所应用的规定及严格度与前台职能部门并不一样。根据我们的经验，造成这种现象的原因很简单：

与战略的联系。前台职能与战略紧密相连，而运营部门仅提供所需的服务。运营部门绩效与战略目标间的联系仅仅被认为是有一定的相关性，有时甚至被视为无关紧要。

数据可用性。会计部门的总账采用来自利润中心和运营部门的信息，并给出绩效指标。另一方面，各个运营部门在制定战略性绩效衡量指标时也未尽全力。

数据熟悉度。看重财务结果的高级管理人员通常对那些能够与盈亏挂钩的衡量指标感兴趣。这些管理人员不愿迈出他们所熟悉的范围，去和联行往来利息、交易成本、手动处理及电子化处理交易所占比例、错误率等与运营驱动因素相关的数据打交道。

推动变革

尽管部分金融服务企业在处理运营时还是"跟着感觉走"，但整个行业的变革需要以更为全面的方式对绩效进行理解和汇报。在过去数年中，如何在关注价值和成本的同时，利用一系列有条不紊的措施来理解运营的绩效，对金融服务企业而言日益重要。促成这一变革的有两大重要方式：

共享服务及外包

共享服务及外包安排使得运营不再受各个业务部门的直接管理。由于新的安排要求运营满足多个业务伙伴的需求，因此，运营管理人员需要理解并展示其职能部门所提供服务的价值。另一方面，业务的直线管理人员对这些支持性职能部门的直接控制权被削弱，因而需要新的方式来确保其需求能得到满足。

实现差异化的绩效衡量

随着顶线增长变得愈发困难，通过绩效衡量实现有效的运营管理成为竞争的差异化手段。例如，美国银行（Bank of America Corpo ration）在 2001 年曾实施了一套绩效衡量系统，该系统将主要的衡量指标与整体战略相关联。到 2003 年，这一努力使得客户愉悦度提高 9%，支票账户客户数翻番，新增储蓄账户 64 万户，每股收益增加 16%。

一套全面的、基于指标的绩效衡量计划能协助金融服务企业应对这些挑战（见图 6.2）。该计划为各运营部门制定计分卡，包罗财务和非财务指标、目标以及将各指标与业务整体战略目标相关联的路线图。该计划为运营管理人员提供了可行的措施并由他们负责管理，使其在全程参与的同时，还能自豪地向各业务负责人介绍绩效成果。

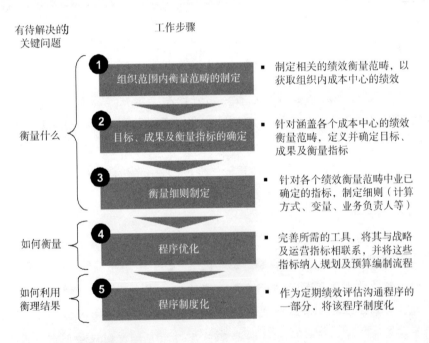

信息来源：博斯公司

图 6.2 采取基于指标的方式衡量绩效

从基于指标的绩效衡量计划中获益

以指标为基础的绩效衡量计划要求管理人员制定与战略相关联的明确指标，从而建立对业务要求的认识。过去，运营管理人员仅能根据量化的成本目标，在所服务的业务部门中调和高管对质量或"价值"的要求。而现在，他们拥有可行的措施和可量化的目标，能确定所提供服务的成本和价值。这些指标量化了效率、创新、客户服务及控制/风险等运营服务的价值（见图6.3）。

绩效衡量计划还能改善运营管理人员与业务部门或创收部门间的对话。根据与战略目标相关联的指标，针对绩效的讨论能集中在推动业务绩效的关键问题上。例如，我们曾为一家华尔街的全球投行制定绩效计分卡，使其运营管理人员能够提供清晰易懂的绩效报告。其实际影响引人注目：运营管理人员不仅改善了他们的绩效，还能明确地说明所取得的进展并展示成果，业务负责人也对服务提供者所付出的努力给予了更高的评价。目前，这些运营管理人员能与创收部门共同讨论。通过提供定量的指标而不是肤浅的证据，他们的可信度得以提升。

简约而不简单

尽管绩效衡量计划从理念的角度看起来直截了当，但金融服务企业在实施并维持这些计划时却发现困难重重。最常见的错误是绩效衡量指标与整体业务战略间缺乏明确的联系。造成这一问题的原因主要有两个：首先，业务部门没有完全参与某些绩效衡量计划的制定，因而该计划仅强调了有关运营效率的指标；其次，某些计划在制定的初期曾明确了战略及绩效指标间的联系，但这种联系随着时间而渐渐脱离。一旦失去了与战略间的有力联系，运营将偏离业务目标，使绩效受损。

另一种常见的错误是，用于管理绩效的衡量指标类型有误。企业通常在选择衡量对象时出现失误，最后导致指标所衡量的是流程而不是绩效。我们经常可以听到这样的抱怨——"衡量我们的工作很简单，但是衡量工

成本中心·目标

效率	创新	监管/合规	控制/风险	客户服务	人员发展
1 职能部门的成本（所占收入百分比，所占成本百分比）	1 新业务开发（数量及余额）	1 未解决的审计点（数量）	1 判断错误的监管异常（百分比）	1 Z/Yen标杆调查（规模）	1 员工多元化比例（百分比）
2 每位全职员工交易量	2 分配于创新的资源（数量、百分比）	2 在规定时间内解决的监管问题（百分比）	2 内部评估（待解决的数量、已圆满完成的数量）	2 内部客户满意度调查（规模）	2 具备明确内部继任人选的前100个重要职位（百分比）
3 数据中心负荷范围（时间）	3 对冲的贷款组合（百分比）	3 日常及非日常处理的监管问题（数量、百分比）	3 参与预防性演练（百分比）	3 用于多元化供应商的采购费用（百分比）	3 就职率（百分比）
4 高触感及低触感交易比例	4 难融资的资产（已融资金额）	4 可实现的资本费用节省（余额）	4 穆迪风险评估（规模）	4 空缺职位招聘时间（日期）	4 离职率（百分比）
5 使用混合资本（发行债券的余额）	5 将职位迁往低成本地区（数量）	5 分配至企业的合规成本（余额）	5 停止/失败/待确定的交易（数量/金额）	5 参与新的/复杂的交易（百分比）	5 每名员工培训小时数（数量）

信息来源：博斯公司

图6.3 某全球投行的绩效衡量指标

作质量很难"。如果企业仅通过与绩效无关的流程指标进行判断，他们会发现，所实现的只是没有实际成效的目标。

最后，许多企业错误地将绩效衡量计划和IT解决方案划上等号。这些企业注重挑选出理想的评估软件或工具，却忽略了彻底思索运营绩效如何与企业的战略目标相联系。这些企业在系统实施上耗费了时间和资源，等到后来才发现该系统很少使用。

制定一套成功的计划

尽管有着以上这些困难，许多金融服务企业还是能够成功地为其运营制定一套以衡量指标为基础的绩效衡量计划。我们发现，三大问题能促成一套成功的绩效衡量计划：

衡量什么？ 原则上而言，这一问题的回答非常简单。选择能为战略目标及战略成果提供见解的指标。例如，通过首先确定六个相关的绩效类别，我们曾为一家全球投行制定了运营绩效指标。随后，将战略目标归纳于各个绩效类别中。制定绩效指标的指导方针是，这些指标应该以值得深

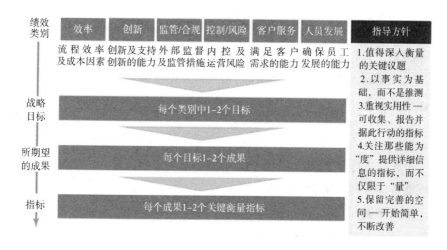

信息来源：博斯公司

图6.4 绩效衡量完善发式

入衡量的关键议题为基础；注重事实而不是推测；切实可行；应该注重运营职能的实施效果，而不仅仅是实施的内容；开始时应相对简单，为今后的完善保留空间（见图6.4）。

我们还确定了数个行业典范，从而为运营衡量对象的确定奠定基础：

反复完善绩效衡量指标，不断获得来自运营部门及业务部门的利益相关人的认可。

确保指标能在目前绩效和未来绩效的广度与宽度间保持良好的平衡。这些指标应该包含先行指标（例如未完成的交易所确认的数量和成本）和滞后指标（例如待解决的审计评估结果和已圆满完成的审计评估结果的数量）。

制定可针对不同产品、部门及企业进行绩效目标比对的指标（例如根据 Z/Yen 及穆迪风险管理报告中的信息进行对标分析）。

有限地选择部分战略指标，而不是详细列出运营指标。例如，在实施绩效衡量计划的第一年中，美国银行设定了20至30个指标。随后，这一数字减少至12个，这12个指标能最好地反应运营对企业

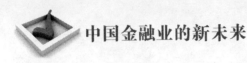

整体战略目标的贡献。企业能利用树形分析来详细确定这些指标的驱动因素。

利用简单的方法汇报绩效，使流程易于理解，便于操作。例如，采用异常报告，而不是以创造指标或累积指标的方式提出报告。

不断完善指标，从而满足战略及所需运营成果的变化。建立定期评估制度能有助于确保紧密的联系。

如何衡量？回答这一问题前，需要对其他一些问题予以解答：应该采用哪些技术和工具？能力应该细化到何种程度？战略指标和运营指标间的关系如何发展？与规划及预算编制环节的联系如何？解决这些问题将赋予运营部门实施绩效衡量计划的能力。最合适的方式是分阶段地从小处开始，并不断完善（见图6.5）。

流程步骤	短期	中期	长期
开发工具	• 利用Excel软件的内置功能，手动计算	• 利用宏、SQL查询进行 • 计算所报告的战略目标随数据可用性及数据体验不断变化	• 计算完全自动化，并集成于报告工具中 • 战略目标的进一步完善
将战略目标与运营指标相关联	• 确定最初的战略指标	• 确定并完善了战略指标及所有的运营指标	• 建立了战略指标及运营指标间的联系
将指标整合进规划及预算编制过程	• 没有设定目标，绩效衡量指标用作"情况说明"或用于营销	• 设定关于管理部门的信息目标，指标与规划及预算编制环节的联系	• 目标推动规划及预算编制流程，指标与规划及预算编制环节相关联并得以执行

信息来源：博斯公司

图6.5 将绩效衡量计划投入运营

确定衡量方式的行业典范

> 确保所制定的指标易于通过现有的流程及系统加以收集。如果不能，则制定一套收集并使用这些指标的计划。例如，当我们为某全球投行制定绩效衡量计划时，我们将指标的适用期划分为三类：一个月之内、一至六个月之内以及六个月以上。随后，我们为前两类指标的实施制定了详细的规划，并根据初期的成果为第三类指标制定了详细规划。
>
> 不要根据可用的工具或供应商提出的建议来确定指标，应该首先确定哪些指标最为有用，随后找出获取这些指标的工具。
>
> 在不容有失的情况下，完善流程质量的衡量能力。例如，有效地衡量企业系统的安全性不仅需要衡量安全漏洞，还需要衡量安全隐患。正如某全球投行的一位高管所指出的那样："我们不仅要具备衡量结果的能力，还要具备衡量过程的能力。"

如何利用衡量结果？ 行业典范的最后一个关注领域是如何在企业中利用指标。应该如何报告和组织信息？如何分发？谁对绩效负责？有怎样的激励措施？对于遵守流程（如及时收集数据）和绩效成果（如达到目标）而言，都需要建立明确的责任制。一旦建立了明确的责任制，企业应该慎重地将绩效指标与激励政策予以结合。尽管这种与激励政策间的明确联系能使行动致力于目标的实现，但由于管理人员感到实现目标的压力更大，可能会导致结果偏离既定目标。将这些指标作为绩效评估定期沟通计划的一部分予以制度化，是确保建立高管责任制的一个重要步骤（见图6.6）。在以下方面采用行业典范，能预防绩效衡量计划被否决：

沟通目标	格式	受众	频率	页数
定期评估各部门绩效	部门级别的报告	共享服务组织的管理委员会	每季度一次	每个成本中心部门一页
定期评估共享服务组织的绩效	组织级别的报告	管理委员会；业务方面的高管团队	第季度一次	1-2页（"前25个"指标）
管理委员会把握要领	指标对所提出的计划予以支持	管理委员会	随时	相关指标对说明予以支持

信息来源：博斯公司

图6.6　绩效衡量计划的制度化

> 确保指标能在企业范围内大规模展开，并确保各部门间的比较能有助于针对整体运营及各个要素采取战略规划与绩效评估流程。
>
> 避免追求完美；一旦拥有充足的数据，迅速开始利用指标为决策提供指导。我们曾将某全球投行的指标划分为不同的运营就绪级别（简单、一般、困难）。立即将那些"简单"指标纳入报告，用作运营绩效的衡量，并将"一般"和"困难"指标放在一边，待技术成熟后再加以使用。
>
> 建立明确的流程改善方法，推动运营领域内的积极变革。苏格兰皇家银行（Royal Bank of Scotland）的人力资源职能部门甚至建立了量化的规则。员工的人力资源数据与奖金参数、业务量及营业额相结合，为所需改善的领域提供了丰富的反馈信息。

获得认可

以我们的经验看，确定绩效衡量指标并不困难，真正的困难在于让组织和利益关系人接受这些指标。尽管高管团队间达成一致十分重要，但高管们对于战略目标、成果、指标及目的的重要性通常有着各自的观点。以业务部门高管为代表的内部客户常常过于注重成本，因此对绩效的重点有失公允。而运营管理人员往往倾向于采用那些只反映积极成果的指标，特别是当薪酬及其他奖励与绩效目标的完成相挂钩时。最后，人们不会欢迎用自己没有参与制定的指标来衡量绩效。

但是，希望犹存。我们认为，绩效管理是由五大关键成功因素组成的：

设立具有说服力的愿景。高管需要针对企业的发展方向制定清晰且具有说服力的愿景。这一愿景体现为一套从短期、中期及长期三个方面，对成功指标予以明确界定的计划。该愿景及衡量指标必须传达至企业的各个层面。

确保各负责人全面参与并担负责任。高管需要积极地参与绩效衡量计划的转型工作。此外，必须建立明确的责任制并与绩效衡量指标紧密联系（如与薪酬或规划及预算编制环节挂钩）。

取得初步的成果。针对指标计划的实施及制度化，企业应该规划里程碑事件并促成初步成果的取得。例如，企业及各个运营团队对指标的确认和认可，为取得长期成果扫清了障碍，是值得庆贺的初步成果。

动员参与变革。在沟通和变革管理方面需要相互配合，从而在短期内动员利益相关人最大程度地参与。高管应该致力于消除企业范围内的怀疑态度，并推动利益相关人接受绩效衡量计划。

促成持续发展。需要在各项业务中确定变革的支持者。这些变革支持者熟知绩效衡量计划，并会在其所属部门中与企业内的各位支持者密切合作，从而发挥领导作用并推动该计划。同时，需要对绩效衡量框架定期进行评估，以确认和调整其与企业整体战略间的联系。

为运营制定一套绩效衡量计划并不是一项简单的任务。随着顶线增长日益困难，越来越多的人将运营绩效衡量视为差异化的手段。那些注重工作"成效"而非工作"内容"的成功者将获得出众的利润。金融服务企业面临着必然的抉择：挑战现状或被竞争对手甩在身后。

流程效益模式——规模经济对金融服务的效率和发展的影响

金融业的整合使得很多银行在后台处理方面取得了明显的规模效益。这些措施可以显著地降低成本，减少风险，提高处理速度，减少错误，以及优化客户服务。在波士顿联邦储备银行（Federal Reserve Bank of Boston）、加拿大中央银行（Bank of Canada）和欧洲投资银行（European Investment Bank）所进行的计量经济学研究，都强调了金融业具备提高规模效应的潜力——但并非所有银行都已经意识到这一点。

非集中化的组织结构往往会在行政管理上难以对一般流程进行规范并实现效率，而不同领域的监管制度有所不同，又可能会制约流程的设计与操作。因此，2002—2006年在美国银行界大量开展的效率提升项目并未达到预期的效果，大部分银行成本增速仍然超过收入增速。

无法控制成本的企业将可能面临严重的后果：美国金融业的整体利润率最近有所下降，股票市场会惩罚那些成本增长大于或等于收入增长的银行。为避免这些事件发生，董事会和高管层可以制定一项全面战略来管理成本和提高效率。

由博斯公司在2007年夏季发起的经济学人智库（Economist Intelligence Unit）调查的焦点就是金融服务的成本管理战略。在499名受访者中大约有1/3为企业高层，另有1/4是各个事业部门的高管（更多信息请参阅"本次调查的背景"）。

该调查的特别之处在于其侧重于流程效用，即提高效率和降低成本的一种新兴模式。拟建立流程效益模式的企业必须跨越不同的业务、职能区隔和地理划分，从而确定哪些流程可以而且应该跨界共享以形成更大的规模、提高执行的一致性以及降低成本。以往许多削减成本的工作主要集中于企业的支持职能，如财务、会计、人力资源和采购，而流程效益模式则有所不同。流程效益模式要求金融机构将业务（提供产品服务和获得收入）的核心职能中相类似的部分加以合并，例如零售银行的审核或抵押贷款行为、投资银行的交易行为等。此外，采纳流程效益模式，企业有机会更系统化地分享最佳行业方案，推行更加一致的客户体验，最大限度地扩大交叉销售机会，从而提高客户满意度和促进企业发展。

本报告介绍了经济学人智库和博斯公司联合调查的主要研究结果。此外，报告介绍了三个案例的研究结果，详细阐述了澳大利亚国家银行、丹麦银行以及德意志银行如何采取步骤以增加收入、管理营运成本和提高效率。

控制成本

追求收入增长始终是大部分金融机构的主要战略重点之一（见图6.7）。而战略重点中的第二位是降低成本和提高效率，改善客户体验排在第三位。

金融机构普遍同时追求收入增长、成本降低和效率提高。丹麦银行的首席财务官 Tonny Thierry Andersen 解释道："我们的战略是通过扩大规模以降低成本，尽管我们一直通过收购来实现增长，但收购只是对我们战略的补充。"

然而，仍然有银行（虽然为数不多）并不看好流程效益模式。6%的受访者（约30家金融机构）表示在过去3年内他们的银行并没有进行降低成本或提高效率的举措，并且在未来3年也不太可能这样做。澳大利亚国家银行执行副总裁 Michael Ullmer 指出："'成本控制'对金融机构至关重要，但是太多银行往往未提起足够的战略重视。"

Michael Ullmer 将许多金融服务机构的管理心态与正在面临激烈竞争的中国或印度制造商的管理心态进行对比。他指出，这些制造商正在加紧进行成本管理，他们不断挑战自我，不仅控制成本增速，并且要将成本减少5%—10%。对于制造商而言，控制成本不仅是关系到能否盈利抑或盈利

	战略重点优先次序	
	1	2
收入增长	59%	17%
降低成本/提高效率	15%	34%
改善客户体验	17%	24%

注释：百分比代表企业高管对战略目标的评价。评价分为 5 个等级，其中"1"代表"非常重要"；"2"代表"重要"；"5"代表"根本不重要"。

信息来源：经济学人智库；博斯公司

图 6.7　金融机构的战略优先次序

多少的问题。"这是关系到生存的问题，"Ullmer 说道。

对于金融机构而言，"我们专注于净利息收益、资本管理、风险类型以及坏账和呆账的管理，"Ullmer 说道。这并不是说金融机构不重视成本控制。他解释道："而是高级管理人员没有意识到成本变动的深度和广度。因此，如果金融机构能跟制造业企业一样对待生产成本，或者能像管理净利息收益和资产负债表一样有效地管理成本，那么金融机构会从中受益。"

传统成本削减措施的对标分析

成本管理意味着机会，至少大多数金融机构经理人正在尝试通过传统的方法来取得利益，这些传统的方法包括业务流程再造、外包、共享服务等等。一半以上的受访者（52%）表示：在过去的 3 年里，他们所在的企业已经进行相关举措以大幅降低成本或者提高效率。另有 20% 的受访者表示他们将在未来的 3 年内实施这些举措，还有 18% 的受访者表示，这些举措已在考虑之列。

调查还研究了已完成和正在实施的各项举措的成功率。相当数量的银行设定的目标无法实现。小幅降低成本（低于成本的5%）的目标似乎容易实现（见图6.8）。

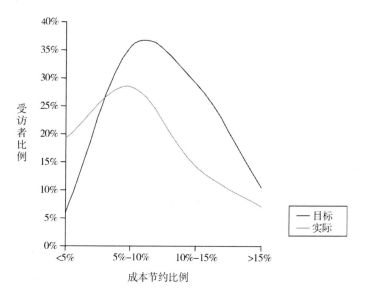

信息来源：经济学人智库；博斯公司

图6.8　金融机构成本削减目标和实际达成情况

67%的受访者所在企业能达到小幅成本削减水平的目标，然而在某些情况下，他们的实际目标可能更高。只有那些目标设置较低的企业能够达到目标。那些目标设置较高的银行则不太可能获得成功：在334家试图削减开支达5%以上的银行中，有35%的银行无法达到目标。这些银行完成削减成本目标的平均差距约为9个百分点。

避免陷阱

降低成本或提高效率的举措有可能导致管理层短视的风险。减少风险的方法之一是提前找出可能面临的挑战。调查显示，高层认为所面临的最大的挑战往往是那些增加操作复杂性的挑战，这造成银行很难及时地满足顾客需求或实现成本效益化。有一些挑战是结构性的，如灵活性差的IT环境（33%的受访者将其视为挑战）、多个数据储存设备（21%）和零散技

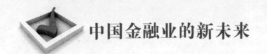

术（21%）。

其他挑战是组织架构方面的，如文化挑战（26%）和业务孤立单元等（22%）。还有一些涉及到市场或其他外部因素：客户需求变化（29%）、繁琐的法规/合规框架（25%）以及多种渠道（21%）。

类似的调查，要求受访者具体列举出降低成本或效率改善方面明显低于预期效果的措施。受访者列举了一些不能达成预期效果的原因：

无法将目标与更广泛的业务目标协调一致（36%）

任务目标未充分界定（32%）

没有激励机制（32%）

无法取得主要流程参与者同意（30%）

沟通/培训不利（29%）

技术不足或者缺乏弹性（27%）

缺乏高级管理人员的支持与同意（23%）。

了解相关工具

从另一角度看，调查问及降低成本或提高效率的最有价值的技术。受访者表示最有价值的技术包括：

业务流程再造（61%）

外包（45%）

共享服务（35%）

采购/采购策略（28%）

整合（26%）

精益技术（25%）

六个西格玛（18%）

离岸外包（16%）

受访者能选择一个以上的答复，因此所有答复的比例之和超过100%。

澳大利亚国家银行的 Ullmer 提供了一些技术方面的好例子。他说："我们的方法是进行小规模试点，由此我们一边实践一边学习，这种方式风险较低。"

举例来说，银行的一个业务部门已经开始"与印度班加罗尔的供应商一起处理一部分应付账款"。Ullmer 解释道。最初的三个月，澳大利亚国家银行密切注意服务协议的合规。

Ullmer 说："很明显，对方不仅超过我们的成本期望，而且服务质量也很出色。"事实上，银行检查了从处理速度到重复付款审核的各项数据指标，结果表明"质量优异"。

参观完供应商的操作后，Ullmer 对其员工的技能留下了深刻的印象。他解释道："几乎每个人都有大学教育背景而且非常专业。"因此，澳大利亚国家银行已决定进一步外包其他操作业务，包括信用卡处理。

当然，外包是个敏感话题，尤其对于雇员关系来说。但是，"澳大利亚国家银行一直很谨慎，与工会紧密合作以确保其了解我们不得不外包的原因。保持竞争力至关重要，工会明白这一点"。

六个西格玛培训是澳大利亚国家银行另一项举措。"我们认为这项举措能够改善流程，降低成本，而且流程的服务质量也不受影响。"Ullmer 说道。因此，澳大利亚国家银行鼓励员工接受六个西格玛培训。Ullmer 说："目前，我们有超过 1300 位管理人员接受了六个西格玛培训。"

流程效益模式的出现

流程效益模式超越了传统的削减成本和提高效率的技术。它需要金融机构找出整个机构层面或跨地域分行共同的流程，并更加系统地分析流程。该流程得以巩固、优化和规范化的程度决定了该流程是否能够产生流程效益。举例来说，丹麦银行的标准信用分析模型就是一项基本的流程效益模式（见"丹麦银行：追求规模效益"）。

仅有不到 1/5 的企业高管（16%）表示：他们非常熟悉流程效益模式的概念。约半数受访者（54%）说他们对此有所了解，而不到 1/3 的受访者（30%）表示：他们根本不熟悉这个概念。

但研究还显示，流程效益模式在削减成本和提高效率方面是一个循序渐进的必需步骤。流程效益模式是共享服务、外包和离岸外包等现有措施的下一步，会更大限度地提高效率。

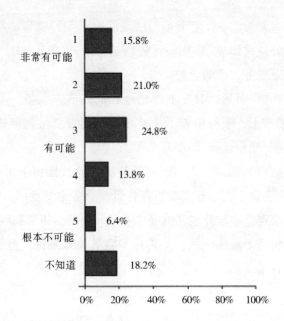

信息来源：经济学人智库；博斯公司

图6.9 实施流程效益模式的可能行

Martin Slumbers 是德意志银行国际部投资银行业务的全球主管，他还兼任德意志银行的首席运营官。他表示："我们将流程效益模式视为将成本管理推进到一个全新水平的工具。"

即使行政人员还不太熟悉流程效益模式，但是他们学得很快。举例来说，行政人员被要求评估将流程效益模式运用于其业务的可能性，评估标准从1（极可能）至5（根本不可能）。37%的受访者表示"很可能"或"可能"，另外25%的受访者说他们有可能采纳流程效益模式（见图6.9）。

调查还询问了来自已实施（或有可能实施）流程效益模式的银行的受访者：流程效益模式对银行实现降低成本的目标有多重要？近1/3的行政人员认为：在过去3年内，流程效益模式对降低成本"非常重要"（8%）或"重要"（21%）。然而，当我们问及流程效益模式在未来3年的影响时，这些数字则大幅上升。对于流程效益模式与未来成本削减目标的相关性，64%的行政人员表示：他们相信流程效益模式将"非常重要"（25%）或"重要"（39%）。

像其他受访银行一样，德意志银行也一直致力于降低成本和提高效率。Slumbers 回忆道："2001 年经营业绩表现很差。"作为对策，集团除了实施其他举措，还开始关注其成本结构。Slumbers 认为，到 2005 年，银行通过依靠外包一些 IT 运用程序的开发和其他类似的任务，业绩"已取得长足进步"。

此外，他谈到，"我们开始思考是否还做得不够"。当然，实行外包或离岸外包能够产生效益。但鉴于未来五年内可能面临的业务压力和竞争态势，德意志银行需要更进一步优化成本管理。我们需要创造显著的竞争优势，不仅在成本方面，而且还在一系列流程的最佳实践方面，其中一项潜在的解决方案就是积极推行流程效益模式。2005 年年中，他开始与其他高管探讨流程效益模式。

他解释说："银行倾向于按照业务孤立单元设立组织架构，德意志银行也不例外。他们通常按照事业单位、产品或地域来设计组织模式。因此不论组织架构如何，银行都会形成独立的'业务孤立单元'。无论是外汇或固定收益债券或是其他，业务孤立单元到处都是。"

不过，不同的业务孤立单元可能有类似的商业行为。Slumbers 解释说："流程效益模式的好处在于横向比较各个业务孤立单元，找到共同的商业行为，整合流程以创造规模经济。对于像德意志银行这样的大型金融机构，存在很多这样的机遇。"

分析：哪些银行将采纳流程效益模式？

要找出哪家银行最有可能实施流程效益模式，我们按照对以下问题的回答，列举了统计调查结果：您认为您的企业进行跨业务流程效益模式的可能性有多大？

受访者的回答分为六个类别：非常有可能、有可能、都不是、不太可能、不可能、不知道。对答复的分析表明，金融机构是否会实施流程效益模式的最佳指标是：

对流程效益模式的熟悉程度。企业越是熟悉流程效益模式的概念，越有可能落实流程效益模式。对于熟悉或非常熟悉流程效益模式概念的受访

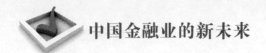

者，84%的人表示他们有可能或非常可能将其进行跨业务实施。

机构的规模。大的机构往往更有可能说他们规划落实流程效益模式。资产超过1万亿美元的银行中，26%的受访者表示他们很可能落实流程效益；资产少于5000万美元的银行中，这一比例下降到14%。

降低成本的决心。半数以上的受访者报告说所在的银行正在进行降低成本和提高效率的举措，或规划在未来3年进行相关工作。其中，将近半数（47%）受访者报告说，他们的机构有可能或非常可能实施流程效益模式。

发展和改善业务流程的经验。已经制定或正在制定业务流程的银行（如IT应用程序开发、结算和账户报表、开立账户、支付、收账、处理存款、信贷/授信以及贷款处理）最有可能实施流程效益模式。约2/3拥有业务流程经验的银行表示，有可能或很可能实施流程效益模式。与此同时，认为业务流程再造对于降低成本或提高工作效率至关重要的受访者中，有43%表示他们可能或非常可能实施流程效益模式。与此相对照的是，在认为业务流程再造对于降低成本或提高工作效率并不重要的受访方中，可能实施流程效益模式比例约为32%。

流程成本怎样分摊到业务部门？如果根据交易量来确定处理价格而不是通过谈判或配比来确定费用，则会有更多银行偏向于采用流程效应。引入市场机制带来供求的持续平衡，并且使流程效益模式参与提供方在价格和服务质量上都具有竞争力。此外，它推动业务部门将更仔细地考虑需求的实际水平，使得他们更关注于成本并且确保整套流程的效率。

金融服务内部领域。调查受访者被分为11个业务领域，并被问及利用流程效益模式的愿望有多大。调查结果显示，信用卡公司的高级管理人员的答复与众不同：一半的受访者非常希望利用流程效益模式，有1/4的受访者希望利用流程效益模式。多元化银行服务机构的答复也非常积极：46%的受访者表示非常希望或希望利用流程效益模式。

分析：采纳何种流程以及何时采纳？

为了了解流程效益模式计划中最可能包括何种流程，我们向已经实施或准备实施这些措施的高级管理人员询问哪些流程已经成形，哪些处在开发中、在考虑中，或不予考虑/不确定。不出意料，被选最多的就是在各个业务部门都具有共性的那些流程，如开户、IT 应用开发及计费单（见图6.10）。

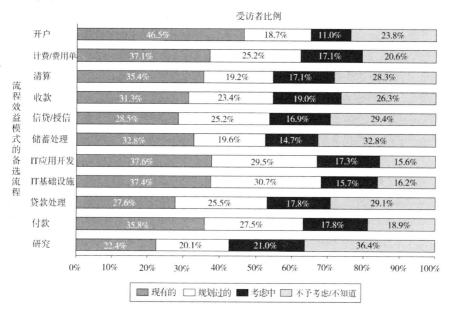

受访者比例

流程	现有的	规划过的	考虑中	不予考虑/不知道
开户	46.5%	18.7%	11.0%	23.8%
计费/费用单	37.1%	25.2%	17.1%	20.6%
清算	35.4%	19.2%	17.1%	28.3%
收款	31.3%	23.4%	19.0%	26.3%
信贷/授信	28.5%	25.2%	16.9%	29.4%
储蓄处理	32.8%	19.6%	14.7%	32.8%
IT应用开发	37.6%	29.5%	17.3%	15.6%
IT基础设施	37.4%	30.7%	15.7%	16.2%
贷款处理	27.6%	25.5%	17.8%	29.1%
付款	35.8%	27.5%	17.8%	18.9%
研究	22.4%	20.1%	21.0%	36.4%

流程效益模式的备选流程

信息来源：经济学人智库；博斯公司

图6.10 流程效益模式中最可能出现的业务流程

就时间而言，9% 的调查受访者表示已经实施了流程效益模式，有26% 正在实施。在余下的受访者中，有确定的流程效益模式实施时间表的公司分布比较平均：在下一年实施占 13%，在接下来 1—2 年实施占15%，在接下来 3 年实施占 14%。

显而易见，流程效益模式理念已经开始受到关注。同时，在已经实施了这项战略的组织内，其重要性也在不断提高（见图6.11）。

流程效益模式的挑战及优势

公司通过实施流程效益来实现诸多利益。而这些利益按被提及的频率

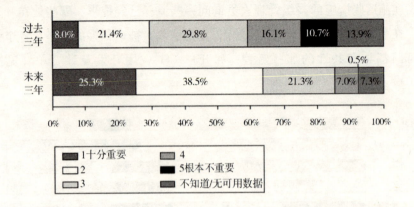

注释：该问题只针对那些表示其组织已经实施流程效益模式或准备在未来三年内实施的受访者。

信息来源：经济学人智库；博斯公司

图6.11 流程效益模式的重要性

排列如下：

提升规模化经济（55%）

减少复杂性（47%）

提高一致性（37%）

提高客户满意度（37%）

市场反应更迅速（26%）

可扩展性（21%）

更具标准化/借鉴行业最佳做法（18%）

而那些表示他们公司不会实施流程效益模式的受访者提到了以下原因：

实施的难度（29%）

抗拒标准化的阻力（27%）

回报不确定/未经证明（26%）

难以针对业务结果建立相应的责任（18%）

合并的阻力（16%）

关于流程所有权的权力斗争（15%）

成本控制并非关键战略（15%）

潜在的服务中断（15%）

难以建立服务水平协议（15%）

这些高级管理人员还被问及一个密切相关的问题：在建立流程效应的过程中最困难的挑战是什么？（见图6.12）答复包括：

客户需求的多样性（38%）

提供产品的复杂度（32%）

多渠道管理（27%）

多客户信息资源/数据库（24%）

受访者能选择一个以上的答复，因此所有答复的比例之和超过100%。

该项调研还涉及了高级管理人员对于这种操作模式能实际带来和预期带来的成本节省。整体而言，13%的高级管理人员相信流程效益模式将节省15%以上的相关成本，而15%的人预计将节省11%—15%的成本，约1/3（30%）的人预计将节省6%—10%的成本，1/4的人相信这些措施将节省1%—5%的成本。

这些高级管理人员还被问及了他们现在或将来怎样对具有流程效益模式的服务向内部客户收取费用。调查结果显示了广泛的观点和操作方式：

按分摊（32%）

按交易量（27%）

不确定/不知道（25%）

按协商（16%）

最后，调研问及了谁将对流程效益模式的绩效负责（或当这种操作模式实施后谁来管理）。结果显示，首席运营官（29%）高居榜首。其他可能的高级管理人员包括首席执行官（20%）、运营负责人（17%）和首席财务官（10%）。

结论

收入增长仍是金融服务机构最首要的战略目标。但是控制成本和改善效率也十分重要。投资者不会青睐那些未能取得规模效应且成本增长率超

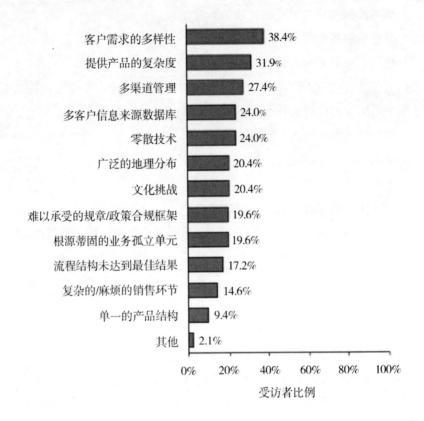

注释：该问题只针对那些表示其组织已经实施流程效益模式或准备在未来三年内实施的受访者。

信息来源：经济学人智库；博斯公司

图6.12　实施流程效益模式中最困难的挑战

过收入增长率的公司。

金融服务企业正在追求一系列的成本控制措施，包括传统业务流程控制、外包、精益管理技术、六个西格玛及离岸外包。流程效益模式能跨越业务部门、职能部门和地域分布间的传统分界，充分利用这些技术为回报规模化确定新的机遇。

第一次建立流程效益模式可能会很困难。那些已经开始追求流程效益模式的银行高级管理人员表示，这项新理念需要一段时间讨论，并需要为高级管理层和部门经理们提供足够的信息以促使他们接受这种理念。

此外，以增长为导向的高级管理人员需要认识到流程效应不仅仅只是出于节省成本的考虑。他们带来的潜在利益包括：持续增长的灵活性、促进向最佳实践的学习、鼓励设计出更灵活更有效率的流程、更深入地了解和控制流程。而这都将使得在流程效应公司范围内更好地实施。流程效应不仅能带来更快的处理速度和更佳的客户服务，而且还能降低风险。流程效益模式为金融机构最优先考虑的增长、成本和客户体验改善方面提供全面的支持。

本次调查的背景

2007 年 7 月，由博斯公司发起，经济学人智库进行了一项全球调查。调查针对 499 名金融服务从业人员进行流程效益模式的调查。

其中 1/3 的受访者是零售或综合性银行的从业人员。另外 1/3 的受访者从事财富管理（13%）、投资银行业务（13%）或企业银行业务（10%）。

被调查的对象均为企业高级职业经理人。大约 1/3 的对象为企业高层，12% 为 CEO，约 25% 为事业部门领导或副总裁。其余的受访者包括经理、部门主管或其他专业人士。

这项统计调查是全球性的，大约有 1/3 的受访者在欧洲，1/3 在亚洲/太平洋地区，1/3 在北美，其余在新兴市场。

大约 1/3 的受访者来自小型银行（资产少于 100 亿美元），同时也有相当一部分来自较大的银行。大约 1/3 受访者来自资产超过 5000 亿美元的金融机构。受访者所在银行的平均资产约为 2400 亿美元。

大约 60% 的受访者从事融资和风险控制方面的工作，25% 负责战略和业务发展，14% 从事操作业务（受访者可以在调查中选择一个以上的职能）。

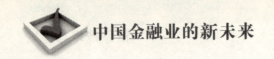

澳大利亚国家银行：削减成本问责制以及提高服务水平

澳大利亚国家银行（National Australia Bank）执行副总裁 Michael Ullmer 精通成本管理。2004 年该银行遭遇困境，当时银行所从事的未经授权的外汇买卖以及与监管层的冲突影响了银行的业绩。随后，该银行将其所属爱尔兰国家银行（National Irish Bank）和北方银行（Northern Bank）出售给丹麦银行（Den Danske Bank）。

但是目前该银行的定位趋于合理。Ullmer 表示，这主要是因为该银行战略决策将成本管理定义为银行运营重点之一。

澳大利亚国家银行现在的成本情况与 2004 年相比大为不同，当时成本每年的增长超过 10%。自那时起，"成本年增长率保持在 2% 或以下（成本总额为 70 亿澳元，合 63.5 亿美元），"Ullmer 说道。当时银行高层意识到成本控制至关重要，于是银行进行了转型。Ullmer 解释道，目前，成本管理仍然是"我们的核心战略举措之一"。

削减成本问责制

取得这样的成功依靠"问责制的商业模式"，Ullmer 补充道。该银行的管理模式在很大程度上促成了成本削减。该行有四个主要部门：针对中端市场的三个零售部门（按照地域划分为澳大利亚、新西兰和英国部门）；另外还有澳大利亚国家银行全球资本集团，侧重于机构和企业客户及市场。

Ullmer 解释道："我们给所有这些业务的回报率和利润增长率设定高标准。"此外，各部门还有客户/员工满意度以及风险限额的目标。但是，他补充道："他们被赋予充分的职权和责任来运营各自业务。在成本和投资方面，他们可以自主决策。如何在完成财务目标的同时满足客户和雇员的需求，完全由他们自己掌握。"

职权下放非常有效。Ullmer 补充说道："各部门负责各自业务，他们达成一致后呈递上来的商业计划实际可行。"由于他们对成本、收入以及客户/员工满意度负责，因此"他们在决策时会通盘考虑后以确保兑现承诺"。

Ullmer 说："2000 年 4 月与 2005 年 7 月之间的重大差异在于我们将职权下放至各部门，而现在各部门也在响应。"举例来说，各部门采取步骤，梳理各项业务的管理工作。此外，他说："各部门还在广泛使用六个西格玛和精益技术。"几个部门也开展试点计划，将非核心流程进行离岸外包。

这些措施不但降低了成本，而且"提高了生产力、缩短了服务时间间隔、降低了风险以及改善了客户/员工满意度"。问责制以及对成本的关注"证明非常有效"，Ullmer 说道。

可持续性

虽然成本管理至关重要，但是 Ullmer 坚持认为企业不能落入侧重短期利益的陷阱。他解释道："这就是为什么各部门对长期业绩和客户/员工满意度负责是至关重要的。"

Ullmer 说："尤其是顾客/员工满意度可以作为早期预警，从而判断机构是否决策正确或者是否投资正确。客户指标会告诉你所提供的服务是否充分。"同样，雇员指数"将让您了解对各项业务的投资是否充分以及是否作出正确的决定"。

每年，澳大利亚国家银行通过内部征求意见，已经向各种新的项目投资约 8 亿—9 亿澳元（合 7.36 亿—8.28 亿美元）。举例来说，银行最近将其英国分行原本分散的后台操作流程合并成统一的操作系统，有效整合了柜台业务。虽然该行减少了分行的数量，但是与此同时对许多分行进行了翻新。例如，该行在英国对 36 家营业点进行了全新设计，这些营业点作为统一的金融解决方案中心以中高端零售客户为目标。同时，澳大利亚国家银行最近从竞争对手那里请来了 600 多位银行工作人员，这些来自第一线的专业人士以客户服务为重心，并向客户提供高附加值的服务。

该银行不时地强制执行削减成本的措施。例如，2005 年，业绩下滑迫使该行关闭其在英国网络中 1/4 的分行并裁员 20%。但在这段时间内，银行与雇员坦诚相见，并承诺增强银行的竞争力，留下来的雇员实际上对银行更加满意，也更加投入地工作。

Ullmer 说："雇员知道到底哪些业务必须完成。因此，当管理层明

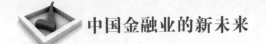

确阐述其战略构想，然后致力于重组业务，我们的工作人员都能够支持这些举措。事实是，我们已经能够把所节省的成本用于其他非常重要的客户/雇员改善计划。因此，不仅是顾客满意，而且我们还与员工达成共识。我们将继续对业务进行再投资，利用资源帮助员工更好地为客户服务。"

Ullmer 说："这样一来，节省的成本可以更好地为客户服务，提高员工士气和满意度。从而使我们的业务可以持续地发展。这就是我们的愿景，我们集团内部公认的愿景。"

下一步骤

银行认为，在不损害客户满意度和不减少雇员承诺的同时，银行不断降低成本增加的速度将是其迈向未来的强大跳板。Ullmer 强调目前该行在保证收入和利润持续增长方面处于有力的竞争位置。

至于接下来的步骤，他解释说："我们将在集团层面评估我们所能采取的举措，从而确保各项业务之间能够共享基础设施。这些举措将节约哪些成本？通过对业务的通盘考虑，我们是否可以提升业务的效率、弹性和可扩展性？"他表示，这些问题将促使银行考虑引入新技术，如流程效益模式。"我们欢迎一切好主意"。

丹麦银行：追求规模效益

通过各项业务的标准化流程，丹麦银行正在积极建立运营的规模化，以充分利用流程效益模式。

多种品牌

10 年多来，丹麦银行一直是挪威最大的银行。根据其执行董事会成员兼首席财务官 Tonny Thierry Andersen 所述，在过去 3—4 年内，该集团一直通过国际零售银行业务来拉动收入增长。因此，丹麦银行目前作为一家多元化的金融服务公司，在 8 个国家服务于近 500 万名零售客户。

该公司以多个名称运营。例如，在丹麦，该公司被称为丹麦银行

(Danske Bank)，它还有一家保险子公司称为 Danica。在挪威，它被称为 Fokus 银行。在北爱尔兰，它的名称是北方银行（Northern Bank）；在爱尔兰共和国，它的名称是爱尔兰国民银行（National Irish Bank）。北方银行和爱尔兰国民银行由该行在 2005 年从澳洲国民银行（National Australia Bank）购得。在 2007 年年中，该银行又购买了 Sampo Bank，增加另一个主要品牌。在芬兰和波罗的海国家，该银行还将以 Sampo Bank 的名称运营。

整合流程

在通过收购进行扩张的同时，集团目标的另一个核心部分是控制成本。正如 Andersen 解释说："我们的策略是增加业务的规模。而利用规模效益则需要标准化的流程。"

Andersen 说，该集团操作最特别之处在于致力于建立单一的技术平台。"无论你处在集团的什么分支机构，你都会看到相同的系统。"他解释说。这既适用于面向客户的应用程序（如自动柜员机网络），又适用于具备服务功能的内部系统（如财务、会计、通讯或人力资源）。

Andersen 说："本质上，我们战略的两大支柱分别是品牌以及标准化/规模效益。每当我们在一个地方购买一家新的银行时，我们所做的第一件事是用我们自己的 IT 平台取代原先的系统。"流程效益模式提供这种标准化模型，同时为以多个品牌面对客户留有余地。

丹麦银行所追求的标准化不仅是用于系统，还用于管理流程。Andersen 说："举例来说，我们向各地分行的首席财务官们解释：我们希望他们无论身在何处，内部报告都形式相同。无论身在何处，同样的流程和同样的关键绩效指标均落实到位。"这些指标是标准化获得成功的关键驱动因素，也是实现流程效益的坚实基础。

德意志银行：流程效益模式的可扩展性、持久性和灵活性

德意志银行国际部投资银行业务的全球主管兼任德意志银行的首席运营官 Martina Slumbers 认为："流程效益模式代表着一次进化，是新式的运

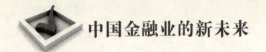

营管理模式。"

Slumbers 解释说，德意志银行正在从两个维度实施该理念：首先，统一那些共同的流程（比如对账、衍生交易合约和某些有价证券处理流程），以充分利用规模、能力和灵活性。

其次，集团采用"离岸/在岸/近岸"的模式实现全天候处理。通过在印度、英国和美国设立的处理中心，该模式能满足客户全天候的需求。同时，这种模式还能管理多项共同的风险因素以及银行的处理负载需求。Slumbers 认为，整体而言，德意志银行现在能够无缝地、全球性地并且持续地管理其流程。

根本性的变革

Slumbers 认为，大部分的工作——也许是最具挑战性的工作，就是建立业务经理与其流程提供者之间的新关系。在过去，经理们将外包服务供应商视为他们业务大家庭的一分子。

Slumbers 说："他们将供应商视为在印度的自己人，如果你要求经理们交出这些供应商，这就像在要求他们舍弃他们的左膀右臂一样。"

与专属流程效益模式供应商之间的关系无疑更少地掺杂个人因素，而且这种关系有助于每年确定现行成本削减额度的服务协议的签订。

由于存在大量的外包协议，情况变得愈发复杂。Slumbers 说："在过去，我们鼓励签订大量的外包和离岸服务协议。如果某位经理希望减少成本，他会将好几个职位的工作外包给服务商负责。"

因此，德意志银行现在已经签订了多项服务合同，许多合同都持续3—7年。尽管每项合同在实施时都具有一定的意义，但从流程效益模式看，这些合同无法进一步实现效率的提高和成本的节省。因此，Slumbers 表示："我们将逐步解除这些服务关系。"

文档编制的重要性

创建全球标准化流程效益模式的另一个关键挑战就是为文档编制和实施制定一套方法。

当某项流程转移到离岸地点并在三个处理中心间不停地全天候转换

时，细节就变得格外重要。

在英国或美国处理中心的资历丰富的专业人士拥有从事此类流程处理多年的经验，他们严格依照流程进行工作。因此，当运营转为流程效益模式时，必须清楚地注明什么时候、做了什么、为什么做以及怎样做的。

Slumbers 认为现在的运营模式就是把流程标准化、工业化。目标就是流程再造并实现标准化，向着低成本高度自动化的运营模式不断前进。这意味着即使是在持续增长、交易量不断加大、竞争加剧和利润缩水的情况下，流程效应固有的规模、灵活性和持续优化/缩减等特性都能使德意志银行处于行业领先地位。

Slumbers 指出，尽管流程效益模式正朝着标准化方向发展，但灵活性这一优势还是有着发展空间。差别就在于定制取决于流程本身而不是经理或个人。他解释说："灵活性可以成为系统或流程的一部分，不应该严格地要求'你必须这样做，此外别无他法'。标准化与定制化必须并举。最终的结果不应该像福特 T 型汽车那样通过'你可以选择任何颜色，只要它是黑的'这一口号解决问题。我们在实现工业化的同时不希望产业倒退。"

缓慢起步，后程发力

Slumbers 回忆说："通往流程效益模式的道路需要缓慢起步。我们用了大约六个月的时间建立整体的商业模型，使得整个组织熟悉这种理念并确保高级管理人员接受这种理念。有一点很重要，那就是让大家认识到这样做不仅仅是出于成本的需要。这是一种全新的运营模式——建立能力、规模和灵活性，获得更广泛的见识，并且将每笔交易的流程成本控制在足够低的水平。"

2006 年 1 月，德意志银行迈出了第一步，开始了一项低端的对账流程。尽管这是一项经过深思熟虑的低风险运作，但是直到第三季度结束时，Slumbers 才对外宣告该项目的成功。

现在，集团已经能非常自如地运用这种模式，并且还在不断增加实施的新流程。例如，现在的内部运营不仅仅包括对账业务，还包括衍生交易合约、现金管理、贸易融资和一些有价证券处理（固定收益证券及固定股权收益）。

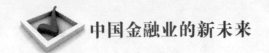

Slumbers 相信德意志银行正向着新式的金融服务运营模式迈进，这种模式能在未来数年中提高银行的收益率和竞争力。他解释说："这种运营具有规模性、持久性和灵活性的特点。我们所做的就是，确保我们的运营成本和每笔交易的成本，即便不是业内领先也是非常具有竞争力的。这样对于我们的股东和顾客而言都大有裨益。"

分析：流程效益模式的赢家和输家

不是每家银行都会从流程效益模式中获益，而且不同类型的银行在实施时会面临不同的挑战。能充分利用规模经济的大型银行比小型银行具有更多削减成本的潜力。后台运营分散化的组织在建设流程效益模式的时候面临着严酷的挑战（尽管他们最终会获益更多）。

为了探究哪家银行的进步最大，我们使用聚类分析技术将调研受访者按照对于流程效应的态度进行分类（聚类是指将具有相似性质的对象划分为不同组别的过程），并得出了四种银行"特色"：

富有及受惠

尝试及失败

稍微滞后

缺乏特色

群体一：富有及受惠

群体一由 180 家银行组成，这是第二大的群体。这些银行是业务流程效益模式的忠实信徒，并且正得益于流程效益模式。他们中的 90% 非常熟悉或部分熟悉流程效益模式这一理念。大约 2/3 的银行正在实施或已经实施了流程效益模式。

此群体和群体二（尝试及失败）共同在制定成本节省或效率基准水平方面具有领先地位，并通过流程效益模式可在业务流程中取得最高水平的成本节省。然而，富有及受惠群体实际取得的成本节省或效率是最高的。

富有及受惠群体的成本收入比往往属于行业领先的 20%。现有的公开财务数据也证明了半数该类银行在 2006 年的效率排在行业前 40%。

群体二：尝试及失败

群体二是由 49 家大型银行组成的正在努力提高效率的小群体。他们中的 1/4 拥有 10000 亿美元以上的资产。此群体中，在过去 3 年中已经开始实施大型成本削减或效率改善战略的银行中的比例最高。并不令人感到意外的是，这些银行所需解决的成本基数也最为庞大（有 39% 的银行目标成本削减超过 10 亿美元）。如同上面提到过的那样，此群体与富有及受惠群体共同占据成本节省或效率基准水平制定的领先地位。

然而，他们却难以获得成功。该群体中成本收入比占到行业前 20% 的银行比例最低（8%），而且他们关于不足之处的自我评估也是正确的。根据公开的财务数据，在 2006 年，该群体中仅有 8% 的银行的效率排在行业前 40%，仅有 7% 的银行收入增长排在行业前 40%。

尝试及失败群体中半数以上的银行位于以高成本和复杂的业务环境著称的西欧。尽管正在通往单一金融服务市场的道路上，从组织结构上而言，欧盟地区的银行仍比北美地区的银行更为复杂。这样使得削减成本变得更加困难。

群体三：稍微滞后

群体三由 55 家银行组成，是由大多数小规模的银行组成的小型群体。半数拥有的资产不超过 100 亿美元。该群体中的银行一般都不理解流程效益模式，并且也没有实施过这一措施。他们中有 87% 不熟悉流程效益的理念，有 69% 不愿采用流程效益。此外，他们中有 44% 的受访银行不知道怎样对内部客户进行流程效益服务的收费。

1/3 上的此类银行未能建立成本缩减或效率改善的目标，而且许多银行对成本削减措施并无兴趣。而那些试图削减成本的银行制定的措施只着手解决很小一部分的成本（64% 的此类银行的目标成本削减低于 2.5 亿美元）。

稍微滞后群体和群体四（缺乏特色）有着很多共同点。他们中，在过去三年里采取主要的成本削减和效率改善措施的银行的比例最低。对于已经开展的举措，这类银行往往会认为对于实施的效果进行评估为时尚早。这两个群体采取措施削减的成本也是最小的。

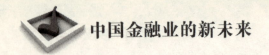

群体四：缺乏特色

群体四是由 216 家相对较小的银行组成，是最大的群体。该群体相对于其他三个群体没有显著的特色。他们看起来对成本并不是那么关注。与稍微滞后群体类似，此群体中，在过去三年里采取主要的成本削减和效率改善措施的银行的比例很低。而那些已经实施了此类措施的银行往往会声称，由于仍在实施措施的过程中，最终的成本削减成果未能得知。

得自车间的经验——
把销售与运营计划应用于金融服务

最近一家大型美国全国银行发动了一场按揭业务的推销攻势，推销活动取得了巨大的成功，申请数猛增了250%。这是好消息吗？未必真的是好消息。由于新的申请纷至沓来，而营销部未能让后方的办公室事先了解业务量预期会增加的信息，结果给客户服务带来了巨大的灾难。由于申请个案大量积压不能及时处理，客户很不满意。最后运营主管只得大量扩大后方办公室的规模，以便更好地应付下一轮新增的业务量，但是处理与服务能力的扩大也使得该银行的成本结构远高于同行。图6.13所示是在另一家公司发生的一系列类似的情况。

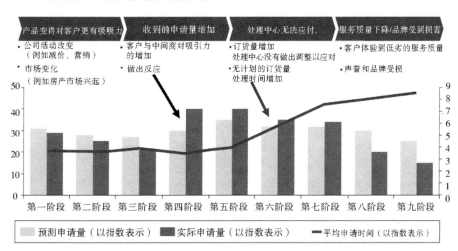

信息来源：博斯公司

图6.13　申请数量的无计划变化与缺少灵活性的处理能力怎样影响处理时间

如果这类情况发生的不是如此司空见惯的话反倒是异常的了。经常的情况是，一家银行的不同部门互相是完全不搭界的企业，各自为政地工作。营销部想当然地以为，不管促销活动增加多少业务需求，营运部门都能处理得了；而营运部门只要有一次被弄得焦头烂额，便以守为上策，扩大处理能力以应付前方办公室的突然袭击。不论什么时候，只要你听哪位主管人员说，"在我们的企业内，每一位客户都很重要，理应享受同等高水平的服务"，或者"虽然营销部门不能预测未来的需求，但可以预期营运部门总能提供同等水平的服务"，那么这家银行很可能正在遭受这种部门之间缺乏交流沟通之苦。

像其他服务行业的企业一样，金融服务公司经常为应付两个问题而疲于奔命：怎样把需求与供应结合起来，同样要在服务与成本之间妥善地权衡。这两个问题本来就难以解决，而由于事实上经常只是在遇到极端压力的情况下人们才回来讨论这种问题，而且又没有可靠的数据与分析工具，困难就更大了。典型的情况时，只有在遭遇某种危机之后，人们才会去处理这类问题，而解决的方法不是扩大处理能力就是牺牲服务质量。使用这种解决方法时，要么因为仓促应付满足需求而使得资金不能有效地使用，要么由于客户满意度下降而使得营业收入无法兑现。

所幸现在有一个办法可以摆脱困境。在过去的10—20年间，制造企业已经形成了解决这一问题的方法。制造企业面对边际利润的无情压力，已经形成一种称之为销售与运营计划（S&OP）的方法，以改善部门间的协调。许多制造企业已经发现销售与运营计划具有极大的价值，而且我们认为只须稍作调整就能同样应用于金融服务公司。

什么是销售与运营计划？

销售与运营计划的出现是由于人们认识到一个机构的不同部门各有不同的目标。例如，在一家制造业公司中，生产部门总是希望按照稳定不变的、设计移交长的交付周期生产有限品种的产品，设计极端灵活多变，并且能够在收到订单后立即交货。当然，这两个部门永远不可能同时都实现这些目标。那么它们该怎么办呢？如果没有健全的计划系统，那么每一个单位都是只关心自己的利益。最后达成的妥协折中便取决于每一部门有多大的权力来实现其意志，而不是群策群力做出对整个公司最有力的决策。

这一特别的平衡行动取得了一定程度的效果。只要公司遵循这一方法，一些客户的需要或早或晚都能至少得到一定程度的满足，企业也就能够赢得它理应赢得的利润的一部分。这一惯例在高边际收益的受保护的市场中是能够长时期地维持下去的。但是在十年前，许多制造企业发现自己已经置身于竞争高度激烈边际收益微乎其微的世界之中，许多主管人员发现必须改善不同职能部门之间的协调。更精明的人发现，只要改善销售部门与营运部门之间的协调，就能够改变盈利与亏损，有时甚至能改变生存与失败的命运。

从战略的层面看，销售与运营计划的着眼点是在一开始就回答一些棘手的问题：我们应该为哪些细分客户群服务？我们的服务应该达到什么样的水平？当我们的供应能力不足的时候，我们应该怎样区分客户轻重缓急的次序？一旦作出了这些决策之后，就必须使各种各样的机制落实到位，以保证营销部门与制造部门之间的妥协折中，能够在清楚地交流沟通的基础上，持续不断而不是时断时续地进行。

许多制造业公司已经学会采用这种方法更好地管理成本。销售与运营计划已经为制造业企业节省了上百万美元的成本，既没有牺牲客户服务的质量，也没有放弃对可获利客户的选择：

一家全球性烟草制造公司通过推行销售与运营计划节省了1.2亿美元，并减少1亿美元的库存量。

北美的一家耐用品制造商把库存量减少30%，从而节省了3亿美元。

欧洲的一家化妆品制造商把它的流动资金减少15%以上，同时又改进了促销计划。

怎样在金融服务业推行销售与运营计划？

金融服务公司实施销售与运营计划与制造业企业肯定会有所不同。银行毕竟没有库存，也没有物流成本，更没有月度生产流程——而这些都是制造业销售与运营计划流程的关键要素。但是尽管驱动成功的度量标准不同了，其基本理念却依然是一样的：与制造业一样，金融服务业的销售与

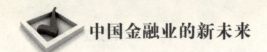

运营计划的出发点也是承认整个企业内部必须妥协折中，而利润最大化则取决于在彼此为争取获得资源的各项针锋相对的要求之间实现恰当的平衡。

与制造业一样，金融服务业的销售与运营计划已开始也必须回答一系列具有战略意味的运营方面的问题。它能够被用来解决如下反复出现的问题：

> 我们应该为不同的细分客户群容留多少呼叫－等待时间？
>
> 应该容许在我们的分行排多长的队？
>
> 我们的账户处理时间需要缩短到多少时间？
>
> 我们的新客户需要花费多少时间才能开一个账户或者从我们这里购买一份保险单？
>
> 我们的跨渠道反应率应该达到怎样的准确度？
>
> 我们应该怎样在考虑账户处理与信息技术能力的基础上安排我们新产品推介的轻重缓急？
>
> 按照成本与服务质量之间的这种权衡，我们的运营能力应该有什么样的灵活性？

有了销售与运营计划，这样的问题就能够在深思熟虑的基础上得到根本的解决，而不再像救火队那样心急火燎地临时将就了。

确定销售与运营计划

确定销售与运营计划的主管人员必须承担五项任务，我们把这五项任务称为五个结构单元：

1. 确定服务与供应方针。首先，公司必须决定它应该有什么样的服务要求。银行的主管人员需要以经理与第三方卖主洽谈服务水平的同样方式，确定什么样的服务水平是可以接受的。例如，最多容许一位客户排多长时间的队？能够让按揭申请人等待多久才把决定告诉他们？

2. 加强预测。为使这些方针有明确的目的，必须对需求作准确预测。

公司制定的必须在三分钟之内回答客户问讯的方针，对于以前得等候半小时的客户来说并没有多大的安抚作用。而集中研究推动需求反复无常不稳定性的种种因素（诸如推销、定价、与广告），并随后考察他们以往与对该产品需求的相关性，往往能够提高预测的准确性。对许多银行而言，对市场信息因素的任何形式的预测都是对现行惯例的一大改进。

3. 开发分析模型。一旦计划相信他们预测的健全性足以信赖，就必须开发分析模型，以帮助指引主管人员确定成本与服务之间妥善的这种权衡。几乎每一种产品或服务都有一个回报递减点，过了这一点之后，所创造的价值相对于其成本而言就开始递减了。现在有一种模型能够找到这一个递减点，从而使得经理们能够远为容易地制定正确的方针，保证能够为企业作出最佳的折中权衡。对于制造业而言，此类折中权衡中的一种可能是库存对制造的相应率；而对银行而言，则可能是客户响应时间对当班职员的人数。只要以某种易于存取的方式提供正确的数据，那么要作出怎样使用公司资源的深思熟虑的决定就会变得容易些。例如，图6.14中所示的简单模型就显示了需要多少名职员才能确保使客户的排队等候时间保持在特定的水平。

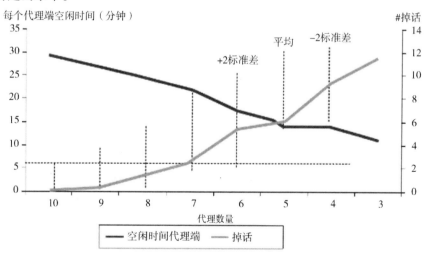

信息来源：博斯公司

图6.14　一小时之内的代理端空闲时间与掉话次数比较（需求=25个电话/小时）

4. 不同职能部门间的交流沟通。当然，即使是基于完善的分析方法制定出良好的计划，但如企业内部的各个部门之间没有很好地交流沟通，那么再好的计划也可能不能很好地奏效。那些依靠销售与运营计划取得成功的制造企业来说，必须安排好日程，让每一部门的主管人员每月会商一次，审议当前的活动与下个月的目标，讨论某项预测是否依然正确或是否需要调整，并确定是否按照新的结果修正模型或目标。

5. 跟踪度量标准。无需多言，销售与运营计划要求规定一些关键性的度量标准并对结果的成功与否进行监视。应该选用正确的度量标准以确定计划是否得到妥善地执行，并确定该模型与该过程有哪些弱点以便进行补救。而这一度量标准是在开发模型的过程中确定的。尽管每个公司的目标各异，但是理赔代理人的利用、处理差错的数目或数据录入准确度的水平却是必须加以跟踪的几个度量标准。

最后还应注意的是，这五个要素经常是按照上述次序执行的。但最好还是更多地把销售与运营计划看作一个整体，因为能够很好地执行销售与运营计划的过程，往往能够随着时间的流逝而有反复改进之效。

在金融服务公司中运行的销售与运营计划

销售与运营计划是在一家在世界各地设有40多个营运机构的多种经营的金融服务公司的证券部推行的。这个部门雇用了大约3000名雇员为客户提供经纪服务，每个月达成的交易超过600000笔。在管理层开始应用销售与运营计划的某些原理之前，他们的营运部的服务理念似乎是"尽我们的所能为一切人提供一切"。本着这一不言而喻的理念，当营运部门试图为各种各样的客户提供服务的时候，便开发出一个无计划延伸的系统，而不考虑他们各自的需要。使得问题进一步复杂化的是，企业各部分的前方团队与营运团队之间协调不够，结果造成效率低下。提供服务的成本之高，超出必要成本好几倍，例如几乎每一次与客户之间的接触都由资深的客户代表来承担。

为了进一步提高营运效率，管理层采用了销售与运营计划的五大要素。营运部门与企业的销售部门密切合作，针对不同的细分客户群制定了一整套服务方针，并实施了一系列的流程，以提高现场预测与数据的准确性。最后，制订了一套正确的度量标准，以便有效地测量与管理业绩。

结果是非常显著的：成本降低了15%；流程与服务都有了引人注意的改进；不仅效率（例如交付周期）提高了，有效性也提高了；开立新账目所需的时间缩短了60%，文件拒收率也由30%降低到10%；而且各个渠道间相应的准确度也提高了10%以上。

销售与运营计划能够有助于您的公司？

您的金融服务公司能否因改进销售与运营计划而受益？下列简短的诊断指标能够使您了解您的机构是否需要部门间的交流沟通与规划：

总体而言，您是否认为产品经理、销售与营运部门和加工中心之间达到了高水平的交流沟通与信任。

您的公司是否定期讨论并解决跨职能部门的问题？

是否客观地制订了指导日常营运的方针，而且定期复议并实现了明确的交流沟通？

营销部门是否在开展促销活动前及时向营运与信息技术部门发送了最新消息？

是否有跨职能部门的流程按照业务需求的变化情况规定服务质量预期？

结论

随着争取客户的竞争日趋剧烈，无论是地方的还是全球性的金融服务公司的主管人员，都必须摆脱现在经常使用的旧的没有把握的"凭猜想估计"已确定恰当的服务与后援水平的窠臼。尽管成本的压力将最终推动机构采用更为一体化的方式进行跨部门的交流沟通，但是如果金融服务公司的主管人员，能够深刻领会这其实是流程不可避免的演变方向，就能未雨绸缪更好而且更加始终如一地作出选择。即使在其他因素都相同的情况下，那些比竞争对手更善于谨慎地运用销售与运营计划的公司，也将会扩大其市场份额。虽然改善销售与运营计划未必能解决每一个问题，但是销售与运营计划却能提供一种更好的方向，从而能够在挑战出现之时就能及

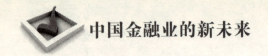

时识别它们。

金融服务公司中的销售与运营计划和信息技术

产品的无计划特性或独一无二的服务协议，不可避免地推动为信息技术架构增加独立的补充，或者成为变化中的核心系统的冗长而费用高昂的流程的组成部分。如果销售、营运与信息技术部门之间，能够就规划问题进行更明确更透明的对话，就能使技术的潜能从许多信息技术部门目前感觉到的复杂、高昂而冗长的制约中解放出来。而使用销售与运营计划技术构建更长期的规划周期，又反过来使得信息技术能够统一与强化支离破碎的系统，并形成能够自动交付约定服务和提供后院的流程赋能技术。

某家保险与养老金公司采用了这些联合规划技术以了解整个企业各部门间的妥协折中，并有效地规划其目标产品特性、服务水平、发展远景与营销活动。在三年期间，信息技术得以从八个核心产品体系合并为两个，并实施了新的流程工具以支持不同的服务水平，同时还改进了个案管理。与此同时，企业的销售、营运与信息技术成本也减少了30%，从而成为英国成长最快的银行保险提供商。

警惕缺口——
找出金融服务业中的 IT 薄弱环节

　　快速有效地部署技术支持以配合商业需求是金融服务的制胜关键。盈利增长依靠的是及时准确的信息，而科技是提供创造、获取以及管理信息的手段，保证了信息的可伸展性、连贯性以及安全性。但是在许多主要的金融机构中，还普遍存在着 IT 支持与战略决策以及日常的商业需要之间的缺口。这种缺口源自于"方向"以及"细节"上的问题。

　　例如，近来一家全球性银行将其大部分的 IT 开发与维护团队迁至境外。这项措施有望节省高达 30% 的 IT 运营费用，然而，这家银行却忽视了留在本土的 IT 团队。这些团队缺乏主要的 IT 技能，如体系结构设计、供货商管理系统、服务品质协议等等。境外迁移使得存在于这些团队中的问题浮出水面，这些团队由于缺失了内部提供给他们的科技信息，因而不能像以往那样顺利地完成任务。待到这家银行发现该问题为时已晚，他们的服务品质严重受挫，新产品的发布也被推迟了多达九个月之久。

　　这是一类很典型的 IT 问题，这类问题只会伴随着严重的服务问题或者某个项目的失败而暴露出来。它可以阻碍新项目的启动，甚至危及到正常的商业活动。一些公司积极地招聘 IT 人才以应对这类问题，但是招聘本身并不能解决问题：人才的竞争使得公司不能迅速地发现最适合某个工作的人选，新的员工也需要长达一年的时间来完全适应工作环境。为了解决这类问题，博斯公司开发了一套能力评估系统，便于针对公司的整体战略找出存在于 IT 技术以及其他能力中的不足之处。这套系统还可协助公司改进其 IT 团队的绩效、价值以及投资回报率。

CIO 面临的挑战

为了改善自己的账本底线，金融服务公司的 CEO 和股东们频频向主管们施压。正因为如此，IT 这一类的辅助工具就非常有必要协助各部门更好的完成工作，而不仅仅是提供战略意见。CIO 以及其他 IT 主管的职责非常明显，他们需要在正确的岗位上安排合适的人选，以此来保证公司上下的 IT 水平的一致并且有助于价值的增长。

不协调的公司策略、IT 策略以及 IT 分工已经不足为奇，多年来这类问题导致了 IT 绩效的低下。根据博斯公司最近的一项调查显示，在 1500 家来自各个行业的公司中，有超过 50% 的公司被诊断为 IT 职能"不健康的"公司，这也同时显示了存在于 IT 员工中的能力不足（见图 6.15）。另一项来自博斯公司的调查显示，50000 名为各种全球性企业工作的员工中有 65% 的人认为自己公司的 IT 职能"不健康"。

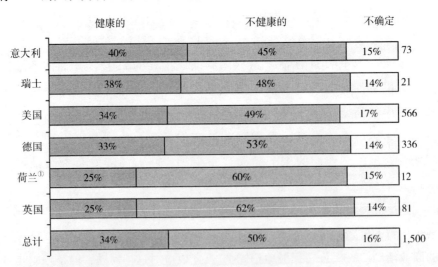

①针对荷兰的调查在本文出版时还处于初步阶段

信息来源：博斯公司的《IT 组织的 DNA 调查》，2007–2008（www.orgdna.com）

图 6.15　不同地区 IT 组织的健康度

全世界的 CIO 都在配备 IT 人员的问题上绞尽脑汁。常见的问题就是 IT 员工的能力不足。一些 IT 员工不熟悉公司需要的编程语言，一些员工没达到公司对这种语言所要求的熟练度。在一些地方更是发生了所需技能集体缺失这类事件，即公司找不到具备遗留系统相关知识的 IT 人员，特别是对于那些自定义系统的公司这类问题更加严重。一家欧洲的保险公司最近就发生了这类问题，这家公司不得不依靠一大批退休职员来维护自己的 IT 系统。从另一方面来说，就算公司的职员拥有完备的 IT 技能，公司也不能保证这些职员在组织内部最有效，最合理地被分配到各个岗位上去。只有很少一部分 CIO 能够真正宣称对其职能了如指掌。

在 IT 职能的问题上，金融服务业面临着更加严峻的形势。首先，IT 人员需要知道银行业、资本市场或者保险业的专业知识。其次，金融服务业中存在着大量的遗留系统，这需要大量的特殊人才来维持。此外，金融服务业中的 IT 开销比其他行业高得多——工厂的运营需要依靠机械设备，这部分开销占制造业开销的 20%，而一家银行或者保险公司仅 IT 部门这一项支出就占到了 20%。

另外，对于许多行业来说，进入市场的时机或者管理机制是最重要的。比如消费品、媒体以及电信公司在决定进入市场的时机时承受着巨大的压力，而制药类公司更多地把注意力放在制药过程以及管理机制上面。与之相比，银行业或者说金融服务业需要将这些问题都考虑进去，并且依靠 IT 来应对这些问题。既要符合管理机制，又要符合最佳的进入市场时机，并同时保持高绩效，实际上是不可能完成的任务，而正是这样的任务对 IT 职能在宽度以及深度上有了颇高的要求。

形势如此严峻，那么金融服务业的 CIO 就必须回答怎样才能管理好 IT 能力的问题：

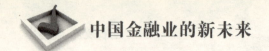

> 以战略的眼光来看，我们需要哪些能力？怎样用一年、三年甚至五年的时间来定义这些能力？
>
> 我们目前拥有哪些能力？这些能力被分配到了何处？
>
> 在战略目标以及我们具备的能力之间的缺口有多大？
>
> 我们怎样来应对这些缺口，应对的优先顺序又是怎样的？

解决方案：能力评估

博斯公司曾与多个全球著名的银行合作解决他们在 IT 技能上的问题，解决方案通常是以一套能力评估作为开始的，这套评估帮助这些银行回答以上提出的四个问题。

一套基本的能力评估一般分为四个步骤：

1. 认清目标的能力：利用一套基于 IT 价值链的框架体系，金融服务公司可以确定公司在未来需要的 IT 能力以及 IT 团队的规模。在这个环节里，公司需要建立起能够有效地安排、建立及运行 IT 运营的体系，而这几步就决定了公司所需的专业技能（技术类及非技术类）和这些技能的水平。

2. 指导评估：通过面谈、自我评价、同事与经理的评价等评估手段，公司可以清楚了解到 IT 团队的能力及规模。

3. 分析其中的缺口：前面两步帮我们判定了所需要的能力与现有能力之间的缺口，也告诉了我们这个缺口所处的位置。通过定性面谈、年度绩效比较、内部的小测验这一系列进一步的评估手段，我们可以弄清楚能力缺口是否源于以下几种情况：（1）关键岗位上缺少人才；（2）现存人员能力不足；（3）关键岗位上人员部署失误。

4. 制定对策：通过对缺口的分析，我们可以针对如何缩小缺口以及具体怎样操作来制定行动方案。最终的方案可能会包括：长期招聘以及培训计划，针对绩效管理的调整以及通过外包需要所需的人才。

金融服务业中人才竞争激烈的根本原因

《金融时报》在 2004 年发表了一篇文章，称超过 33% 的雇主在招 IT 人员时碰到过很严重的问题，而 42% 的人认为在招聘过程中碰到的问题直接影响到了他们的运营状况。IT 人员的短缺源于产品开发的滞后，低下的服务水平或者 IT 的安全问题，也有可能是由于被对手抢走生意而产生的后果。最近，一位在国际投行工作的资深 IT 主管说："经济危机也许是一件好事。它给了我更多的时间来重组，同时也帮助我更好地自我定位并探明组织发展需要的技能。通过观察市场上 IT 工作者的情况，我可以对竞争对手的 IT 情况有着更深刻的认识。最终，我们的人才库得到了改善，因而我认为这一切都是值得的。"

过去几年中存在的一些趋势导致了 IT 技能缺口的问题，进一步激化了 IT 人员的人才大战。

金融机构的商业模式正经历着巨大的改变。长期依靠外包 IT 服务不仅使公司对第三方产生依赖性，还会使公司被迫维持长期的外包关系。同时具备专业管理及 IT 能力的人员少之又少，这也为公司的管理增加了多余的压力。另外，当公司将大部分的 IT 业务外包给其他公司时，公司内的 IT 人员会因为技能无处施展而觉得自己的工作机会和职业生涯受限，这样的公司自然是不能吸引人才的。长达数轮的裁员造成银行和保险公司的 IT 人才短缺，同时也带来了大量的短期合同工。另一方面，大型的跨国合资企业还在集权化和分权化上面临诸多问题。许多企业都没能把权力集中在拥有大量潜在人力资源的位置，而选择分权化的企业则存在企业增长缓慢的问题，此外，多国化的运作也加大了分权化企业地方运作的技术支持难度。产业化进程中，一个比较明显的趋势就是在企业内部成立"IT 工厂"，这类工厂负责产品的研发、测试及技术支持。而这些趋势以及价值链的重新配置也增添了企业需要解决的问题。

科技的改变也会导致 IT 人才的短缺。科技的日新月异也向 IT 人才提出了更为苛刻的要求：IT 人才必须具备最新的知识并接受最新的培训来掌握这些技术。一般来说，竞争者与此同时也在针对新的技术部署人员，从

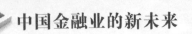

更大程度上加剧了人才大战。除此之外，改变IT的开发模式和架构还需要专业技术的支持。比如，IT部门想要针对服务导向的需求进行调整，就必须要具备相关的商业技能。

引进新技术带来的巨大花费，使得许多银行更倾向于将遗留系统改造为"新系统"，而很多时候，这种改造是他们唯一的解决方案。"遗留的新系统"导致了他们无法找到与之相匹配的IT人才。

外包、减员以及其他的费用缩减，导致了精通旧技术的员工越来越少。这所有的环节都造成了对科技人才需求的成倍增长，这种增长的需求给保持原有水平的供货能力带来了巨大的压力。

管理机制在不断完善，而这些完善也需要IT的支持。跟踪数据以及分析数据都需要多个系统来实现，这类系统需要复杂的系统界面、中间件、系统整合以及数据管理来实现。随着管理机制力度的加大，回报及监管体制变得更加复杂，各个部门对IT技术的需求也在不断增长。这些对IT需求的增长时常发生在金融服务业里面，金融服务公司由于自身的特殊性，需要更多的IT资源以及能力。

一些社会上的趋势影响着IT技能的可用性。其中一种趋势是：全世界的教育体系都减缓了科技的发展，它们培养出来的人才更多是被动地应用科技。在某些地区，例如欧洲，学校大多不能为市场提供充足的IT人才。还有一种趋势就是个人主义的加剧。传统的终身雇佣模式已经不被人们所青睐，这导致了大量短期合同工的出现。更多的人不愿意从事IT行业，甚至不愿意接受IT方面的培训。

应用能力评估工具

虽然能力评估工具是一项基于IT职能的评估系统，但是它也可以被应用到如人力资源、市场、财务等其他领域中。我们最近在和一家地区性投资银行合作，这家银行的COO非常关注变革管理的水平，他认为，正是在变革管理上的认识及经验匮乏造成了项目实施的滞后。

通过与其HR部门的合作，博斯公司界定出了对于变革管理最重要的一些能力。我们随后对这些能力做的评估测试揭示了这家银行在规模（人员不足）以及编制（编制过于简单）上都有严重的不足。我们还对银行的项目经理做了一项针对其变革能力的测试，结果证明了这些负责人在认识和应对这些变革上都有严重的问题。

接下来我们针对项目经理们制定了一套培训方案，帮助他们获得一些与变革管理密切相关的能力。第二年我们对这家银行又做了一次评估，发现项目经理们的能力有了显著提高，增幅达到了50%。

对一家英国私人银行的评估

这是一家大型的私人银行，有着完善的管理体系。这家银行的CIO希望博斯公司来评估他们现有的能力，并且界定出这些能力在庞大的IT部门中所处的位置。在这个过程中，他们运用了博斯的能力评估工具。

这家银行由400多名员工组成，总部设在英国。由于这家公司多次的并购，使他们的IT部门经历了重大的改变。IT部门当时正致力于研究如何将他们的应用程序价值最大化，与此同时，他们还得不停寻找新的人员来填补空位。更严重的是，IT部门记录报告参差不齐，完全没能正确向其他部门传达信息，这也使得决策层对IT部门产生疑问。总而言之，IT部门由于其不能正常运作而饱受非议。

这家银行的CIO赶紧叫了暂停，与管理小组一起寻找以下几个问题的答案：

> 公司的业务需要IT部门提供何种帮助？
>
> 我们需要的IT能力是哪些？我们IT部门现有的能力是哪些？
>
> 我们需要的能力与已有能力的缺口在哪里？如何填补这些缺口？

在会议上，IT部经理很快就认识到他们没办法回答三个问题中的任何一个。在各种针对自己部门的诊断以及讨论进行的过程中，CIO的管理小组发现他们完全不了解自己的人才库，特别是在已有能力以及需要的能力这些层面上缺乏深刻的认识。了解到这些信息以后，博斯公司开始对这家银行进行能力评估。我们发现他们缺乏重要的IT技能（如IT战略、需求管理系统、服务提供系统、供应商管理系统等）。明显的IT缺陷体现在某些"硬技能"（技术支持、安全管理）以及"软技能"（领导能力、控制能力）上（请参考《金融服务中人才竞争激烈的根本原因》）。

把评估结果与组织结构图相对照，我们还发现了存在于组织不同层次中的问题。图表可以帮助我们更直观地了解在企业管理中每个角色的优先顺序以及这家银行的薄弱环节（见图6.16）。这为我们接下来的分析和计划拟定，提供了非常有用的背景信息。

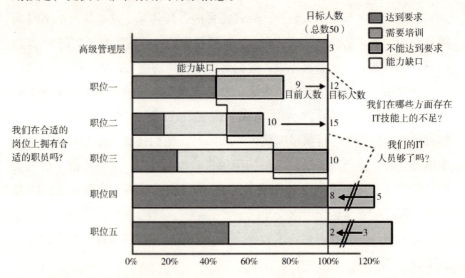

信息来源：博斯公司

图6.16 能力缺口分析：技能过剩与技能缺陷

接下来，管理人员对每个关键的角色做了深入的调查。比如，业务分析员缺乏专业的IT知识，但是他们在业务知识方面又有太多的剩余（见图6.17）。另外，业务分析员没有领导者来带领他们更好地完成工作，而其他部门拥有充足的领导者但却没有足够的组员。我们提出了一个可行的解决方案，即从领导者过剩的组织里选出几个分配到其他缺乏组织者的部门，最理想的人选是那些拥有IT技能但却并没有将能力完全发挥出来的人。

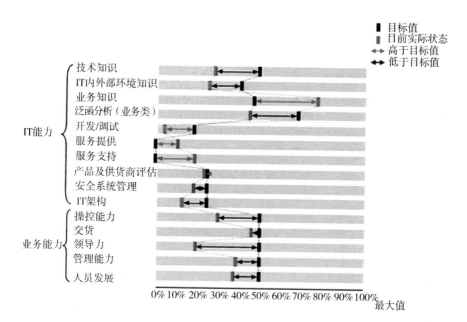

信息来源：博斯公司

图6.17　调查业务分析员后的结果

　　通过检查能力中的不足，这家银行可以调整并建立起一种适应力强的 IT 职能。没有领导的组员以及没有组员的领导被重新调整，不符合目前职位的人员被安排到合适的岗位上，或者由公司提供相关知识以适应当前的工作，人员流失率降低了一半，员工的对 IT 职能的满意度也显著地提升了（虽然这一点不能非常准确地测算出来）。为了进一步将现有的 IT 能力与需要的能力做比较，这家银行在公司的内部网上发布了能力评估工具，提供一种新的激励机制，以保证所有的评估都是最新的。比如，员工要想参加一项培训，就必须保证自己的评估结果是最新的，小组的领导人在得到新的资源或者项目时必须要对自己小组的能力先做评估。这项激励机制与绩效发展周期、绩效评测以及奖金红利密切相关。

　　此外，我们还跟其他众多金融服务机构合作，为他们提供 IT 支持，并帮助他们转换 IT 职能。我们采取的是一种从上到下的评估手段（见后文中的《指导成功的能力评估》）。

一家准备转变 IT 职能的全球性的信用卡公司，利用能力评估确立了他们需要努力的方向。IT 部门还将这个评估结果与每个部门的内部客户分享，以确保结果能真实反应每个部门的需要。这家公司将重点放在项目进程上，IT 部门节省了 30% 的项目开发时间以及开销。

一家全球性的银行想要将它的 IT 职能有效地统一起来，在评估的过程中，他们发现业务职能与 IT 提供的职能在很多地方都有重叠。因此这家银行决定将两者中的一部分 IT 职能合并，这项措施为其节省了 20% 的 IT 支出。

一家地区性投资银行的 COO 利用能力评估，大刀阔斧地改革了他们的招聘标准，以确保他们所拥有的能力可以成功应对一些 IT 系统以及架构的变化。这位 COO 同时也针对内部需要做了一些改动，它修订了员工绩效的评定标准，将重要的 IT 技能作为评判标准之一。COO 的这项措施使得该银行在接下来的两年中保持了高达 50% 的收入增长。

另外一家地区性投资银行的 IT 团队，利用能力评测发现了他们面临的最严峻的问题是对公司遗留系统最了解的专家们即将退休。通过对关键问题的诊断，这家银行终于能够建立起合理的招聘步骤，并培训新员工以保证公司的正常运营。

结论

随着对优质 IT 人才的需求不断增加，金融服务机构必须针对自身的需求并带着长远的角度来建立 IT 职能。而且，在成本压力加剧的情况下，CIO 需要认识到合理的分配职责就是提高 IT 价值的一种做法，因为雇佣 IT 人员的费用占到了所有 IT 支出的 25%。

能力评估可以显著提高 IT 职能，并可以让公司知道他们所需要的能力是什么。能力评估可以让公司更好地招纳贤才，保证每一个新员工都具备他所在岗位的专业知识。正因为如此，能力评估可以加快新产品的推出，改善公司的服务水平，从而有效地改善公司的账本底线。

指导成功的能力评估

1. 实施一系列有效的措施来辅助管理，例如将同一项能力评估系统应用到管理团队、员工大会、公司会餐或者管理层评定能力的讨论中去。

2. 给每一个能力层次明确定义，以保证结果的公正性，避免笼统的"好"或者"不好"的结果。

3. 为每一个项目安排专门的负责人，并保证他们是唯一的负责人。比如项目管理的负责人有明确的权利负责某个项目的执行。一般来说，负责人越资深，项目也就越容易成功。

4. 合理运用人力资源以及公司内的交流。比如 HR 部门可以帮助制定工作职位名称，而企业内部的交流也可以对项目相关者管理起到一定的帮助作用。

5. 随着定期能力评估的开展，一些评测手段也需要更新。例如，随着进程的推移，需要回答的问题应该更新：如"三个月之后，多少职位说明被更新了？""六个月之后，在培训和招聘上的缺口还有多大？"

海外扩张

 中国如何寻求最佳交易
——机遇、动机及手段

　　随着金融危机在全球蔓延，中资企业面临着许多"走出去"并进行海外并购的机遇。然而，仅有机遇是远远不够的。正如同美国惊悚片中的侦探在确定谁是凶手时，需要分析动机、手段以及时机一样，中资企业在确定并购交易是否合适时也需要考虑这些因素。我们并不缺乏机遇，通常也不缺乏财务手段，需要着重考虑的，是如何掌控整个并购、整合，以及怎样才能对实际的动机有一个清晰的理解。

　　美国惊悚片中的侦探在追查凶手时，通常会考虑三个问题：谁可以有手段做出这件事？谁有动机？谁有时机？当中资企业考虑如何利用收购及股权投资实现"走出去"这一目标时，最好也要考虑这些因素。只有在综合考虑上述三个问题后，他们才能确保成功。当然，中资企业数量众多，对海外投资有着各自的看法。他们当中不仅包括中国投资有限责任公司（以下简称"中投"）、国家外汇管理局等政府机关，也包括中国银行、联想及海尔等有着不同股东结构和利益相关人的大型企业，还包括曾收购了德国什未林－帕希姆机场（Schwerin－Parchim）的北京林德国际运输代理有限公司等小型新兴企业。尽管每家企业对于上述三个问题都会有自己的答案，但是其中会有特别重要的关键因素——从机遇入手。

机遇

随着金融危机在全球蔓延，中资企业面临着前所未有的海外并购机遇。对于中国而言，由于中国的股票市场在 2009 年已经开始强劲反弹，欧美的资产价格无论是从绝对值还是从相对值的角度都处于低位。许多西方企业需要筹集新的资金——特别是金融服务领域内的企业；除此之外，汽车业及自然资源业也有此需要。同时，这些企业还会发现，获取信贷变得十分困难——特别是对那些习惯于从信贷市场上融资的企业来说。

在艰难的市场环境下，由于资金需求不断上升，企业对于潜在的中方投资者的态度明显由以前的冷淡变得热情。在 4 月份举行的博鳌论坛上，中投董事长兼首席执行官楼继伟谈到了欧洲自 2008 年以来的迅速变化。去年，投资机遇总带有一系列的限制。而如今，欧洲将中投视为"一支不可多得的力量"，再也不提任何投资限制。

中资企业并不缺乏海外扩张的机遇，但挑战无处不在。

动机

中国经济保持着高速发展。尽管增速显著放缓，但相对于美国、日本及欧洲等更发达的经济体，中国仍保持着其增幅优势。面对如此强劲的国内增长机遇，为何要走向海外？事实上，走出去的原因众多，但成功的关键却在于，个别企业能否确定哪些是与本身企业相关的因素。

当中投和国家外汇管理局利用中国部分外汇储备投资海外企业的少数股权时，投资组合的资产分配是他们决策的关键。如同世界上主要的机构投资者一样，他们寻求资产类别（换而言之，投资不仅限于美国国债）的多元化，以提高他们投资组合的风险调整收益。此外，某些投资旨在获取财务收益之外的互补型协同效应。例如，在中投对黑石和摩根斯坦利所持有的股权这件事上，尽管中投是小股东，且不具备投票权，但此投资能使其接触到众多经验丰富的投资专家，并能获悉他们如何看待潜在的投资机遇方面的意见。而尚在讨论中的对海外自然资源的投资则能使中国在获得经济效益的同时获得更多亟须的原材料。

对于国有或私营领域内的工商企业而言，海外并购能为企业战略提供多方面的支持。一宗海外交易可能出于以下六个潜在的战略动机，而每个动机对如今的中资企业都有着不同的借鉴意义：

一、获得新的增长机遇

全球许多企业在面临国内增速放缓时，都会将眼光投向海外，以寻求更多的增长机遇。另外，如果他们只致力于扩大国内市场份额，则可能会面临许多反垄断方面的限制。事实上，这也是为什么许多西方企业进入中国的原因。然而对于希望"走出去"的中资企业而言，这并不是主要原因。其真正的意义在于，企业希望尽早进入新兴的发展中市场（如非洲、中东等地），以树立牢固地位，并引领市场发展趋势。

二、扩大规模

此外，海外并购者可能会寻求在主要市场上树立地位以实现运营的规模效应。这一点对于来自本国市场相对较小的企业而言具有特别的意义：诺基亚如果要参与手机业的竞争，就不能仅限于在芬兰本土市场运营；同样，三星也不能仅依赖于韩国市场。但随着中国的发展壮大，并成为从汽车到电脑等一系列产品在全球数一数二的市场时，扩大规模这一动机对中资企业而言意义不大。尽管如此，从长远来说，中资企业希望在美国、日本以及不断整合的欧洲市场中扩大规模。

三、扭亏并增值

有时候，跨国并购发生的原因是：相对较强的企业看到某个竞争对手绩效不佳，认为自己可以收购和整合其业务，并扭转绩效。这就是戴姆勒－奔驰并购克莱斯勒的初衷。而菲亚特目前则正在与通用汽车及克莱斯勒讨论对部分业务进行类似的并购重组。理论上，中资企业相对较强的实力和盈利能力可令并购成为良机。但实际操作上，当面临考虑通过哪些"手段"来确保成功时，"良机"的吸引度可能大打折扣。原因在于并购在很大程度上充满着很高的风险。例如，上汽集团在对韩国双龙汽车的并购中就遭遇了许多挑战。而唯一的例外是对自然资源类资产的并购，这是基于中国、印度以及全球其他地区不断增长的需求，而大家相信资源价格将在不久之后再次被推高的这个大前提下。这种并购带来的也只是价值上的"扭转"，无需运营及管理经验就能带来收益。从根本上来说，这是一种基于市场时机选择的投资，利用中国的资本实力从长期资产价格必然上升的趋势中获益。

四、获得稀缺资源

事实上，增长、规模和扭亏等都不是中国企业进行并购的主因。支持中国的战略目标——确保能源、基础金属、稀有金属等以及其他众多商品的稳定供应——才是目前海外并购的主要初衷。对力拓等企业的控股或参股，除了能在商品价格复苏时带来获益的良机外，还能为所需原材料的供应提供除现货市场上采购之外的另一种保障方式。当认识到商品买卖将在市场上不断继续后，随着情况的发展，这些投资能为更深层的合作和发展提供选择和灵活性。这种并购不仅有助于提高与不同利益相关人及市场参与者间的了解程度并增进彼此之间的关系，还能为具有重要战略意义的市场带来更多的动态信息和深入的见解。

五、获得能力及市场知识

获得能力及市场知识是目前最有意义的并购动机。例如，吉利最近以4000万美元的价格收购了澳大利亚 DSI 自动变速箱公司，以提升其在中国的变速器生产能力。同样，中国银行收购了新加坡飞机租赁公司，以建立其在飞机租赁领域内的专业经验。更为广泛地说，收购外国企业是在另一个市场中立足的契机，能令企业掌握不同的客户需求以及不同的运营方式。这与西方企业在华设立初步机构有许多相似之处。当动机清晰地定位于建立能力而不是规模时，这决定便成为设定并购规模的重要指导方针。此类交易通常规模较小，因此更易于控制和整合。这也是我们稍后谈到"手段"时需要重点考虑的因素。

六、紧跟客户

随着部分中资企业不断跻身国际市场——无论是否采用并购方式——这为这些企业的供应商带来建立类似分布的机会和需要。通过并购和投资可以带来所需的能力和地位。例如，工商银行在南非标准银行中所持有的20%的股份，为中非贸易和业务拓展提供了一个支持平台。这种并购获得成功的关键，在于能否理解在哪些地点和做哪些活动，可以使自己的客户

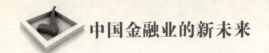

从一个重要的中国企业客户变成一个在全球均有价值的客户。

总而言之，"走出去"有许多可能的动机。关键在于保持冷静的头脑，并从注重实效的角度分析哪些动机切合实际，然后全面地考虑是否具备所需的手段来实现目标。

手段

当股市下跌导致全球信贷紧缩和资本损失时，中国不断利用资金去把握海外并购的机遇。中国的外汇储备不断增加，截至 2009 年 3 月底时，外汇储备达到 19500 亿美元。国有企业能从中资银行放宽贷款以及一系列鼓励并购贷款业务的政策中获益。此外，许多大型中资企业的利润仍十分丰厚。据国资委公布的相关信息，2009 年 3 月，中国国有企业累计利润同比增长 26%。

但是王岐山副总理曾就这些关键问题明确表示过："海外并购难道仅是一个'钱'的问题吗？你吃得下来，管得了它吗？"对于吉利是否应该进行大规模海外并购这一问题，王岐山副总理的另一番讲话可供参考："企业想植根于一个地方，还要靠人脉、环境。你在湖南、在中国能如鱼得水，在国外情况就完全不一样了。"

事实上，非金融领域的手段才是中资企业所面临的最大挑战。而"硬实力"和"软实力"这两种概念有助于解决这些问题。如今，财政基础牢固、规模庞大、实力相对较强的中资企业具备了"硬实力"，但他们往往欠缺能确保并购成功的"软实力"，换而言之，在和对达成成功交易有关键作用的不同利益相关人接洽时，中国企业缺乏吸引、激励并说服他们的能力。其中一个关键挑战，在于是否有具备实地评估机遇，并能有效管理与整合新企业的几个关键人才。此外，在国外这样一个并不熟悉的环境中，推动企业所有利益相关人积极参与的能力也很重要。例如，如何激发并增强不同消费者的热情；如何吸引并激励人才；如何在监管及社会环境（如《劳动法》）里游刃自如。国资委主任李荣融就曾强调，许多中资企业并没有意识到海外并购的法律风险。

最佳交易：将手段、动机和机遇联系在一起

在目前的环境下，无论是在国内还是在国外，中资企业始终拥有大量的机遇。对于那些习惯于注重资金来源等"硬实力"的企业，他们通常认为已经具备了所需的手段。这意味着一旦动机明朗，企业就将准备行动。

但情况并非如此。未来的中方并购者需要重点关注手段、动机与每个机遇之间的关系方面的两类问题：

"走出去"的真正动机是什么？这和整体企业目标和发展是否配合？动机和并购机遇的具体情况是否吻合？涉及哪些利弊权衡及选择？对于并购对象的选择、目标设定及管理方式有哪些启示？

对于每个机遇，除了资金之外，哪些是成功真正所需的手段？具体来说，企业本身是否具备成功所需的人员、领导心态以及对海外市场和监管环境的理解？如果并未具备以上条件，如何弥补这些差距，需要多长时间？

中资跨国企业正呈上升趋势，而在加快其增长速度和能力完善方面，并购能发挥重要作用。最终，那些能够将机遇、手段和动机紧密联系在一起，从而寻求最佳交易的企业将会获得成功。

中国企业如何成功实施海外并购

中国企业进行海外并购的案例每年都在递增，并购规模也在逐步扩大。据统计，2008 年已经飙升到了 328 亿美元。跨国并购已成为中国企业提高竞争能力和进军海外市场的重要手段。

然而，大部分跨国并购都会碰到各种各样的问题，尤其是在整合环节。并购后整合是跨国并购最重要的部分，其整个过程需要良好的计划和认真的执行。许多公司在整合中遭遇严峻的挑战甚至失败。

跨国并购如若获得成功，首先需要首席执行官的领导力和早期参与。另外，管理层还应当关注并应用十条明确而行之有效的准则。

中国企业的跨国并购现状

并购在企业发展当中发挥着无可比拟的作用，诺贝尔经济学奖获得者、美国著名经济学家乔治·施蒂格勒在观察了美国企业的发展之后说过："没有一个美国的大公司不是通过某种程度、某种方式的并购而成长起来的，几乎没有一家大公司是靠内部扩张成长起来的。"通用电气积极进行跨国并购以建立全球领先地位，它在韦尔奇任职 CEO 的近 20 年中，完成了 993 次兼并，市值从 130 亿美元一路攀升到最高时的 5600 亿美元，并连续九年保持增长超过 10% 的纪录；强生公司同样有着依靠并购发展壮大的历史传统（见图 7.1）。

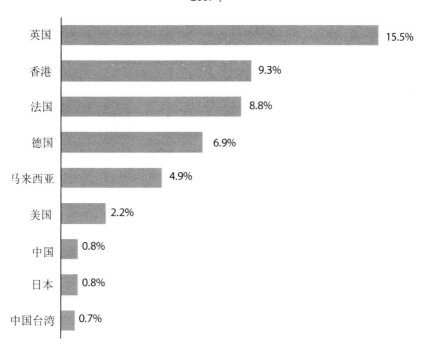

海外并购交易额占实际GDP比例
2007年

信息来源：文献研究；博斯公司

图7.1 全球企业经常通过跨国并购以实现快速增长和海外扩张

随着全球化的进程，跨国企业经常通过跨国并购以实现快速增长和海外扩张。近些年来，各行各业的跨国并购活动日益频繁，并购规模日益增加。如，2004 年，西班牙最大的银行桑坦德银行以 155 亿美元收购英国阿比国民银行；2007 年，日本烟草公司以 150 亿美元收购英国加莱赫烟草集团；2008 年，比利时英博啤酒公司以 520 亿美元收购美国啤酒业巨头安豪泽布施公司；2009 年 3 月，瑞士制药巨头罗氏制药斥资 468 亿美元将美国生物科技集团基因泰克收入囊中。

中国企业进行海外并购的案例每年都在递增，并购规模也正在逐步扩大。据统计，2008 年已经飙升到了 328 亿美元（见图 7.2）。中国企业跨国并购的交易数量在短短十几年间也不断攀升。

跨国并购是中国企业提高竞争能力和进军海外市场的重要手段。企业

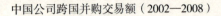

中国公司跨国并购交易额（2002—2008）

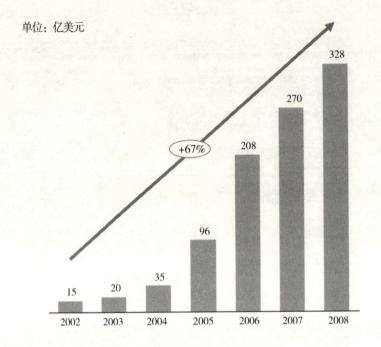

信息来源：文献研究，博斯公司

图 7.2　中国公司的跨国并购一直在快速发展

可以通过跨国并购，起到以下几方面的作用：一、获取先进技术与研究成果。如，上汽集团并购英国罗孚，利用其先进产品平台开发自主品牌"荣威"系列轿车；TCL 集团收购阿尔卡特享有盛名的手机业务而进入手机领域。二、控制石油、天然气、金属等战略资源。如，中石油收购哈萨克斯坦石油公司 67% 的股权，以获得对其石油和天然气资源的控制；中金岭南收购澳大利亚 Perilya 公司 50.1% 的股权。三、建立海外生产能力。如，海尔收购日本三洋位于泰国的冰箱生产工厂以及海信收购韩国大宇南非工厂。四、进军海外市场，绕过贸易壁垒，提升国际形象。如，雅戈尔收购美国服装巨头 Kellwood 旗下的衬衣品牌 Smart 以进军美国市场；联想并购 IBM 个人电脑业务，以期利用其品牌效应和国际市场销售渠道。

博斯公司通过对多宗跨国并购案例进行研究，发现目前中国企业跨国并购中出现了如下趋势：比以往有了更大的交易金额、更多的行业覆盖面，并由此产生了更加复杂的交易，同时有更多外国投资公司及机构参与其中。尽管今年的跨国并购增速可能放缓，如中央政府最近告诫国企在跨国并购中注意风险控制；国资委要求除了能源企业以外的制造类企业以及金融机构推迟跨国并购。但从长远来看，由于国内制造业的产能过剩、全球化的竞争形成更为宽松的法律环境和政府管制，尤其自金融危机以来，一些中国企业发现，原来很多遥不可及的并购目标忽然触手可及，收购价格变得越来越有诱惑力。在未来，中国企业的跨国并购还将越来越多。

中国企业在跨国并购后整合阶段中所面临的挑战

大部分跨国并购都会碰到各种各样的问题，尤其是在整合环节。许多公司在整合中遭遇严峻的挑战甚至失败。比如上汽于 2006 年收购双龙 51.33% 的股份，以期取得其全球销售网络以及柴油发动机和 SUV 平台相关技术。但是，结果令人失望，双龙 2008 年销售出现衰退并面临破产，上汽从韩国撤回外派员工，并可能在双龙的破产保护申请中损失惨重。上汽并购后整合，最突出的问题就是强硬且不妥协的工会组织、不合作的双龙管理层和有敌意的双龙员工。

再如，TCL 于 2004 年并购汤姆森电视业务，以期取得其电视相关技术、全球分销网络以及久负盛名的电视品牌。但 TCL 未能实现其战略目标，2006 年亏损 25 亿港币，并于当年末退出欧洲电视市场。其大部分问题都与并购后整合有关，如欠缺深入的尽职调查，对欧洲的法律和规章制度不够熟悉，中国和欧洲的文化冲突，并购后整合实施队伍缺乏经验等。

有一些深层次的整合问题甚至在并购两三年后才显现出来，联想 2005 年以 12 亿美元收购 IBM 个人电脑业务，将全球总部迁至纽约；2006 年全球范围内发布 "LENOVO" 品牌，完成机构的重组；2007 年宣布并购后整合成功，北美及欧洲业务扭亏为盈，全球市场份额 2007 年从 7.5% 上升至 8.2%；但是，联想的经营状况在 2008 年恶化，2008 财年第三季度亏损 9700 万美元，全球市场份额跌至 7.3%；2009 年联想创始人柳传志重新掌权联想，原董事局主席杨元庆转任为首席执行官。

由于整合之初联想进行了详尽的尽职调查和积极深入的交流，保留

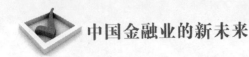

IBM 关键管理层人员和研发团队，与关键客户保持良好关系，实施循序渐进的整合策略，从供应链整合入手，进而进行产品和品牌的整合，这起并购在整合初期颇显成效。然而，此次深层次并购后整合导致一些隐患，由于对 IBM 文化过分妥协，联想未能保留联想文化中的优秀部分，从而导致对市场变化和竞争者行动不够敏感。新产品开发与发布进展缓慢。整合后模糊的决策机制，两个同样强势的领导责任分配不明，过于关注整合和对 IBM 的业务扭亏为盈，忽略了 PC 机市场的发展趋势。

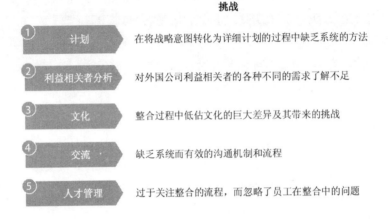

挑战

①	计 划	在将战略意图转化为详细计划的过程中缺乏系统的方法
②	利益相关者分析	对外国公司利益相关者的各种不同的需求了解不足
③	文 化	整合过程中低估文化的巨大差异及其带来的挑战
④	交 流	缺乏系统而有效的沟通机制和流程
⑤	人才管理	过于关注整合的流程，而忽略了员工在整合中的问题

信息来源：博斯公司

图 7.3　中国公司通常在跨国并购后整合中间所面临的五种挑战

　　中国政府一直提醒本国企业在跨国并购过程中详细考虑潜在挑战。国务院副总理王岐山对跨国并购有着深刻的见地，他提示企业家，"你对自己的管理能力有把握吗？分析过双方的文化差异了吗？了解当地的工会劳资关系吗？"；"企业想植根于一个地方，还要靠人脉、环境，你在湖南、在中国能如鱼得水，在国外情况就完全不一样了，在中国管理中遇到的难题，国外不一定能遇到"；"我们要敢闯，同时也要有科学的精神。希望大家考虑问题能更全面一些，在'走出去'前要做非常深入的调查研究，要以科学发展观为指导，研究如何把'走出去'与中央保增长、扩内需的一系列措施结合起来，让'走出去'更有力、更有效"。

中国企业成功整合的准则

并购后整合（PMI）是跨国并购最重要的部分，它甚至可以决定整桩并购的成败，因此整合的过程需要良好的计划和执行。在众多的跨国并购案例中，有部分公司凭借周详的计划和谨慎的实施取得了良好的效果。北京第一机床厂于 2005 年并购了德国 Waldrich Coburg（WC）公司，Waldrich Coburg 于 2008 年销售收入翻倍，净利润翻两番，同时北京第一机床厂获得 Waldrich Coburg 的技术，并进入了德国市场，这得益于并购后整合的良好计划和实施：在并购之前，北京第一机床厂委托专业的中介机构进行了详细的尽职调查，并与当地政府积极沟通，与当地工会组织保持良好关系，而且保留德方管理层并给予其独立运营的权利，最终开发出整合采购、销售、研发、售后服务等系统的详尽计划。

上工申贝集团成功并购并整合了德国 DurkoppAdler（DA）公司也是一例。上工申贝集团于 2004 年收购了德国 DurkoppAdler（DA）公司 94.9% 的股权。DurkoppAdler 于 2004 年扭亏为盈，并于 2006 年实现净利润翻番。上工申贝集团产能得到提高，并进入欧洲市场。有序且谨慎的整合，保持业务稳定性，如 DurkoppAdler 公司管理层全部保留；有效的沟通，比如上工申贝总经理与所有 DurkoppAdler 中层经理进行一对一的交流；并与工会组织建立良好关系，如进行文化的良好整合，而且邀请第三方机构参与双方的文化整合。

通过对这些成功并购后整合的企业进行研究，博斯公司发现，成功的整合首先需要首席执行官的领导力和早期参与。首席执行官必须尽早参与并购后整合以确保当前业务和整合的正常运转，在整合的前期必须尽快做出一些重要决定，从而决定整合的性质和达到最终的成功。这些决定包括：整合将会如何发展？怎样尽快让并购价值得到体现？怎样管理和领导整合过程？整合过程中应采取怎样的人事策略？另外，交易的性质将决定整合过程中的选择；并购前详尽的尽职调查将会非常有助于企业在整合中做出正确的选择；基于这些选择的严格的整合计划流程将会保证企业的充分整合。其次，管理层应当关注并应用十条明确而行之有效的准则（见图 7.4）。

目标	准则		
确定方向	① "战略意图"—将战略远景规划转化为整合指导方针 ② "利益相关者积极性"—调动市场、监管机构、社区和其他利益相关者的积极性	文化整合	沟通
建立整合的运作方案	③ "一个公司"—为企业短期和长期的发展建立整合的组织、流程和基础设施计划 ④ "价值获取"—确定并获取合适的短期/中期协同效应 ⑤ "充满活力的团队"—确保人尽其用，充分调动员工积极性 ⑥ "平稳过渡"—确定平稳实现变革的方法		
执行计划	⑦ "执行管理"—在实施过程维持好的发展势头，并进行跟踪监测、调整		

⑩ 由严格而自律的项目管理支持

信息来源：博斯公司

图7.4 管理层应当关注并应用十条明确而行之有效的准则

第一条准则：战略意图

和前期的并购一样，整合阶段也需有明确方向。战略意图将战略远景规划转化为整合指导方针，它应该清晰表达公司的愿景：如何创造价值，如何组织变革和达到整合的目的，以及实现目标的关键计划等方面得到全体管理层的认可。

第二条准则：利益相关者的积极性

整合涉及到的利益相关者包括客户、合作伙伴、分销商及其他渠道伙伴、供应商、财务环境、当地政府以及监管机构。利益相关者多样化的需求应该得到重视和有效管理。整合应调动多方利益相关者的积极性。

我们建议，可以通过以下方法来获知利益相关者潜在的关注和需求，如，在早期建立特定的交流方式来解决他们主要关心的问题。工作围绕利益相关者进行，去了解对方需要花多少时间才能消化多少的信息，其认可的动机是什么。选择给利益相关者传递什么样的信息，传送信息的最佳时机，传递信息的最佳渠道以及负责传递的人员。留意利益相关者间可能出现的相关影响及相关依赖的情况，在新情况发生时随时更新沟通计划。

第三条准则：一个公司

新公司为企业短期和长期的发展建立整合的组织、流程和基础设施计划。业务管理包括：维持现有业务，获取协同效应，整合最优方法以及尝试全新市场。组织结构需要从双方机构同时推举领导层，创造并推广新的架构，在企业家精神与结构和控制间寻求平衡。流程和系统协同则包括信息系统、设施以及激励等。新公司最终的组织结构、业务管理模式和流程应在交易结束前确定。

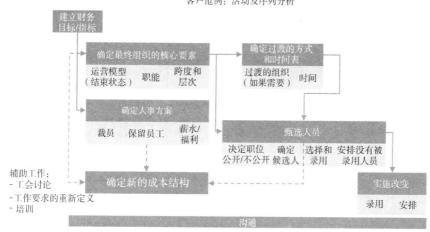

信息来源：博斯公司

图7.5　制定系统的人员管理流程至关重要

第四条准则：价值获取

确定并获取合适的短期/中期协同效应，通过达成明确的"认可"以及建立与利润表的连接来实现协同效应。确认和实现协同效应的五个步骤包括：初步总结协同效应的假定，确定更多的商机，获得关键基础数据，确认架设和协同效应规模，建立达成协同效应的基础设施，计划执行与跟踪。

第五条准则：充满活力的团队

确保人尽其用，充分调动员工的积极性，制定系统的人员管理流程至

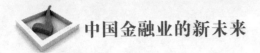

关重要（见图7.5）。

第六条准则：平稳过渡

确定平稳实现变革的方法，对于每一次重大转型，应建立稳定的管理计划以及解决问题的机制。

第七条准则：执行管理

在实施过程维持好的发展势头，并进行跟踪、监测、调整。明确第一天的任务，并在整个实施过程中监测和跟踪所有的整合工作。

决定权

在组织架构以外，决定是怎样真正地被制订的？谁拥用决定权以及怎样做出决定？

信息

使用何种标准衡量绩效？怎样协调活动？怎样传递知识？

组织DNA的四个基本模块

员工拥有什么样的目标、奖励及职业机会？公司的历史对员工有什么影响？

整体的组织模式，包括组织的"层级和单位"

激励机制

组织架构

信息来源：博斯公司

图7.6　我们独有的"组织 DNA"工具可以被用来帮助中国
企业解决文化整合方面的问题

第八条准则：文化整合

应当采用系统的方法来有效地管理跨文化整合的挑战。我们总结出跨文化整合步骤如下：1. 选择有激情的、灵活的领导团队；2. 建立对于收购所在国文化的感知和理解；3. 在被收购公司内部现场办公来积极促进员工们对"其他文化"的体验；4. 对被收购公司作系统的研究，包括文化感知、价值观、恐惧和期望；5. 确定整合方法、优先事项和沟通计划；6. 实施整合，确保尽可能多的"面对面"互动；7. 训练对危机的快速反应，统一思想，培养士气；8. 经常评估以调整沟通和执行。

博斯公司独有的"组织 DNA"工具可以被用来帮助中国企业解决文化整合方面的问题（见图7.6）。

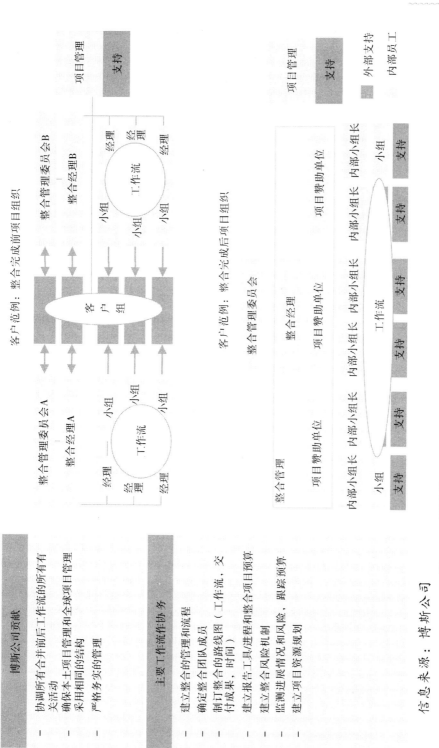

图7.7 项目管理工作流在帮助管理层协调整合方面至关重要

信息来源：博斯公司

第九条准则：沟通

中国企业应采取正确的沟通方式，并在整合过程中传递一致的消息。成功的沟通将在新的组织内部起到重要的协调作用。

沟通方式包括以下方面：诚恳沟通，利害关系方可以很容易察觉花言巧语，而且需要沟通沟通再沟通。沟通还需要运用多种渠道，包括如路演、信函、会议等正式渠道，也包括如员工私下讨论等非正式沟通。另外要从困难的会谈中学习：了解主管和下属沟通的强大力量，利用持续不断的员工沟通来了解整合的愿景与员工想法之间的实际差距（这个差距将影响员工的个人决定），对不同群体的利益相关者传递相同的信息。

第十条准则：严格的项目管理

项目管理工作流在帮助管理层协调整合方面至关重要。制定完整的整合计划、明确的目标和时间表对于项目管理是必不可少的（见图7.7）。

感谢

　　将所有这一切整合在一起是一项巨大的挑战。而做好这一点是建立世界级的公司的关键。本书试图介绍一些指导方针、原则和工具，从而帮助金融机构取得成功。书中包含了博斯公司各合伙人和我在中国金融机构的机会、挑战和方向上的不同观点和经验，是我们在中国和国际金融业中丰富经验的体现。

　　本书是团队智慧的结晶，尤其得到了博斯公司大中华区的贝思宁女士（Joni Bessler）、何德高先生（Ronald Haddock）、彭礼定先生（Giles Brennand）、顾幸之女士、黄昱先生、柯涛博士、李文龙先生、莫冠祺先生、庞复兴先生、孙毅先生和博斯海外办事处的莎拉·巴特勒女士（Sarah Butler）、艾伦·杰姆斯先生（Alan Gemes）、保罗·海德先生（Paul Hyde）、维克托·科斯先生（Victor Koss）、罗曼·雷格曼先生（Roman Regelmann）、华婉莎女士（Vanessa Wallace）、拉比·阿布查克拉先生（Rabih Abouchakra）、杰拉德·阿多尔夫先生（Gerald Adolph）、拉杰夫·阿加瓦尔先生（Rajeev Aggarwal）、希德·阿扎德先生（Sid Azad）、约翰内斯·巴斯曼先生（Johannes Bussmann）、思考特·凯德先生（J. Scott Cade）、尼古拉斯·多诺万先生（Nicholas Donovan）、克丽斯汀·柯尔文丝女士（Christine Korwin – Szymanowska）、劳伦·费尔南德斯先生（Lauren Fernandes）、路易斯·佛莱切尔先生（Louise Fletcher）、保罗·弗朗西斯先生（Paul Francis）、阿密特·古普塔先生（Amit Gupta）、罗伯特·简·哈根斯先生（Robert – Jan Hagens）、莫娜·哈迈米女士（Mona Hammami）、坦威尔·哈尼夫先生（Tanvir Hanif）、阿西史·杰恩先生（Ashish Jain）、法比恩·柯尼克先生（Fabienne Konik）、库玛尔森·卡纳加撒拜先生（Kumaresan Kanagasabai）、李博颂先生（Thorsten Liebert）、西莫斯·麦克马洪先生（Seamus McMahon）、罗伯特·马尔池先生（Roberto Marchi）、加里·尼尔森先生（Gary L. Neilson）、丹尼尔·欧基弗特先生（Daniel O'Keeft）、莱尔德·珀斯特先生（Laird Post）、梅森·拉姆塞先生（Mazen Ramsay）、理查德·罗林森先生（Richard Rawlinson）、莫伊尔·桑德尔森先生（Muir Sanderson）、理查德·舍迪亚克先生（Richard Shediac）、苏泽安先生（Ivan de Souza）和大卫·怀特先生（David Wyatt）等人的大力帮助。

同时，我还要感谢王巍博士、肖耿博士、陆红军教授和范星教授为我提供中国的发展和金融行业在其中所扮演的角色等方面丰富的经验。还有许多客户和朋友为此书提供了大量帮助，在此不一一赘述。最后我要向谢祖墀博士表示最诚挚的谢意，他为确保在华企业的成功提供了深刻的见解及悉心的指导。我同样还要感谢博斯公司大中华区的麦景诗女士、梁世灵女士、张惠琼女士以及编辑的大力协助。